国家自然科学基金青年项目"非关税壁垒对我国农业贸易的影响——与企业异质性模型的研究"（71903090）

国家社会科学基金重大项目"健全对外开放下的国家粮食安全保障

中央财经大学青年创新团队研究成果

刘轶芳　谢超平　孙东升　著

农业贸易成本与非关税措施

Agricultural Trade Costs and Non-tariff Measures

中国财经出版传媒集团
经济科学出版社
Economic Science Press

图书在版编目（CIP）数据

农业贸易成本与非关税措施/刘轶芳，谢超平，孙东升著.—北京：经济科学出版社，2021.11
ISBN 978-7-5218-3065-1

Ⅰ.①农… Ⅱ.①刘…②谢…③孙… Ⅲ.①农产品贸易-国际贸易-成本分析②农产品贸易-国际贸易-关税壁垒-研究 Ⅳ.①F746.2

中国版本图书馆 CIP 数据核字（2021）第 232753 号

责任编辑：于　源　姜思伊
责任校对：孙　晨
责任印制：范　艳

农业贸易成本与非关税措施
刘轶芳　谢超平　孙东升　著
经济科学出版社出版、发行　新华书店经销
社址：北京市海淀区阜成路甲 28 号　邮编：100142
总编部电话：010-88191217　发行部电话：010-88191522
网址：www.esp.com.cn
电子邮箱：esp@esp.com.cn
天猫网店：经济科学出版社旗舰店
网址：http://jjkxcbs.tmall.com
北京密兴印刷有限公司印装
710×1000　16 开　19.5 印张　280000 字
2021 年 12 月第 1 版　2021 年 12 月第 1 次印刷
ISBN 978-7-5218-3065-1　定价：79.00 元
（图书出现印装问题，本社负责调换。电话：010-88191510）
（版权所有　侵权必究　打击盗版　举报热线：010-88191661
QQ：2242791300　营销中心电话：010-88191537
电子邮箱：dbts@esp.com.cn）

前言
PREFACE

农业作为国民经济的基础性产业,是促进经济发展的独特工具。在发展中国家,农业约占国内生产总值的9%,并提供了50%以上的社会就业机会。与此同时,作为调剂余缺的重要手段,农业贸易在促进全球经济增长、保障世界粮食安全、增加农民收入和维持社会稳定等方面也发挥了重要作用。自WTO成立以来,全球农业贸易总量从1995年的0.88万亿美元增长至2019年的3.4万亿美元,增幅高达300%。① 虽然贸易流量有所增加,但由于农业贸易成本始终居高不下以及全球经贸活动所面临的不确定性逐渐上升,致使农业贸易增长长期处于较不稳定的波动之中。从历年增速来看,全球农产品贸易增长呈现较大的波动态势。例如,2019年,受金融危机的持续影响,全球农产品贸易在21世纪首次出现负增长。自2013年以来,随着全球大规模丰收和生物燃料需求放缓,农业贸易增速放缓。2020年,新

---

① 作者根据WITS数据计算得到。

冠肺炎疫情、极端天气和自然灾害因素叠加，各国经济在面临冲击的同时，农业活动也遭受到不同程度的影响，全球农产品供应链遭受了前所未有的挑战。

农业贸易发展过程中遇到的问题，归根结底都可以总结为与贸易成本相关的问题，贸易成本已经成为农产品国际贸易研究中的重要话题。贸易成本对贸易发展和社会福利至关重要，根据 OECD 的研究，全球贸易成本每降低 1%，全球收入将增长 400 亿美元。即便是在经济全球化趋势快速发展的今天，贸易成本仍然是影响贸易发展的重要因素。尽管当前贸易成本已经引起了国际贸易领域众多学者的重视，但仍存在一系列问题：传统贸易理论往往习惯性地将贸易成本为零作为前提假设进行理论分析，与现实世界中的贸易发展情况相背离；当前对贸易成本内涵和外延的界定尚不清晰，也较少探讨贸易成本的经济学含义；现有研究大多关注制造业，对农业贸易成本的关注度有待提高。受农产品特殊性和农业先天弱质性等因素的困扰，农产品贸易成本始终高于制成品，下降幅度也较为缓慢。其中，各国为保护本国农业产业和农民利益而采取的一系列保护措施是导致贸易成本居高不下的关键因素之一，政策成本中的非关税成本，尤其是由卫生与植物检疫措施（SPS）和技术性贸易壁垒措施（TBT）导致的合规成本，因其隐蔽性更强、透明度更低、监测难度更大、对农业贸易覆盖范围更广且影响程度更深等特点，是各国频繁使用的贸易限制手段，成为影响农业贸易开放的一大难题。

然而，非关税措施并非是"有害无利"的政策选择，其在保护人类和动植物健康方面发挥了独特优势。随着国际农业贸易的增加和食品安全问题的不断涌现，世界各国都制定了严格的食品安全法规和标准，不断增强对进口食品质量的监管。科学的食品安全标准虽然有利于减少跨境食品安全问题的发生，但各国差异明显的监管规定却提高了农食产品跨境贸易的难度，甚至可能成为实施贸易保护主义的借口，贸易成本随之上升。这种背景下，统一的食品安全标准成为降低贸易成本和提高贸易包容性的强有力工具。事实上，相较于各国国内的食品安全标准，采用国际标准可以在一定程度上降低出口国遭到法律层面质疑的概率。当前，WTO 的《SPS 协定》和《TBT 协定》作为农产品和食品质量安全领域中的统一规则，已经在保护食品安全、人类和动植物健康和生态环境等方面作出了突出贡献。然而，《SPS 协定》和《TBT 协定》虽然都承诺不对国际贸易造成不必要的障碍，但其巨大的灵活性和隐蔽性仍为各国实行贸易保护主义提供了便捷。这暴露了非关税措施的监管框架乃至全球治理体系的弊端，改革现有治理体系已经成为大势所趋。

为全面客观地反映农业贸易发展现状以及存在的问题，为政府、进出口企业及相关各方提供参考，本书从贸易成本角度出发，详细剖析了贸易成本及其组成部分在农业贸易中的重要地位，重点强调了由非关税措施造成的合规成本对农业贸易发展的影响。此外，本书系统梳理了各国国内的食品安全监管措施和国际社会非关税措施的国际规则与管理机制，并详细阐述和推导了非关税措施的理论评估框架，同时对非关税措施何时会演变为贸易保护工具提供了理论基础和数理支撑。最后，本书全面分析了近年来中国农产品出口遭遇的挑战，并针对当下国际形势总结了国际监管体系中存在的问题，从中国贸易大国的视角出发，有针对性地提出了如何进一步促进 WTO 改革和国际治理的中国方案。

具体来说，《农业贸易成本与非关税措施》共分 5 章：

第 1 章：贸易成本与非关税措施。本章详细分析了农业贸易对世界经济发展的重要意义及当前农业贸易发展趋势，并从贸易成本角度重新理解农业贸易的重要性和特殊性，通过贸易成本的细分组成部分全面探究农业贸易的发展难题。（本章由张瑞华、李文静、朱泉颖、郑倚倚负责撰写。）

第2章：全球视角下的食品安全监管与非关税措施变化。本章主要回顾了中国、美国和欧盟的食品安全政策演变过程，梳理并介绍其食品安全监管机构，并使用准入境数据分析各国/地区的农产品监管趋势。（本章由张瑞华、李文静、王晓娟、赵心瑜、吴飊昀、王悦嘉负责撰写。）

第3章：非关税措施的国际规则与管理机制。本章从诞生背景、基本原则、措施分类、争端解决等角度入手，全面系统地介绍了《SPS 协定》和《TBT 协定》，并通过对 WTO 成员方通报的 SPS 措施和 TBT 措施以及典型争端案例，分析了与农产品相关的非关税措施的动态发展趋势。（本章由张瑞华、李文静、王紫优、钟卓琳、王悦嘉负责撰写。）

第4章：非关税措施的理论评估框架与贸易保护主义的判别。本章通过严谨的数学推导，从理论层面探究产品标准对不同社会群体福利水平以及经济发展对政府标准选择的复杂影响，并通过将政治均衡与社会最优进行比较，判断标准在何种情况下可以被视为贸易保护主义的工具。（本章由周紫冰、叶濯缨、陈芷琪负责撰写。）

第5章：农产品出口遭遇的非关税措施阻碍及应对策略——以中国为例。本章分析了中国农产品出口面临的巨大挑战，以及当前非关税措施国际监管框架存在的一系列问题，并简要介绍中国在全球治理中的重要地位，针对性地提出了中国方案。（本章由张瑞华、李文静、樊润泽、陈思莹、张润萱、关珊负责撰写。）

作为一本国际贸易领域的参考书，《农业贸易成本与非关税措施》主要具有如下特点：

第一，切实关注农产品贸易。作为国际贸易的一个分支，农业贸易领域仍然缺乏成熟的学科体系。本书不仅分析了农业贸易发展现状，还创新性地利用贸易成本来解释农产品贸易过程中面临的主要难题。

前言

第二，详细介绍了农产品非关税措施。尽管非关税措施，特别是 SPS/TBT 措施对我国农业贸易有着重要影响，但我国对相关领域的重视程度仍然较低，政策建议也过于宽泛。本书不仅客观分析了 SPS/TBT 措施在农业贸易中的重要地位，还系统梳理了各国国内和国际非关税措施的演进过程，便于读者理解非关税措施在农业贸易中扮演的角色。

第三，多数据、多角度交叉验证。本书使用 WTO/SPS、WTO/TBT 和未准入境数据，多角度分析非关税措施对农业贸易的影响，有助于读者全面了解农产品贸易发展所面临的困境。

第四，语言简明通俗，结构科学研究，各章节正文前均有导读，最大限度地方便读者。

编写组虽然力图准确、全面、系统地阐述农业贸易成本与非关税措施两大版本的基本内容，力争与现代经济学与国际农业发展动态有机结合，但由于作者水平有限，书中难免存在疏漏之处，敬请广大读者批评指正。同时，本书的修订工作虽暂时告一段落，但其完善和提升仍然任重道远，在此恳请各位读者提出宝贵的意见和建议，以便我们在再版时进行修正。

目 录

第1章　贸易成本与非关税措施 ⋯⋯⋯⋯⋯⋯⋯⋯⋯⋯⋯ **1**
　　1.1　农业贸易 ⋯⋯⋯⋯⋯⋯⋯⋯⋯⋯⋯⋯⋯⋯⋯⋯⋯ 3
　　1.2　农业贸易成本 ⋯⋯⋯⋯⋯⋯⋯⋯⋯⋯⋯⋯⋯⋯⋯ 9

第2章　全球视角下的食品安全监管与非关税措施变化 ⋯⋯ **40**
　　2.1　中国食品安全监管与非关税措施 ⋯⋯⋯⋯⋯⋯⋯ 42
　　2.2　美国食品安全监管与非关税措施 ⋯⋯⋯⋯⋯⋯⋯ 64
　　2.3　欧盟食品安全监管与非关税措施 ⋯⋯⋯⋯⋯⋯⋯ 78

第3章　非关税措施的国际规则与管理机制 ⋯⋯⋯⋯⋯⋯ **95**
　　3.1　《SPS 协定》与《TBT 协定》的诞生背景 ⋯⋯⋯⋯ 96
　　3.2　SPS&TBT 的基本原则与分类 ⋯⋯⋯⋯⋯⋯⋯⋯ 99
　　3.3　SPS&TBT 的管理与争端解决机制 ⋯⋯⋯⋯⋯⋯ 113
　　3.4　农业贸易中的 SPS&TBT 措施 ⋯⋯⋯⋯⋯⋯⋯⋯ 123

第4章　非关税措施的理论评估框架与贸易保护
　　　　主义的判别 ⋯⋯⋯⋯⋯⋯⋯⋯⋯⋯⋯⋯⋯⋯⋯ **171**
　　4.1　理论分析 ⋯⋯⋯⋯⋯⋯⋯⋯⋯⋯⋯⋯⋯⋯⋯⋯ 173

4.2　标准及其发展的政治经济学 …………………………… 190
　　4.3　保护主义标准的判别 ……………………………………… 202

第5章　农产品出口遭遇的非关税措施阻碍及应对策略
　　　　——以中国为例 ……………………………………………… 213
　　5.1　中国农产品出口面临的巨大挑战 ……………………… 216
　　5.2　当前国际监管框架存在的问题 ………………………… 243
　　5.3　强化国际治理与提供中国方案 ………………………… 252

附录 ………………………………………………………………………… 257
参考文献 …………………………………………………………………… 264

第1章 贸易成本与非关税措施

食品是人类生存和发展的基本物质基础，受自然资源及经济发展水平差异的约束，世界各国食品进口依存度不尽相同。往往自然环境恶劣、欠发达地区的食品供求不均衡程度较高，主要依靠进口满足基本生活所需。作为一种全球食品供需调剂余缺的重要途径，农业贸易在世界商品贸易中占有重要地位。

贸易成本是影响全球农业贸易的重要因素。为降低农业贸易成本，1986年"乌拉圭回合"谈判首次将农产品贸易搬上GATT的舞台，开启了世界范围内的农产品贸易自由化。此后，各国政府开始密切关注GATT协议中的农业规则漏洞，以及削减关税，取消农产品进口禁令或限制等。1994年《农业协定》的达成为长期以来被各国刻意忽略的农产品贸易问题提供了一套解决方案，并最终确定了农产品三大领域（市场准入、国内支持和出口竞争）的适用规则。[①] 2001年WTO（World Trade Organization）发起的"多哈回合"谈判也将实现农业贸易自由化和解决发展中国家的关注和诉求放在首要位置。多年来，经过WTO和各成员方的不懈努力，世界农产品关税水平逐渐降低（Aksoy and Beghin，2005；Curzi et al.，2020；Fiankor et al.，2020），2019年世界

---

① 《迷局背后的博弈：农业谈判怎么就成了拉锯战？》，中国农业信息网，2019年2月26日，http://www.mczx.agri.cn/myfc/mybw/202004/t20200427_7374405.htm。

农产品加权平均关税水平降至9%。①

随着世界农产品贸易自由化水平不断提升，影响农业贸易成本的主要因素逐渐由关税变为非关税措施。一方面，全球贸易自由化的不断发展逐渐削弱了关税的作用，各国通常会出于保护主义目的而采用更复杂、更不透明和更难以监测的非关税措施来保护国内产业发展；另一方面，随着疯牛病、禽流感、猪瘟等食品质量安全问题频繁发生，各国政府为切实保护国民的生命健康，制定并实施了严格的食品安全法规，进口食品安全监管不断加强。非关税措施往往会提高生产商和交易商的贸易成本、抑制贸易活动。全球约有一半非关税措施适用于农产品，② 至少40%的农产品贸易受到影响（UNESCAP，2019），尤其是极易腐烂的新鲜食品和加工食品部门受到的影响更大。值得注意的是，非关税措施成本的上升并不是由于措施本身，由于各国制定的食品安全法规和产品标准通常存在较大差异，因此，多数情况下成本增加源于为履行与措施相关的一系列复杂且冗长的通关程序所付出的代价。据统计显示，非关税措施导致的合规成本相当于关税的两倍以上（UNCTAD，2013）；而世界各国所有的非关税措施的平均成本相当于国内生产总值的1.6%，全球累计高达1.4万亿美元（UNESCAP/UNCTAD，2019）。

降低贸易成本将对全球贸易发展产生巨大影响，尤其会促进发展中国家的贸易潜力释放。根据FAO统计显示，农业贸易总成本每降低1%，全球农业贸易量将增加2%~2.5%（FAO，2020），相当于会增加680亿~850亿美元农业贸易额（2019年全球农业贸易总额3.4万亿美元）。因此，面对日趋复杂的全球非关税措施发展趋势，如何有效应对及降低由此产生的农业贸易成本对促进当前世界农业贸易发展具有一定的现实意义。

---

① 作者根据WITS数据计算得到。
② George Levantis and James Fell, Non-tariff measures affecting Australian agriculture, Australian Bureau of Agricultural and Resource Economics and Sciences（ABARES），2021年10月21日，https：//www.agriculture.gov.au/abares/research-topics/trade/non-tariff-measures.

1.1 农业贸易

1.1.1 农业贸易对世界发展的意义与趋势

农业贸易是世界发展中国家经济增长的源泉。农业作为国民经济的基础性产业，是涉农产业和农村非农经济发展的基本驱动（FAO，2017）。作为一项经济活动和一种谋生手段，农业是促进经济发展的独特工具。在发展中国家，农业约占国内生产总值的9%，并提供了50%以上的社会就业机会，创造了全世界2/3的农业增加值，农业增加值每增加1美元，就能在其他经济部门中创造30～80美分的第二轮收入（FAO，2012）。在传统农业国，贸易的比较优势仍然存在于资源型产业（农业和采矿业）和农产品加工业，依赖、原材料和粗加工产品组合出口来换取外汇，其农业增加值占国内生产总值（GDP）的平均比重为29%（World Bank，2008）。尤其是在那些饥饿现象极为普遍的国家，农业的相对重要性就更大。在营养不足人口比例高达34%以上的国家中，农业占国内生产总值的30%，有将近70%的人口以农业为生（FAO，2003）。

农业贸易是解决全球粮食安全问题的重要方式。自第二次世界大战结束以来，人类一直没有摆脱世界范围内的粮食不足和过剩、饥荒及饱腹的不均衡问题。随着消费和生产格局不断演化、全球人口不断增长以及气候变化风险逐渐加大，粮食安全的挑战变得更加严峻，截至2018年，全球尚有81个国家缺乏粮食完全自给自足的能力（顾善松等，2021），食品不足人数高达8.21亿（FAO et al.，2018），占全球人口的

10%以上。① 农业是深度全球化的产业，农业贸易在解决全球粮食安全问题中发挥了重要作用（OECD/FAO，2018；FAO，2016；2018）。从短期看，农业贸易提供了一种重要机制，将粮食从过剩地区转移到短缺地区，应对因极端天气事件而造成的减产问题，也为国际消费者提供了获得更好和更便宜商品（包括粮食进口）的机会；影响粮食进出口的政策会对国内市场的相对价格、薪酬和收入产生影响，从而影响贫困人口获取粮食的能力（FAO，2015）。从长期看，国际贸易有助于有效调整各国的农业生产（FAO，2018），农业是发展中国家贸易活动的主要组成部分（农产品约占世界发展中国家出口量和商品贸易总量的8%），尤其是那些粮食最不安全的国家（对于饥饿极为普遍的国家该比例高达20%以上）。大多数农村穷人取食于农业，不论他们的生产主要供国际市场还是国内市场乃至自己消费，其生计和粮食安全都受到全球贸易格局和全球规则（即国际农业贸易框架）的影响（FAO，2020；QUNO，2014）。例如，对撒哈拉以南非洲的12个国家、2亿人口而言，通过农业贸易提高和稳定其国内生产和保障粮食安全尤为关键（World Bank，2008），因为这些国家国内生产波动大、主要粮食作物可贸易性低和外汇储备的限制等原因导致无法顺畅地利用国际市场满足粮食需求，不得不饱受周期性爆发的粮食危机痛楚（食品援助有不确定性）。②

农业贸易是减轻贫困和提高农民收入的基本途径。尽管仅依靠农业不能大规模脱贫，但实践表明以农业贸易为基础的经济增长对提高收入和减少贫困与饥饿会产生极为显著的影响，农业对于脱贫的强大力量无可比拟、不可或缺。农村人口中约有86%以农业作为谋生之道，农业为13亿小农生产者和无地雇工提供了就业机会（World Bank，2008）。

---

① FAO 数据库，http：//www.fao.org/statistics/en/。
② World Bank 数据库，http：//databank.worldbank.org/home.aspx。

世界上有7.36亿人口生活在极端贫困中,① 有9.25亿人口遭受饥饿,② 极端贫困一般集中出现在农村地区,且农村贫困人口多以务农为生,尤其在撒哈拉以南的非洲。在发展中国家,每4个贫困人口中,就有3个生活在农村——21亿每人每天生活费不足2美元,8.8亿每人每天生活费不足1美元,大多数也是依靠农业维生(FAO,2003;2006)。正因为贫困人口对农业生计的依赖以及他们在食物上的高比例支出,农业已成为扶贫和减轻饥饿行动的关键(FAO,2015)。在撒哈拉沙漠以南非洲五个国家开展的研究结果表明,农业收入每增加1美元(除了这1美元外),就会带动总收入增加0.96~1.88美元(FAO,2003)。在高收入国家,农业贸易也是创造就业和维持农民收入的基础层面。2019年,高收入国家农业就业百分比超过3%,农业为高收入国家近4000万人口解决了就业问题。③ 即便在超级强国美国中,农业的基础性作用也十分显著。虽然美国农民占人口总数的2%,但农产品出口额占商品出口总额的10%,农业及配套产业吸纳的就业人数占全美总劳动力数的13%左右。农业为美国提供了2100多万就业岗位,包括农业管理、农业研发、农业经纪、农业金融服务等领域(倪洪兴和叶安平,2018)。对于主产区来说,农业的作用和地位则更加突出。

此外,农业被赋予了巨大的战略意义和浓厚的政治色彩(徐振伟和左锦涛,2019)。基辛格有一个广为人知的论点:"谁控制了石油,谁就控制了所有国家;谁控制了粮食,谁就控制了人类;谁掌握了货币发行权,谁就掌握了世界。"④ 这样看来,对于各方面实力都较为雄厚的发达国家来说,大力发展农业贸易的过程,实际上也是争夺和掌握全球粮食市场话语权的过程。这在服务于政策和外交目的的粮食外交方面表

---

① 《14张图回顾2019年》,世界银行,2019年12月21日,https://www.shihang.org/zh/news/feature/2019/12/20/year-in-review-2019-in-charts。
② 《联合国:2019年全球近6.9亿人食不果腹 "零饥饿"目标实现存疑》,联合国新闻,2020年7月13日,https://news.un.org/zh/story/2020/07/1061951。
③ 作者根据世界银行数据计算得到。
④ 《国际能源格局演化与全球治理》,中国国际经济交流中心,2019年10月30日,http://www.cciee.org.cn/Detail.aspx?newsId=17345&Tld=687。

现得更加显。① 例如冷战时期，美国利用粮食外交手段，与苏联争夺亚非拉国家的外交支持。即便是在冷战后，粮食援助仍然是美国赢得好感、加强外交政策合法性和影响力的重要手段，而粮食禁运则是美国打击敌国、强化联盟、影响他国内政外交的政策工具（刘宇和查道炯，2010）。

1.1.2 农业贸易发展趋势

自 1995 年 WTO 成立以来，全球农产品贸易始终在波动中增长。从总量上看，2019 年全球农业贸易额为 3.4 万亿美元，是 1995 年 0.88 万亿美元的 3 倍有余，增幅显著，如图 1-1 所示。然而，从历年增速来看，全球农产品贸易增长呈现较大的波动态势。2000~2010 年期间的农业贸易增长主要是由于商品价格上涨，上涨的原因是生物燃料消费大幅扩张、能源价格上涨、美元疲软带来的相对价格效应，以及中国等新兴经济体越来越青睐肉类、乳制品和其他高附加值产品的消费模式的转变。其中 2009 年农产品贸易之所以负增长，是因为 2008 年金融危机提高了国内主粮价格。2008 年底，国内主粮的实际价格比两年前平均上涨了 17%，降低了消费者的有效购买力，很多家庭被迫减少小麦、肉类和奶制品的消费（FAO，2009）。自 2013 年以来，全球大规模丰收和生物燃料需求放缓，导致谷物和油籽价格从 2012~2013 年的峰值回落。自 2014 年以来农产品价格有所下降，但贸易量和贸易额仍在继续攀升。尽管新冠肺炎疫情的爆发将大幅削减制成品的总体贸易，但农业贸易比总体贸易更具韧性，尤其是食品出口受到的影响可能会更小。

---

① 粮食外交是指一国政府运用粮食（含产品）或粮食生产要素，通过包括贸易、援助、禁运等行政干预手段，实现他国政府顺应本国政府公开或不公开的意图行事的外交行为（刘宇和查道炯，2010）。

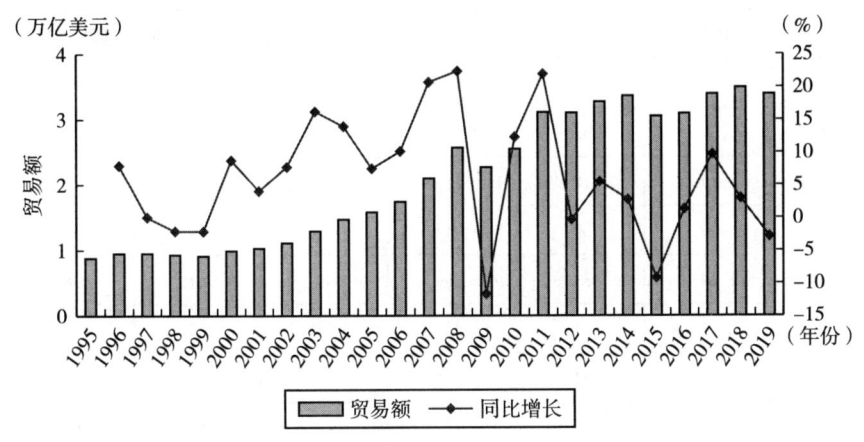

图 1-1 1995~2019 年全球农业贸易发展趋势

资料来源：WITS, http://wits.worldbank.org。

随着贸易水平的提高，贸易在满足国内粮食需求方面的重要性也随之提高。例如，2020/2021 年，世界小麦消费量的 1/4 来自进口，如表 1-1 所示。即使是在消费主要依靠国内大米的大多数国家，在此期间的全球进口渗透率①也增加了 1 倍多（从 4% 增加到 9%）。1995 年，大豆进口量约占全球消费量的 1/4，到 2015/2016 年，大豆进口量占消费量的比重已提升至 44%。在肉类行业，牛肉和生猪的进口量相对于全球消费量来说均有所增加。鸡肉的进口渗透率一直保持在 10% 的水平，但自 1995 年以来，全球鸡肉消费量增长已超过一倍。乳制品（如黄油和奶酪）的进口渗透率低于 1995 年，部分原因是 WTO 对美国和欧盟等大型乳制品出口国实施了出口补贴的限制规定。脱脂奶粉和全脂奶粉在全球乳制品贸易中的重要性也在继续提高，目前占全球消费量的 32%。

---

① 进口渗透率是指一国某年 j 产业（或者 j 产品）的进口占其消费总量的比重。

表1-1　　全球农产品进口渗透率（进口占国内消费的百分比）　　单位：%

	1995/1996	2000/2001	2005/2006	2010/2011	2015/2016	2020/2021
玉米	12	11	12	11	13	16
大米	4	6	7	8	9	9
小麦	17	18	18	22	24	25
大豆	27	30	31	37	44	/
植物油	34	33	39	41	41	38
糖	29	31	32	31	32	/
棉	33	31	31	44	32	39
牛肉	10	11	12	12	13	16
鸡肉	10	8	9	10	10	10
猪肉	4	4	5	6	7	11
黄油	18	6	6	3	3	5
奶酪	21	7	8	7	6	7
奶粉	47	29	25	27	28	32

资料来源：USDA，Foreign Agricultural Service，PSD online. https：//apps. fas. usda. gov/psdonline/app/index. html#/app/downloads。

虽然从价值看，高收入国家在农产品和食品贸易量中仍占大多数，但新兴经济体和发展中国家在全球市场中的参与度正在不断上升。发展中国家的经济增长和人均收入的快速增加促进了对农产品的需求，加上这些国家庞大的人口基数，最终促使进口大幅增加。世界上将近有80%的发展中国家的农业贸易额占其出口收入的一半以上。从1995年到2018年，发展中国家食品进出口总额在世界食品贸易额中的占比分别从25.8%和31.0%增长到39.9%和40.2%，如表1-2所示。发展中国家之间的贸易（南南贸易）也有所增长，与1995年的12.2%相比，2018年发展中国家间的贸易占全球农业贸易总额的24.2%。

表1-2　　　　发展中国家在食品贸易总额中所占的份额　　　单位：%

Item	1995	2000	2005	2010	2015	2018
发展中国家食品出口份额	31.0	32.5	33.6	38.4	40.2	40.2
发展中国家食品进口份额	25.8	28.2	27.6	35.6	40.1	39.9
南南出口占食品出口总额的比例	12.2	13.5	14.9	21.2	23.7	24.2

资料来源：http://wits.worldbank.org。

预计农业贸易增长趋势将持续下去，未来农产品需求增加将主要来自新兴经济体和发展中国家。从在农产品出口总值中所占比例看，尽管美国和欧盟等传统出口大国依然排名靠前，但中国、巴西、印度、印度尼西亚在全球农产品出口总值中所占比例从2000年的8.5%上升为2016年的14.5%。联合国粮食及农业组织（FAO）预测，到2050年，全球粮食需求预计将比2012~2013年增长50%。随着世界人口、城市化水平和国民收入的持续增长，尤其是发展中国家的快速发展，全球大部分的肉类、乳制品、水果和蔬菜以及加工食品的需求将大幅增长。

1.2　农业贸易成本

1.2.1　农业贸易成本的重要性及特殊性

农业贸易发展过程中遇到的问题，归根结底可以总结为与贸易成本相关的问题。根据安德森和温库普（Anderson and Van Wincoop，2004）的定义，本书将农业贸易成本定义为是除生产成本之外，消费者为获取农产品所必须支付的其他所有成本，包括运输成本、边境相关成本和分销成本。其中，运输成本可细分为运费、保险费，仓储成本和装卸成本等。边境相关成本包括关税成本、非关税措施合规成本、信息成本、货币转换成本等。① 分销成本则是指进口商将产品传递到最终消费者过程中发生的所有费用总和,包括产品的批发成本、零售成本、法律监管成本、合同履约成本等。

贸易成本至关重要,是新开放宏观经济学微观基础的核心要素。任何涉及国际专业化和贸易模型的经验评估最终都必须面临贸易成本(Hummels and Klenow,2002),国际经济学中的难题也几乎都源于贸易成本(Obstfeld and Rogoff,2000;李清如,2016)。一些传统贸易理论往往在贸易成本为零的假设前提下展开理论分析,正如迪尔多夫(Deardorff,1984)所指出的:"就像物理学中的摩擦力一样,贸易成本在贸易模型中几乎被忽略了。那些模型认为,即使将贸易成本考虑进去,也不会对结果产生实质性影响。"而现实中的国际贸易活动广泛存在着各种贸易成本,这使得贸易理论与贸易现实相去甚远。此外,尽管贸易成本已经引起了国际贸易领域学者的重视,但大部分研究仍然仅将贸易成本作为单一的参数纳入模型中,对贸易成本内涵和外延的界定尚不清晰。虽然众多学者系统地论述了贸易成本的计算及构成等问题(Anderson and Wincoop,2004;Eaton et al.,2007;Duranton and Storper,2008),以距离为基础的运输成本在过去的一个多世纪中也在随着运输和通信等基础设施建设的飞跃发展而不断降低,然而,全球贸易成本始终保持在较高水平,且运输成本与贸易成本呈非线性的复杂关系。同时,由于食品安全法规和贸易标准日趋严格,除运输成本之外的其他贸易成本(如协调成本、信息成本、非关税措施成本等)也在日益增加,伊顿等(Eaton et al.,2007)发现长期从事进出口贸易的企业信息成本也具有一定的规模经济性且呈非线性变化(贸易量大,贸易成本却较小)。因此,贸易成本对贸易的影响变得越来越复杂和难以准确估计,以至于在

---

① 语言成本是为应对语言障碍而产生的成本,包括为学习当地语言而支付的培训、翻译成本等;合同履约成本指为履行合同而发生的各种成本,包括签订合同、强制执行合同以及对未执行合同违约成本等;货币转换成本指不同币种转换而产生的成本;信息成本是指获取国际市场信息和商品信息的成本;法律和监管成本是与了解并遵守法律和监管措施而承担的成本。

自由贸易和经济全球化快速发展的今天，贸易成本依然是困扰国际贸易的重要议题之一（张毓卿和周才云，2015；夏先良，2011）。

在将贸易成本纳入主流贸易模型的努力中，学者们从对运输成本的考虑开始（杨青龙，2010）。在纯粹的国际贸易理论中，运输成本一直被忽视，多数理论都是在运输成本不存在的假设下阐述的（Mundell，1957）。虽然贸易增长背后的重要力量一直是运输成本的减少。然而在很长一段时期里，这样的成本在大多数贸易模型中都是明显缺失的。[①]自20世纪50年代开始，学者逐渐将运输成本引入贸易理论模型的分析中。其中，最具有影响力的是萨缪尔森（Samuelson，1954）和蒙代尔（Mundell，1957），他们提出了"冰山模型"，并认为运输成本表现为运输过程中商品的自然损耗。在"冰山模型"假定下，运输成本的存在会使同一种商品的国内价格与国外价格出现差异，进而形成保护本国进口竞争产业的效果。随后，多恩布什等（Dornbusch et al.，1977）开发了连续商品型的李嘉图模型，并指出运输成本的纳入将造成国内价格提高，进口规模减小，甚至可能使一种商品成为非贸易品。

随着新贸易理论和新新贸易理论等更加贴近现实的研究的不断出现，关于贸易成本的讨论逐渐被越来越多地纳入国际贸易研究框架中（张蕙等，2013）。当存在关税或运输成本等阻碍贸易的因素时，会产生要素（劳动力）流动以替代贸易克鲁格曼（Krugman，1979）。沿着迪克西特和斯蒂格利茨（Dixit and Stiglitz，1977）提出的"贸易可能只是扩大的市场及促进规模经济出现的一种途径"的思路，克鲁格曼（Krugman，1980）突破了传统国际贸易理论运输成本为零的假定，引入萨缪尔森的"冰山理论"来描述运输成本，他将运输产品看作是"冰山"，每一单位运往外地的产品都只有一部分到达目的地，其余的作为运输成本消耗在途中，而当存在关税或运输成本等阻碍贸易的因素

[①]《新贸易理论与经济地理学的交融——2008年诺贝尔经济学奖得主克鲁格曼的理论贡献》，经济观察网，2008年10月30日，http://www.eeo.com.cn/zt/50forum/bzgcj/2008/10/30/118119.shtml。

时，就会产生要素流动以替代贸易。最终导致企业更愿意选择在市场规模最大的区域开展经营活动。所以，规模经济和运输成本引起了国际贸易，①使得运输成本重新得到贸易理论界的关注。拜尔和贝格斯特兰德（Baier and Bergstrand，2001）用关税和运输成本两个变量来衡量交易费用。发现关税的下降解释了38%的贸易量增长，而运输成本的下降解释了12%的贸易量增长。迪尔多夫（Deardorff，2004）则指出，当存在贸易成本（如运输成本或其他成本）时，由于通常对比较优势的衡量仅仅简单比较一国与世界的成本或自给自足价格，所以无法很好地描述贸易模式，他在包含贸易成本的李嘉图模型中提供了比较优势法则的重新表述，认为一个产业的净贸易（无论双边还是全球），同时取决于一国相对于其他国家的生产成本和贸易成本。新贸易理论虽然考虑了微观层级（企业），但由于其假设企业的同质性，也没有对企业自身的特殊性、特别是企业之间的差异进行特别的研究。

随着企业层面数据可获得性的提高，学界关于企业生产率的经验研究也大量涌现（Bernard and Jensen，1995；Bernard and Jensen，1999；Clerides et al.，1998；Roberts and Tybout，1997）。研究发现生产企业中只有少部分从事出口，并且出口企业的生产规模、生产率均高于非出口企业。显然，这与传统和新贸易理论的企业同质性假设相悖。在克鲁格曼新贸易理论及国际贸易微观实证研究的推动下，以梅利兹（Melitz，2003）为代表的企业异质性贸易理论，通过纳入企业间生产率的异质性与固定进入成本等元素，刻画了贸易自由化对行业内资源再配置的影响（钱学锋和王备，2018）。相较于新贸易理论，生产效率的异质性与固定进入成本使企业对贸易政策的反应更加敏感，选择效应的存在在一定程度上会放大贸易成本变动对总福利的影响（Melitz and Redding，2015）。梅利兹（Melitz，2003）沿用了新贸易理论关于市场结构为垄断

---

① 《克鲁格曼：凯恩斯主义经济学的回归》，中国经济学教育科研网，http://economics.efnchina.com/show-2196-41915-1.html。

竞争以及存在规模经济的假定，在霍本海恩（Hopenhayn，1992）动态产业模型的基础上，将企业微观层面的生产率异质性和固定成本引入一般均衡框架中加以讨论，将贸易理论研究对象扩展为异质性企业，在开拓贸易理论研究新思路的同时也正式开创了新新贸易理论。其基本假定为：（1）企业的生产率水平是异质的；（2）企业出口需要付出开拓市场的固定成本（信息搜集成本、建立分销网络、产品质量改进等）及"冰山"运输成本。由于企业进入出口市场存在固定成本，贸易自由化带来的竞争加剧会对不同效率的企业产生差异化影响：生产率最高的企业可以获得国外市场准入，扩大出口市场份额；生产率较低的企业无法支付成本，会继续在国内销售；生产率最低的企业由于受到较高的竞争压力会被迫退出市场、放弃生产。这使得梅利兹（Melitz，2003）的贸易理论与伯纳德和詹森（Bernard and Jensen，1995）、伯纳德和詹森（Bernard and Jensen，1999）的实证发现一致，即在贸易开放的条件下出口企业比非出口企业表现得更加优异，且这种优异表现是其出口的原因而不是结果（余智，2013）。

此后，大量文献在其基础上进行扩展，不断放松相关假设或引入新的异质性元素，以增强模型对现实情形的拟合与解释性。例如，法尔维等（Falvey et al.，2011）与德米多娃（Demidova，2008）引入国家间技术或市场规模非对称假定，讨论了贸易成本降低形式贸易自由化的福利影响。伯纳德等（Bernard et al.，2006）在梅利兹（Melitz，2003）基础上，建立了多产品出口企业的一般均衡模型，在均衡时，由于出口固定成本的存在，生产率更高的企业出口的广度边际（出口产品数）和深度边际（平均每种产品的出口量）均更大。伯纳德等（Bernard et al.，2007）发现在550万家美国企业中，只有4%是出口商，这些出口企业中，前10%企业的出口额占美国出口总额的比例却高达96%。一方面，是因为出口市场存在沉没进入成本，只有生产率最高的企业出口才是有利可图的，与伯纳德和詹森（Bernard and Jensen，1999）及克莱里德斯等（Clerides et al.，1998）的结论一致，企业在选择出口后生产率有所提升,行业水平贸易成本的变化与生产率增长显著负相关,即贸易成本每下降1个百分点,意味着生产率提高了2.3%。另一方面,进行贸易的企业集中度较高,一种可能是企业间生产率的极不平等分配导致相应的贸易分配不平等。另一种可能是由于企业产品种类间具有高替代弹性,生产率和价格的微小差异就会产生巨大销售差异(低价格产品很容易替代高价格产品)。钱尼(Chaney,2008)基于梅利兹(Melitz,2003)的模型将贸易成本分解为固定贸易成本与可变贸易成本,从企业层面理论探讨了不同类型的贸易成本对企业两种不同的扩张模式(扩展和集约边际)的影响。发现企业在向贸易成本较低、需求量较大的国家与地区出口产品时,能够得到更多收益;可变贸易成本的削减,不但可以提高原有企业的平均出口规模,还能吸引部分低生产率的企业参与其中。相较于新贸易理论,生产效率的异质性与固定进入成本使企业对贸易政策的反应更加敏感,选择效应的存在一定程度上会放大贸易成本变动对总福利的影响(Melitz and Redding,2015)。异质性企业贸易理论的出现对国内产业政策的重新制定以及未来国际贸易谈判议题的制定起到了重要的指导作用(Ciuriak et al.,2015),从企业层面评估贸易意味着,克服企业层面的固定贸易成本和减少不确定性会导致利润率上升,从而产生更高的生产率、创新和福利收益。

专栏 贸易成本对供给和需求的影响机制

影响农产品需求的因素众多,如替代品价格、消费者收入,季节性影响等;影响供给的因素也包括生产技术、劳动力投入、替代品的成本与可获得性等,其中最为重要的是农产品价格。[①] 下面,我们将使用单市场供需均衡模型来说明农业品贸易成本对供给和需求关系的影响。如图1-2所示,当不存在贸易成本(TC=0)时,供给曲线S_1与需求曲

---

① 《供求关系(Supply and demand)》,Britannica,https://www.britannica.com/topic/supply-and-demand。

线 D 相交于点 O，O 点所对应的价格 p^* 和产量 Q^* 是在自由贸易条件下，资源实现最佳配置时的均衡点。当然，这种理想状态几乎不可能实现，因为农产品走出国门，从生产者到达最终消费者餐桌上的过程中，必然面临着包括运输、信息、检验检疫在内的成本费用。因此后面两种情况，即 S_2、S_3 更符合现实。存在贸易成本时，出口商可能会因为利润降低而减少国际市场份额，甚至在贸易成本过高导致丧失竞争优势的情况下，退出国际市场，此时供给曲线 S_1 将会向左移动。当贸易成本较低时（S_2），供给曲线 S_2 与需求曲线 D 相较于点 O_1，对应的均衡数量和均衡价格分别为 Q_1 和 P_1，三角形 OO_1A 的面积表示贸易成本所导致的无谓损失。当贸易成本进一步升高至 S_3 时，对应的均衡数量和均衡价格分别为 Q_2 和 P_2，无谓损失也将进一步扩大（三角形 OO_2B 的面积）。

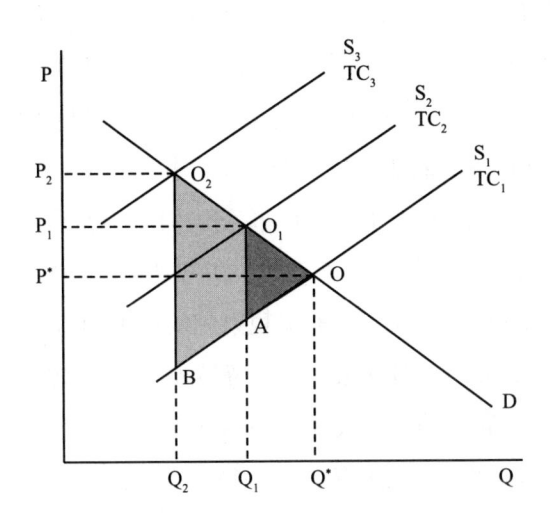

图 1-2　农业贸易成本对市场供给和需求的影响

尽管贸易成本已经引起了国际贸易领域学者的重视，但大部分研究仍然仅将贸易成本作为单一的参数纳入模型中，对贸易成本内涵和外延的界定尚不清晰。安德森和温库普（Anderson and Van Wincoop,

2004）、伊顿等（Eaton et al.，2007）、杜兰托和斯托波（Duranton and Storper，2008）、诺布利特和别尔哥德雷（Noblet and Belgodere，2010）等学者更为系统地论述了贸易成本的计算及其构成等问题。随着基础设施逐渐完善，虽然运输成本不断下降，但贸易成本仍保持在较高水平，并且运输成本与贸易成本呈非线性的关系（Noblet and Belgodere，2010）。然而，由于食品安全法规和贸易标准日趋严格，除运输成本之外的其他贸易成本（如协调成本、信息成本、非关税措施成本等）也在不断增加，伊顿等（Eaton et al.，2007）发现长期从事进出口贸易的企业信息成本也具有一定的规模经济性且呈非线性变化（贸易量大，贸易成本却较小）。这些都说明贸易成本的构成变得越来越复杂。

考虑到农产品的季节性、周期性和易腐性等特点，导致其对价格变化更为敏感。① 一项有关贸易成本（包括关税和非关税政策性壁垒、运费、信息、货币以及监管程序等）对农产品贸易影响的研究发现，贸易总成本每降低1%，全球贸易量就会增加2%～2.5%（FAO，2020）。由于农产品的特殊性，其贸易成本普遍高于制成品（UNESCAP，2018）。2010年的世界农业贸易成本在高、中、低收入国家均高出制造业的60%以上（OECD，2015）。而非关税措施的存在则更加显著地增加了农业贸易成本。据统计，亚太地区所有产品平均贸易成本为5%，其中，关税成本仅为5.8%，而非关税措施的成本却高达20%（UNESCAP/UNCTAD，2020）。具体来说农业贸易成本的特殊性主要表现在：

第一，农产品的运输成本远高于非农产品（许统生等，2012）。由于农产品极易腐烂变质，在运输过程中往往需要投入更多的人力、物力和财力，对运输工具和存储方式也提出了更高的要求。这一点在水果、蔬菜、乳制品、肉类和鱼类等生鲜农产品上体现得更加明显。保障生鲜产品质量和减少损失的关键在于控制温度和湿度，冷链物流起到了至关

---

① 柯炳生：《农产品价格为什么大起大落？》，中国农业大学，2017年9月9日，https://news.cau.edu.cn/art/2017/9/9/art_8779_529986.html。

重要的作用（Han et al.，2021）。然而，冷链物流也显著增加了投入，其成本比普通运输高出40%~60%。① 这是因为冷链运输环节中的冷藏设备、冷库投入和能源消耗是常温运输的数倍，这在一定程度上增加了企业的设备投入。同时，由于不同生鲜产品需要适配不同的温度带，而且需要时刻监测仓内及车内的环境变化并适时调节，这就要求冷链物流企业配备相应的信息系统和投入较大的管理成本以维护运营②。

第二，有关农业贸易的政策法规更为严格、合规成本更高。农产品与人类和动植物健康息息相关，如果不符合质量标准，将会引发食品安全问题。各国基于食品安全提出的一系列措施，尤其是食品安全标准，导致了客观上导致了全球非关税措施变得更复杂和更严格（APEC，2016）。为在国际间开展贸易并获得市场准入，生产者必须能够达到国家食品监管要求，而要满足出口市场的市场准入要求将会增加合规成本。

第三，复杂低效的贸易程序是农业贸易的巨大障碍，由此产生的贸易成本约占货物总价值的1%~15%（Engman，2005）。当前，全球普遍存在清关效率低下的问题，2018年世界清关程序的效率仅为2.673（上限为5）。由于国际贸易中的参与主体及涉及的贸易环节众多，且每一个环节都有不同的程序和制度，环节之间缺乏高效运行的协同能力，这导致贸易程序异常的复杂和繁琐，极易出现重复办理通关手续和重复提交单证的情况，各参与方之间的信息成本、沟通成本和信任成本极高。而农产品存储时限较短，复杂冗长的通关程序也极易使果蔬等易腐类农产品出现不必要的损失。

---

① 《生鲜电商高增速下"底盘"不稳》，人民网，2018年3月21日，http://finance.people.com.cn/n1/2018/0321/c1004-29879880.html。
② 刘贵仁、康语珮：《物流行业：冷链物流研究——第三方冷链物流崛起，行业竞争现状有望变局》，头豹研究院，2020年11月5日，https://pdf.dfcfw.com/pdf/H3_AP202011051426807760_1.pdf?1604584679000.pdf。

1.2.2 影响农业贸易成本的主要因素

1. 运输成本

在贸易成本中,运输成本是不可避免又值得关注的重要组成部分,这主要体现在以下两个方面:一是运输成本在货物总价值中占比较高,约占工业化国家产品平均贸易成本的12.3%(Anderson and Van Wincoop,2004);二是运输成本对贸易增长的影响较大,当运输成本提高10%时,贸易流量通常会减少20%(Limão and Venables,2001)。本节选取世界十大贸易国家或地区,以到岸价格(CIF)/离岸价格(FOB)来估算商品的运输成本。[①] 如表1-3所示,代表性国家的运输成本呈波动下降趋势。随着运输条件的不断改善,农产品运输成本虽然也逐渐呈现下降趋势,但相比于制成品,农产品的运输成本仍然较高。例如,2007年中国从美国进口商品运输成本(运输成本的关税当量)的前20名中,有12种商品是农产品(许统生等,2012)。从运输方式来看,海运对农产品运输具有重大意义,世界上90%的商品都采用海运方式运输(梁雪和张广胜,2012),而海运成本与进口农产品价值之比在10%左右,与农产品关税税率大体相当(Korinek and Sourdin,2010)。

表1-3　　　　1992~2019年十大贸易国家(地区)运输成本

年份	中国	美国	欧盟	日本	韩国	加拿大	墨西哥	俄罗斯	新加坡	印度
1992	0.96	1.24	1.04	0.69	1.07	1.03	1.48	0.88	1.14	1.21
1993	1.13	1.30	0.96	0.67	1.01	1.05	1.39	0.61	1.15	1.01

---

① 这种估计方法虽然数据易得,但仍存在很多问题。一方面,这一估计方法没有对产品价值和运输方式进行细分,可能会低估运输成本的真实规模;另一方面,由于出口数据并非总是准确报告,导致所获数据中一些国家的CIF价值低于相应的FOB价值,估计结果有失准确性。

续表

年份	中国	美国	欧盟	日本	韩国	加拿大	墨西哥	俄罗斯	新加坡	印度
1994	0.96	1.35	0.96	0.69	1.01	1.03	1.43	0.61	1.06	1.05
1995	0.89	1.32	0.95	0.76	1.03	0.94	1.00	0.60	1.05	1.13
1996	0.92	1.31	0.95	0.85	1.09	0.93	1.03	0.53	1.05	1.12
1997	0.78	1.31	0.95	0.80	1.00	1.01	1.09	0.62	1.06	1.18
1998	0.76	1.39	0.96	0.72	0.70	1.04	1.17	0.60	0.92	1.25
1999	0.85	1.52	0.97	0.74	0.83	0.99	1.15	0.42	0.97	1.33
2000	0.90	1.60	1.00	0.79	0.93	0.92	1.11	0.33	0.98	1.18
2001	0.91	1.61	0.97	0.87	0.94	0.90	1.12	0.45	0.95	1.16
2002	0.91	1.73	0.95	0.81	0.93	0.93	1.11	0.42	0.93	1.17
2003	0.94	1.80	0.96	0.81	0.92	0.93	1.10	0.43	0.85	1.21
2004	0.94	1.87	0.97	0.80	0.88	0.91	1.11	0.42	0.87	1.33
2005	0.87	1.92	0.99	0.87	0.92	0.92	1.10	0.41	0.87	1.43
2006	0.82	1.85	1.00	0.89	0.95	0.96	1.09	0.45	0.88	1.47
2007	0.79	1.74	1.00	0.87	0.96	0.96	1.10	0.57	0.88	1.53
2008	0.79	1.67	1.02	0.98	1.03	0.95	1.12	0.57	0.94	1.65
2009	0.84	1.52	0.99	0.95	0.89	1.08	1.08	0.56	0.91	1.56
2010	0.88	1.54	0.99	0.90	0.91	1.07	1.07	0.58	0.88	1.57
2011	0.92	1.49	1.00	1.04	0.94	1.06	1.06	0.60	0.89	1.51
2012	0.89	1.47	0.97	1.11	0.95	1.08	1.06	0.60	0.93	1.65
2013	0.88	1.44	0.95	1.16	0.92	1.07	1.06	0.60	0.91	1.49
2014	0.84	1.45	0.95	1.18	0.92	1.03	1.07	0.58	0.89	1.45
2015	0.70	1.49	0.94	1.04	0.83	1.09	1.10	0.53	0.84	1.47
2016	0.74	1.51	0.93	0.94	0.82	1.10	1.10	0.64	0.85	1.36
2017	0.80	1.52	0.94	0.96	0.84	1.09	1.09	0.64	0.89	1.50
2018	0.85	1.53	0.96	1.01	0.88	1.08	1.09	0.53	0.90	1.57
2019	0.83	1.52	0.95	1.02	0.93	1.07	1.05	0.58	0.92	1.48

资料来源：IMF，https：//data.imf.org/? sk = 9D6028D4 - F14A - 464C - A2F2 - 59B2CD424B85&sId = 1390030341854。

影响农产品运输成本的因素众多，主要包括基础设施、运输技术、运输方式、国家政策等。

第一，改善基础设施可以显著增加贸易流量。布鲁克斯（Brooks，2008）发现通过改善基础设施的方式能够使一国贸易成本降低10%，出口增加20%。基础设施是为国家、城市或地区提供服务的基础建设体系，既包含使经济运作的设施与服务，也包括为社会生产和居民生活提供公共服务的物质工程设施，是社会赖以生存发展的一般物质条件。由于不同地理位置的基础设施建设难度不同，因此各国基础设施的完备程度常与本国地理位置有关，由此产生的成本约占沿海国家运输成本的40%，内陆国家则高达60%（Limão and Venables，2001）。

第二，技术改进是降低农业贸易成本的重要因素（Beghin and Schweizer，2020）。海上运输技术革新中最突出的就是19世纪的蒸汽船和20世纪50年代的集装箱。蒸汽船与传统帆船相比，大大缩短了海上运输的时间，减少了时间成本和货物腐坏成本。而集装箱具有专业化和规模化的特点，大幅降低了货物的装运成本、中转成本和时间成本，对保质期短的易腐产品尤其有益（Beghin and Schweizer，2020）。在陆地运输中，冷链物流的出现和改进发挥了重要作用，对延长农产品保鲜期、减少损耗、扩大销售区域都有显著的作用，能够有效降低农产品运输的损耗。

第三，不同的运输方式导致成本存在差异。通常来讲，空运费用远大于海运费用，公路和铁路运输费用居中。据统计，空运价格约是公路运输的4~5倍和海运的12~16倍。[①] 而农产品由于极易腐烂变质或倾洒损失，因此在运输方式的选择上也存在一定限制。如大宗农产品适宜运量大、运费低的铁路运输，但鲜活农产品则需要根据其鲜活性和成熟

[①] 《空运100斤货物多少钱空运价格如何计算?》，上海航空货运，http://www.shhsky.com/hangkongwuliuxinwen/3029.html。

度，选择运输速度更快的方式，某些保质期短的农产品也需要考虑空运。①

第四，原产地或目的地的经贸政策和环境、社会政策形势向好则有利于减少运输成本，反之亦然。以国际海事组织（International Maritime Organization，IMO）新排放法规规定为例，"从2020年1月1日起，全球船舶燃油含硫量上限将从以前的3.5%降至0.5%"。② 也就是说，船舶不得燃用超过一定浓度的包括原油、燃油等在内的各油类物质。为应对这一变化，船东只能改用汽油或液化天然气、安装洗涤器或报废船舶，更昂贵的燃料直接增加了长途运输成本，而安装洗涤器也会增加投入。

第五，全球运输系统与特殊时期的特殊事件紧密相连，易受外部冲击。在2020年暴发的新冠疫情和恶劣天气的影响下，世界各地的供应路线繁忙不堪。受航道封锁、航线取消、边境管制等因素的影响，2020年3月全球航空能力萎缩了24.6%（WTO，2020）；运输成本显著上升，集装箱运价由2019年2月的1400美元上升到4200美元，几乎翻了两番。③ 与此同时，港口检疫程序复杂，过境耗时加大，产品周转困难，易腐农产品面临严峻挑战。通常产品在运输过程中滞留一天增加的成本约等于产品价值的0.6%~2.1%（Hummels et al.，2013），疫情时期，时间成本以及由此产生的损耗也显著增加，近日发生的苏伊士运河事件也进一步显示出全球运输系统的脆弱性。

专栏　苏伊士运河触底搁浅

国际运输系统具有脆弱性，易受外部事件的冲击。以近日发生的苏

---

① 《怎样运输农产品？》，中国农业信息网，2012年7月19日，http://www.agri.cn/kj/xdnycyjs/ncshyjy/njqjy/201207/t20120719_2796629.htm。
② 《国际海事组织：降低全球船舶燃油含硫量新规定从1月1日开始强制实施》，联合国新闻，2020年1月6日，https://news.un.org/zh/story/2020/01/1048591。
③ Freightos Baltic Index（FBX）：Global Container Freight Index，于2021年3月30日获取，https://fbx.freightos.com/。

伊士运河事件为例，在全球海运版图上，苏伊士运河是非常关键的咽喉要道之一。苏伊士运河位于埃及，全长超过193公里，是目前连接欧亚的最短线路，也是全球少数可以通行大型商船的无船闸运河，全球12%的贸易通过这条线路运输。①

  2021年3月24日，长荣海运发布公告，称其接获船东通知，"长赐"轮于埃及时间3月23日上午8时左右，从红海北向进入苏伊士运河时，疑似遭受瞬间强风吹袭，造成船身偏离航道，意外触底搁浅。这是苏伊士运河历史上最严重的货轮搁浅阻断航道的事故之一，又被称为"苏伊士危机"，货轮航程延误造成的直接和间接经济损失估计每小时高达数亿美元，由此产生的原油、天然气、集装箱运输价格激增，也会使原本高昂的农产品运输成本"更上一层楼"。

  事故发生后，各方积极寻求解决方案。例如，苏伊士运河管理局事发后重新开放了一段较老的航道分流部分船只，但这条航道只能通行吃水较浅、较小的船舶，航运能力有限。部分航运公司选择让货轮改变航线，绕道非洲好望角，这意味着航程至少增加3500英里，航行时间增多8~12天，② 额外燃油费用也将大幅增加。同时，绕道好望角线路的船只还需要经过海盗猖獗的西非海域，这为货运的安全性带来考验。另外，在苏伊士运河被堵之后的数天之内，中欧班列的咨询量暴增，去程和回程班列均出现了"爆仓"，尤其是回程班列的订舱量增加了三成以上，但也不能完全满足突发、大型出口的运输需求。显而易见，不论是哪种解决方案，都不可避免地造成了损失，增加了运输成本。③

  虽然当前苏伊士运河已经重新恢复通航，但其后续影响有待观察。因搁浅事件导致的绕航及延误，将会导致大量船舶在同一时间抵达欧洲

---

① 《苏伊士运河："长赐号"搁浅近一周后恢复移动开始脱困》，BBC新闻，2021年3月27日，https：//www.bbc.com/zhongwen/simp/world-56498662。
② 《"长赐号"脱困　苏伊士运河堵塞的经济损失和关键看点》，BBC新闻，2021年3月27日，https：//www.bbc.com/zhongwen/simp/world-56563579。
③ 《苏伊士运河通了，天价索赔来了！谁为"世纪大堵船"买单？》，新华社客户端，2021年4月13日，https：//baijiahao.baidu.com/s?id=1696888229442901799&wfr=spider&for=pc。

港口,这会给当地码头和疏运系统造成巨大压力,令本就因新冠肺炎疫情冲击而紧张的全球供应链雪上加霜。

2. 政策成本

农业贸易始终是国际贸易中的一个重要又难以解决的问题。尽管1995年WTO各成员方签署的《农业协定》使农产品市场准入进一步改善,全球农业贸易额逐渐增加。但农产品在世界商品贸易总额中的比重却逐渐下降,全球农业贸易的增长速度也远慢于其他产品贸易。在1960年代之前,农产品占全球所有商品贸易的30%以上,但自2000年以来,农产品所占份额平均不到9%(Sandri et al.,2007);截至2019年,该比重已降至5.4%。农业贸易自由化的边界始终是各方争论的焦点,多数国家对部分敏感农产品依然保持着高关税和准入门槛(FAO,2006),导致农业贸易开放仍然是一个世界性难题。第二次世界大战以来,在关贸总协定的推动下,工业产品保护程度不断下降,但农产品的保护程度却一直高居不下。无论是关贸总协定还是WTO,农产品都被作为例外对待。不但发达国家继续实行保护政策,许多新兴的工业化国家,如韩国等也都加入发达国家的行列,对农产品贸易进行保护。[1]

(1)关税成本。

关税成本是贸易成本的重要组成部分。自1995年WTO成立以来,世界范围内的关税成本呈下降趋势。2017年,全球所有产品的加权平均关税约为2.6%,折合成贸易成本的话,发达国家约为2%,而发展中国家约为4%(UNCTAD,2020)。区域贸易协定(RTA)的大量签署是全球关税成本下降的重要驱动因素。全球正式生效的RTA协议数量呈现逐年上升趋势,截至2020年底,共有308个RTA生效。RTA为缔约国设置了一个极低的税率甚至零关税,以推动双边或多边贸易的顺

---

[1] 海闻:《发达国家为什么要保护农产品贸易?》,中国经济学教育科研网,2003年4月5日,http://economics.efnchina.com/show-2197-43785-1.html。

利进行。图1-3展示了1990~2019年全球全产品和农产品的加权平均关税。世界全产品的加权平均适用关税由1995年的6.1%下降至2019年的3.4%,降幅高达44%,但农产品关税下降趋势缓慢,由1995年的10.2%降至2019年的9.0%。虽然全球关税总体均呈现下降趋势,但农产品关税始终处于高位,是全产品关税水平的2~3倍。

此外,从国家收入水平来看,关税与收入水平成反比,与高收入国家相比,中低收入国家的关税更高。1995年高收入国家食品和农产品关税为9%,而中低收入国家的关税却高达17%;2018年中低收入国家食品和农产品关税下降至10%,仍高于高收入国家6%的关税水平(FAO,2020)。从品类上来看,加工食品的关税最高,其次是糖、可可、奶类、蛋类、水果、蔬菜、肉类和鱼类,谷物的进口关税最低(FAO,2020)。

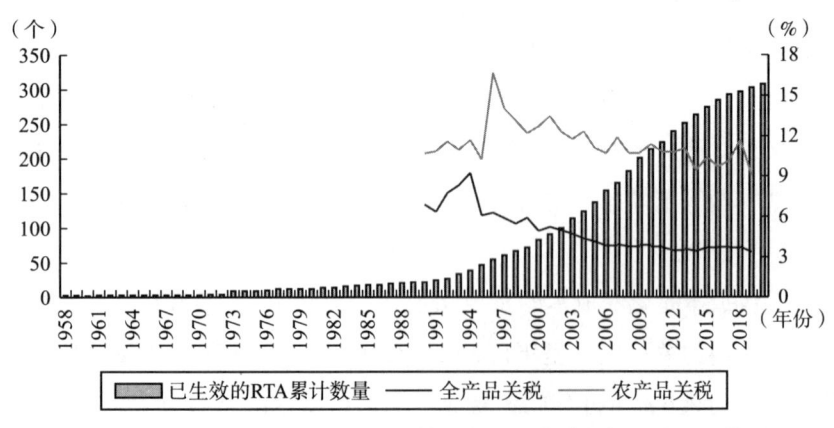

图1-3 世界范围内生效的RTA协议数目和全球加权平均适用关税

资料来源:RTA:http://rtais.wto.org/UI/charts.aspx#;Tariff:作者根据WITS计算所得。

专栏 RTA之——《区域全面经济伙伴关系协定》(RCEP)

签署区域贸易协定是关税成本下降的重要因素。《区域全面经济伙伴关系协定》(RCEP)是2012年由东盟发起,历时八年,由包括中国、日本、韩国、澳大利亚、新西兰和东盟十国共 15 方成员制定的协定。2020 年 11 月 15 日,《区域全面经济伙伴关系协定》(RCEP) 正式签署,标志着当前世界上人口最多、经贸规模最大、最具发展潜力的自由贸易区正式启航。这对促进贸易自由化、区域内经济合作、全球贸易和投资新经济规则制定都具有重要意义。从谈判结果看,协定将促进各成员方间的商品免税或低税贸易,使得商品可以以更低成本进入重要贸易伙伴国市场:各成员方将取消 91% 的商品关税,其中,中日贸易商品的 86%、日韩贸易商品的 83% 将最终取消关税,其他国家间取消关税的商品比例也达 86% 至 100%。但各国在农产品方面有所保留。例如,为保护本国农业,日本对农林水产品进口的关税撤销率不高,日本国会曾通过将大米、小麦、猪牛肉、乳制品、糖类 5 种重点农产品免于开放的决议。同时,协定中涉农产品的减税过渡期较长:食品类过渡期为 11 年,酒类过渡期 20 年。对此,日本媒体不无遗憾地说:"百姓的餐桌尚难享受到更多实惠。"未来,RCEP 在实施过程中仍有较大提升空间。

以保护国内农业和农民利益为由实施的高关税降低了农业贸易自由化程度。部分国家政府因担心农产品贸易自由化对国内农业造成冲击、危及粮食安全甚至带来政治风险,始终对农产品贸易自由化持谨慎态度。以韩国为例,受农业生产条件等多种因素制约,韩国农产品产不足需,近年来进口呈上升趋势。出于对进口竞争的担忧,韩国农民反对开放农业贸易,其中稻农的反对态度最为强烈。在这种背景下,韩国 2015 年 1 月 1 日开始实施大米关税化措施,对超过现有义务进口配额(40.87 万吨)的进口大米征收 513% 的关税,以保护本国农民的利益不受冲击。[1]

---

[1] 《韩国农业贸易保护政策致对华农产品贸易摩擦增多》,中国商务部贸易救济调查局,2015 年 2 月 28 日,http://trb.mofcom.gov.cn/article/zuixindt/201506/20150600992775.shtml。

专栏　加征关税对商品流动和要素流动的影响

加征关税在限制商品流动的同时，将会刺激要素流动。假设世界上只有 A 国和 B 国两个国家，只生产棉花和钢铁两种产品，只有劳动与资本两种生产要素，且 A 国劳动丰富，B 国资本丰富，棉花是劳动密集型产品，钢铁是资本密集型产品，两国具有同质的生产函数。

当两国不存在贸易壁垒且要素不自由流动时，A 国将会集中生产并出口棉花，进口钢铁。如图 1-4 所示，A 国的生产可能性曲线 TT 与预算约束线 YY 相交于生产点 P，与无差异曲线相交于消费点 S。此时 A 国的棉花供过于求，出口量为 PR，钢铁则供不应求，进口量为 RS。

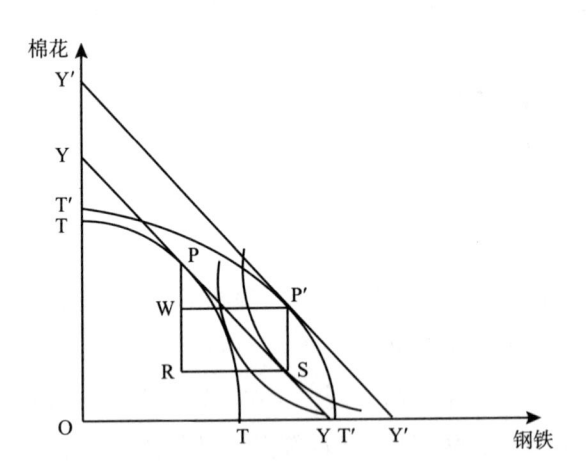

图 1-4　加征关税对生产和要素流动的影响

假设 A 国对进口钢铁征收禁止性关税，国内生产和消费都会转为自给自足，同时高额关税会使 A 国钢铁价格相对于棉花价格上涨，在利益的驱动下，生产要素将更多地从棉花产业流向钢铁产业。由于棉花是劳动密集型产品，钢铁是资本密集型产品，要素转移将会造成劳动的过度供给和资本的过度需求，导致劳动要素的边际产量下降，资本要素的边际产量上升。当两个国家的资本要素可以自由流动时，资本将会从

B国流向边际产量更高的A国，从而改变A国的要素禀赋情况。随着资本的增加，达到新的均衡状态时（两国资本要素的边际产量相等），A国的生产可能曲线将会外移至T'T'，新的生产均衡点为P'。

图1-5所示的埃奇沃斯盒可以帮助我们更好地理解。起初，A国的资本存量和劳动存量分别为OC和OL，P为生产均衡点，OP和OP'分别表示生产钢铁和棉花的要素投入比例。加征关税之后，生产将会从点P移动到点Q，OQ和OQ'的变化表明生产棉花和钢铁的劳资比均有所上升，即资本的边际产量增加。这将会刺激资本从B国流向A国，直到边际产量达到平等，表现为图中即C点将右移至C'。

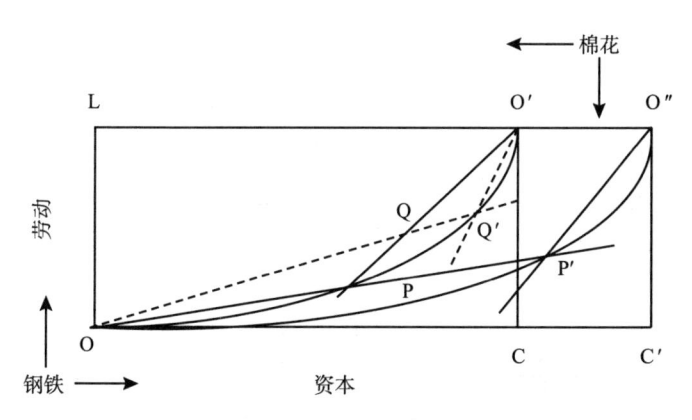

图1-5 加征关税对生产和要素流动的影响（埃奇沃斯盒）

新的均衡状态下，要素的边际产量与征税前相同，因此A国的商品价格不会发生变化。如果国内收入也不变的话，征税前后消费点将保持不变，为S（见图1-4）。P'S表示支付给B国资本的利息（Mundell，1957）。

专栏　贸易成本对进口国生产、消费和福利的影响

关税所产生的贸易成本不仅会影响出口国，也会扭曲进口国的生产

和消费行为，降低社会福利。

假设本国为进口国，其需求曲线函数为：

$$D = a - b\tilde{P} \tag{1.1}$$

式中，$\tilde{P}$ 表示产品的国内价格。本国的供给曲线函数为：

$$Q = e + f\tilde{P} \tag{1.2}$$

本国的进口需求等于国内需求与国内供给之间的缺口：

$$D - Q = (a - e) - (b - f)\tilde{P} \tag{1.3}$$

同理，外国的供给曲线也是一条直线，即：

$$(Q^* - D^*) = g + hP_W \tag{1.4}$$

其中，P_W 为国际价格。本国的国内价格比国际价格高出 t（t 为贸易成本），即：

$$\tilde{P} = P_W + t \tag{1.5}$$

贸易成本就好比在国内价格与国际价格之间嵌入了一个楔子，它使国内价格上升的同时也会压低国际价格（如图 1-6 所示）。

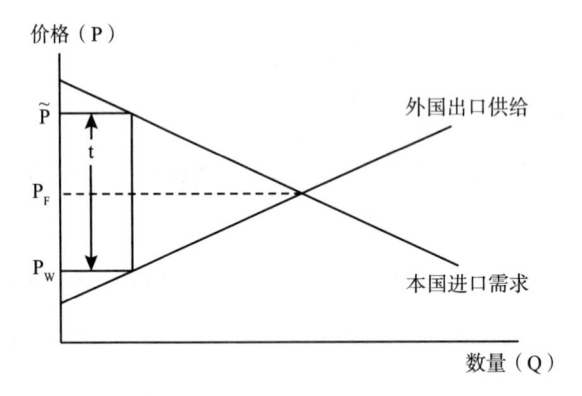

图 1-6 贸易成本对供给、需求和价格的影响

当国际市场处于均衡时，国内进口需求与外国出口供给正好相等，将式 (1.5) 代入即有：

$$(a - e) - (b - f)\tilde{P} = g + hP_W \tag{1.6}$$

$$\Leftrightarrow (a-e)-(b-f)(P_W+t)=g+hP_W \qquad (1.7)$$

$$\Leftrightarrow (a-e)-(b-f)\tilde{P}=g+h(\tilde{P}-t) \qquad (1.8)$$

对公式（1.6）进行变换，则有：

$$\tilde{P}=\frac{a-e-g}{b+f+h}+\frac{ht}{b+f+h}=P_F+\frac{ht}{b+f+h} \qquad (1.9)$$

假设 P_F 为没有贸易成本时的国际价格，则：

$$P_F=\frac{a-e-g}{b+f+h} \qquad (1.10)$$

贸易成本 t 将把国内价格提高到：

$$\tilde{P}=P_F+\frac{ht}{b+f+h} \qquad (1.11)$$

而国际价格将会下降到：

$$P_W=P_F-\frac{t(b+f)}{b+f+h} \qquad (1.12)$$

对于一个小国来说，外国供给具有较高的弹性，也就是说 h 的值会非常大。因此，对于一个小国来说，贸易成本对国际价格的影响微乎其微，但会显著提高国内价格。

下面推到贸易成本对本国社会福利的影响。假设 Q_1 和 D_1 分别代表不存在贸易成本（自由贸易）时的产量和消费量。存在贸易成本时，价格由 P_F 上升到 $\tilde{P}$，产量由 Q_1 上升到 Q_2，需求则由 D_1 下降到 D_2。其中：

$$Q_2=Q_1+\frac{tfh}{b+f+h} \qquad (1.13)$$

$$D_2=D_1+\frac{tbh}{b+f+h} \qquad (1.14)$$

国际价格下降所获得的收益如图 1-7 中的阴影矩形所示，其价值等于价格下降幅度与征收关税后的进口量的乘积，即：

$$收益=(D_2-Q_2)\times(P_F-P_W)=\frac{t(b+f)(D_1-Q_1)}{b+f+h}-\frac{t^2h(b+f)^2}{(b+f+h)^2}$$

$$(1.15)$$

扭曲生产和消费所造成的损失等于两个三角形的面积之和：

$$损失 = \frac{1}{2}(Q_2 - Q_1)(\tilde{P} - P_F) + \frac{1}{2}(D_2 - D_1)(\tilde{P} - P_F) = \frac{t^2 h^2 (b+f)}{2(b+f+h)^2}$$

(1.16)

贸易成本对社会福利的净福利影响为收益与损失之差，即：

$$净福利 = 收益 - 损失 = \frac{t(b+f)(D_1 - Q_1)}{b+f+h} - \frac{t^2 h (b+f)^2}{(b+f+h)^2} - \frac{t^2 h^2 (b+f)}{2(b+f+h)^2}$$

(1.17)

对公式进行简化，则有：

$$净福利 = tU - t^2 V \quad (1.18)$$

其中：

$$U = \frac{(b+f)(D_1 - Q_1)}{b+f+h} \quad (1.19)$$

$$V = \frac{h(b+f)^2}{(b+f+h)^2} + \frac{h^2(b+f)}{2(b+f+h)^2} \quad (1.20)$$

可以发现，净福利影响是一个正数与贸易成本的乘积和一个负数与贸易成本平方乘积的和。

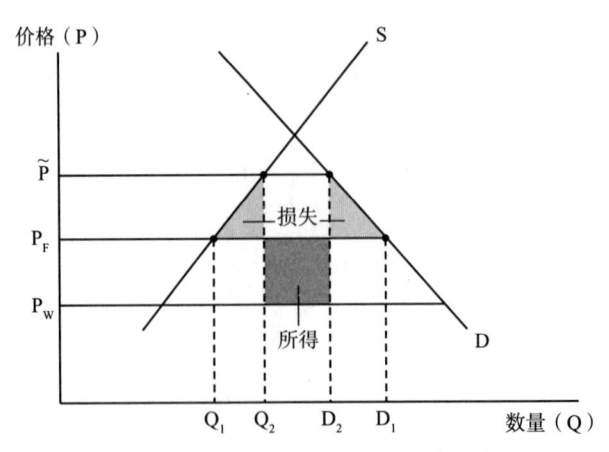

图1-7 贸易成本对社会福利的影响

现在，我们不难发现，当贸易成本足够小时，净福利影响为正值，这是因为缩小一个小于1的正数时，其平方值向零收敛的速度要比该数值本身快得多。相反，当贸易成本增大时，社会福利的净效应将为负值，也就是说，贸易成本所带来的损失远远大于由关税产生的收益（保罗·R·克鲁格曼等，2016）。

（2）非关税成本。

非关税措施（non-tariff measures，NTMs）是指有别于普通关税的政策措施，可对国际货物贸易产生潜在经济影响，改变贸易量或价格或同时改变这两个方面（UNCTAD，2019）。随着关税限制作用的削弱，出于保护国内产业、平衡国际收支和缓解国内失业压力等目的，各国开始寻求关税以外的其他办法来限制进口。自20世纪70年代，以非关税措施作为保护贸易政策的主要手段迅速发展，成为发展中国家为实现工业化需要的战略选择和发达国家扩大自身利益的政策手段（陆燕，2006）。

相比较关税而言，非关税措施种类繁多，其特点可以简单概括为以下三个方面：①具有更大的灵活性和针对性。一般来说，各国关税税率的制定必须通过严格的立法程序并办理必要的手续，且具有一定的延续性。而非关税壁垒通常通过行政手续制定和实施，制定过程较为迅速，手续也较为简便，能够随时针对某个国家的某种商品进行设置或调整。②具有更强的隐蔽性和歧视性。关税税率确定之后，往往以法律形式公布于众并依法执行，出口商通常比较容易获取相关信息。但非关税壁垒的信息往往不公开，或者规定较为烦琐复杂，使得出口商难以应对。③具有更明显的有效性。关税是通过征收高额关税，提高进口商品的成本和价格，削弱其竞争力，间接达到限制进口的目的。但如果出口商愿意缴纳关税，或者出口国采取补贴的形式支持出口，关税往往不能起到有效的限制作用。但诸如配额、自动出口限制、进口许可证、检验检疫措施等形式的非关税措施一般直接规定进口商品的数量和标准，因而能够有效保证限制进口作用的发挥（韩玉军，2017）。

政府出于保护主义意图使用非关税措施，通常会给生产商和交易商带来政策成本，阻碍贸易发展。据联合国贸易和发展会议的贸易分析和信息系统（TRAINS）统计，1995~2018年期间世界各国向WTO报备的非关税措施高达6万多起，非关税措施正逐渐成为影响国际贸易的关键因素（UNCTAD，2018）。作为一种更复杂和模糊的贸易政策措施，非关税措施的合规成本是关税的两倍以上（UNCTAD，2013；UNESCAP/UNCTAD，2020），包括关税、非关税、临时贸易壁垒、监管差异等在内的贸易政策成本在所有部门贸易成本中的占比超过10%（WTO，2020）。据估计，亚洲及太平洋所有非关税措施的平均进口总成本为15.3%，而关税仅占5.8%。在农业部门，非关税措施的总成本高达进口的20%（UNESCAP/UNCTAD，2020）。正如鲍德温（Baldwin，2000）所说，降低关税实际上就像抽干沼泽中的水，降低的水平面暴露了所有仍需清理的非关税壁垒障碍。虽然非关税措施往往服务于合法且必要的目的，但因此而增加的贸易成本已经逐渐成为阻碍贸易收益的主要影响因素之一。

专栏 非关税措施的理论分析

通过图1-8来阐述非关税措施对贸易价格和贸易流量产生的影响。将贸易的供给和需求曲线简化成直线，其中供给曲线为y，需求曲线为x，边境价格（border price）记为wp。从供给端分析，非关税措施的实行使得出口商需要通过使用额外资源来满足进口国家的通关要求，从而增加了合规成本，在图中表现为边境价格由wp上升到wp+t(NTM)。比如，出口商可能不清楚进口国的非关税措施要求，或者检验措施可能过于严格，以致出口企业不得不通过提升生产技术、在第三方国家测试产品等方式来满足要求。价格一定的前提下，非关税成本的增加会使得利润减少，生产商随之减少供给。同时由于非关税措施的限制，部分商品会被拒绝入境。多重影响下,整体的供给曲线向左平移(y平移到y')。从需求角度来看,非关税措施的施行使得消费者对国内销售的进口商品更有信心,需求曲线向右平移(x平移到x')。例如,SPS措施会限制农药的最大残留量,消费者对于市场上的蔬果会更加放心,从而增强购买欲望。显然,非关税措施的存在提高了贸易成本,然而贸易量的变化并不能确定,因为这取决于供给和需求相对于价格的反应情况(Beghin and Schweizer,2020)。

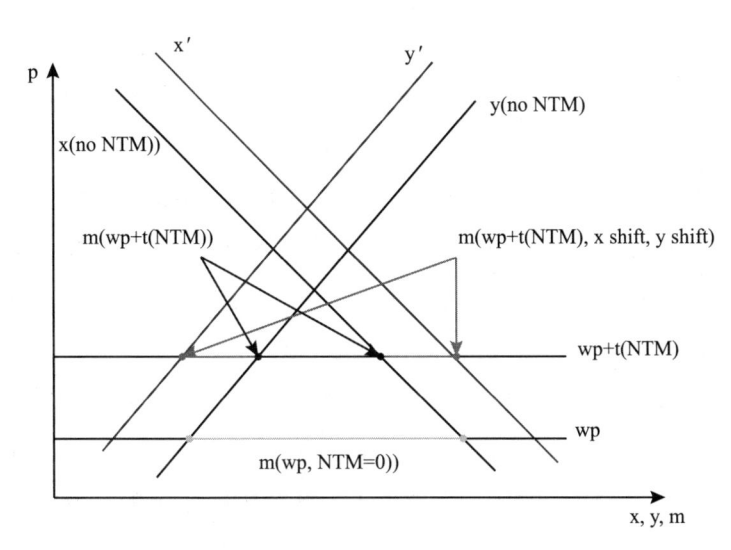

图1-8 非关税措施对产品供需及贸易成本的影响

非关税措施是各国对外贸易政策的重要组成部分,卫生与植物检疫措施(SPS)和技术性贸易壁垒措施(TBT)[①]是各成员方使用最频繁的手段(Ganslandt and Markusen,2001;Peterson et al.,2018;Grant et al.,2015)。SPS和TBT措施原本是为保证进口产品的安全而

[①] SPS措施是指为保护人类及动植物的生命和健康,允许各成员方对进口产品进行必要的检疫措施,通常适用于农产品以及其他可能因污染物而具有固有健康危害的产品;TBT措施是涉及技术规范合规评估的技术规则和程序的措施(UNCTAD,2019),被广泛用于管制大多数部门的国际贸易。

产生（朱灵君，2017），SPS 措施的宗旨在于保护人类、植物和动物的健康，而 TBT 则是确保产品质量和安全。但由于其不透明性，各国超越卫生、健康和消费者安全的宗旨，把 SPS 和 TBT 条款作为贸易保护措施来保护国内生产者利益，导致这些措施限制了国际贸易的发展（刘健西，2019），增加了农产品出口的贸易成本，削弱了农产品国际竞争力，阻碍了农产品出口（朱灵君，2017）。由表 1-4 可知，SPS 和 TBT 措施通报量占全球所有非关税措施通报总量的 75% 以上。相比之下，农业贸易比制造业面临更多的监管限制（Hoekman and Nicita, 2008），SPS&TBT 措施对农产品的总体贸易成本影响更大（Liapis, 2015）。从覆盖范围来看，农业部门的非关税措施覆盖率和频次数①普遍高于制造业，其中，美国、巴西、中国等世界农产品贸易大国的覆盖率均为 100%（如表 1-5 所示）。SPS 与 TBT 是所有非关税措施中对农产品贸易影响最大的两种监管措施，分别影响了全世界 62.15% 和 34.1% 的出口农产品（Cadot et al., 2015；UNCTAD, 2013）。从影响程度来看，SPS/TBT 措施对高收入、中等收入国家和低收入国家农产品出口的限制程度分别为关税的 2.5 倍、3.5 倍和 4.4 倍（Li and Beghin 2011；UNCTAD, 2013）。使用从价关税当量（AVE）的方法，卡多和古尔东（Cadot and Gourdon, 2015）发现由于 SPS 和 TBT 措施的普及，农业部门面临的风险更大。尽管所有行业的从价关税当量仅为 9%，但农产品面临的税率区间却从油脂部门的 15% 到活体动物部门的 25% 不等。UNCTAD 在《对贸易监管数据的分析揭露新的重大发现》中提到，若想将一棵树进口到美国，需满足 54 项卫生和植物检疫措施相关要求。②这些措施严重影响了货物通关效率，显著提高了农产品的非关税贸易成

---

① 常用于量化非关税措施强度的描述性指标是覆盖率指数（coverage ratio，CR）和频次数（prevalence score，PS）。覆盖率指数反映受非关税措施影响的贸易额占一国总贸易额的比重，覆盖率越高，说明非关税措施限制的覆盖面越大，反之亦然；频次数显示一个经济体对受限产品实施的特定非关税措施的平均数量，频次数越大，说明一个产品受到越多种非关税措施的影响。

② 《〈关于中美经贸摩擦的事实与中方立场〉白皮书》，中国驻冰岛共和国大使馆，2018 年 10 月 8 日，http://is.china-embassy.org/chn/zbgx/zzgx/t1602649.htm。

本，而贸易成本提升会使得进口农产品的价格提高 20% 以上（UNESCAP/UNCTAD，2020）。

表 1-4　　1995~2019 年世界各类非关税措施通报量占比情况

非关税措施类型	通报数量（条）	所占比例（%）
卫生与动植物检疫措施（SPS）	30028	40.6
技术性贸易措施（TBT）	25792	34.9
出口相关措施	7809	10.6
数量控制措施	6447	8.7
装运前检验	1788	2.4
价格控制措施	1458	2.0
或有贸易保护措施	335	0.5
其他措施	323	0.4

资料来源：UNCTAD 的 TRAINS 数据库，https://trains.unctad.org/。

表 1-5　　世界主要贸易国家非关税措施的覆盖率和频率

国家（地区）	农业 NTM 覆盖率（%）	制造业 NTM 覆盖率（%）	农业 NTM 频率	制造业 NTM 频率
美国	100	80	16.1	2.6
欧盟	98	89	15.5	5
巴西	100	82	18.7	5.6
中国	100	90	22.8	5.4
加拿大	100	97	9.6	3.3
阿根廷	100	95	8.5	4.4
印度	100	62	23	3.9
印度尼西亚	100	60	11.7	2.4
泰国	99	34	14.9	0.8
墨西哥	95	37	6.1	0.8

资料来源：UNCTAD，https://unctad.org/topic/trade-analysis/non-tariff-measures/NTMs-data。

非关税成本主要源于因国家间的技术法规差异而产生的复杂通关程序。非关税措施成本的上升通常不是由于措施本身，而是为履行与其相关的程序所付出的成本较高（UNESCAP/UNCTAD，2020）。出于不同的政策目标，各国独立制定的技术规范和产品标准往往不同。如，欧盟只进口未使用生长激素饲养的高品质牛肉；中国要求来自澳大利亚的婴儿奶粉必须完成或满足约18项注册、审批、申报和其他手续要求。[①] 在这样差异明显的标准体系下，农业出口商为减少产品被退回和销毁的风险，往往需要额外支付两类成本。一是信息成本，即企业需要识别、收集和处理目标市场上有关农产品标准的信息。信息成本的大小取决于各国法规制度的异质性和透明度，即两国法规制度的异质性越大，越不透明，信息成本往往就越高。二是合规成本，即企业需要调整农产品的生产和加工流程，并送往目的国指定或认可的合格评定机构进行产品测试，以证明产品满足目的国的进口要求（OECD，2016）。如日本对杀菌剂克菌丹和高毒农药甲基对硫磷在稻谷中的残留限量分别规定为5毫克/千克和1毫克/千克，欧盟则都规定为0.02毫克/千克，分别相差250倍和50倍。美国规定马拉硫磷在柑橘、苹果、菜豆中的残留限量为8毫克/千克，而中国限定为2毫克/千克。[②] 在这种标准不一的情况下，当出口国的标准更为严苛时，出口企业就需要对农产品中的农药残留量进行精确的检测与有效的监控，以符合出口国家的食品检疫标准，检测费用、生产费用等将会加大出口企业的成本负担。

相比于制成品，农产品的通关程序更为复杂冗长。出于卫生和安全需要，农产品除办理一般性的通关程序外，往往还要承担额外的物理检查，以保证符合进口国的卫生与植物检验检疫要求，而物理检查会导致通关费用及通关时间的大幅增加（胡超，2014）。根据《2018年营商环

[①] 《全球监管视点｜打破国际农产品贸易中的非关税壁垒》，金杜律师事务所，2016年6月14日，https://www.kwm.com/zh/knowledge/insights/red-tape-global-non-tariff-barriers-international-trade-agribusiness-food-20160614。

[②] 《专家释疑：为什么各个国家的农药残留限量标准有所不同?》，新华网，2018年7月3日，http://www.xinhuanet.com/food/2018-07/03/c_1123067516.htm。

境报告》显示，在亚太各次区域，文件合规和边境合规所需的时间和成本差异很大，边境合规的成本往往高于文件合规（UNESCAP/UNCTAD，2020）。胡梅尔斯等（Hummels et al.，2007）发现贸易程序的每个步骤都会出现时间延迟，例如处理单据、将货物运送到边境、清关以及将货物装上船。考虑到农产品对交货延迟的高度敏感性，莫伊斯和勒布里斯（Moise and Le Bris，2013）研究了贸易交易成本，由于更严格和更多的边境程序、实物检查和卫生和植物检疫要求，农产品具有更高的贸易成本。如果将时间上的延迟转化为从价关税当量，其成本大于实际关税。利亚皮斯（Liapis，2011）基于总量和加工农产品的双边贸易流量，指出出口时间减少10%将导致双边农业贸易总额增加9.6%，加工农产品贸易增加17%（对于给定的国家样本）。在面临公共卫生安全事件时，针对农产品的通关程序会更为严格。例如，在新冠肺炎疫情爆发后，各国海关对具有疫情传播风险的货物实施严防严控。箱体消毒、箱内货物消毒、取样、实验室检测等，每一步骤都需要海关、消毒公司、码头投入人力，待处理的进口货物难免出现积压、排队等情况，农产品尤其是冻品的通关时间及通关成本显著上升。例如在措施实施前，中国普通正常的冻品进口通关时间大约为3天，疫情下却需要10天甚至更长，由此产生的掏箱费、打冷费、滞箱费成倍增加，估算严管期间一个集装箱的费用增加幅度为4000元左右，[①] 显然削弱了出口国家可能拥有的生产成本优势。

以保障国内粮食安全为由实施的非关税措施阻碍了世界农业贸易发展。农业作为一个敏感的经济部门，一国农产品尤其是粮食的供求并不总是处于平衡状态，各国为保障国内粮食安全，经常会实施一些贸易限制措施。一方面，在农产品供应短缺和自然灾难期间实施的出口限制，可能有利于保障国内供应和为消费者维持低廉价格，但也可能会对农业

[①] 《平说关事（100）疫情下从严管控的进口冻品通关状况调查》，北京睿库贸易安全及便利化研究中心，2020年7月8日，https://www.re-code.org/article/896?categoryid=65。

贸易产生负面影响（GATT 第 11 条禁止直接出口限制，但允许征收关税、税收和其他有效限制出口的费用）。例如，2010 年俄罗斯遭遇干旱和热浪袭击后，农作物产量大幅下降，为保障国内谷物供给并降低物价，俄罗斯同年 8 月开始实施谷物出口禁止措施。另一方面，为保护国内生产和生产者的收入以及提高农产品价格和政治稳定性而实施的进口保护，会对消费者福利产生负面影响，进而也会扭曲农业贸易。

3. 分销成本

分销是连接销售商和消费者的桥梁，国内生产或进口的所有商品都必须通过分销渠道才能到达最终消费者手中，提供分销服务的成本较高。布尔斯坦等（Burstein et al., 2003）利用可交易消费品的国家投入产出数据构建国内分配成本，结论显示 1992 年分销成本在美国零售价格中占比超过 40%，其他 G7 集团国家的分销成本在 35% ~ 50% 之间。布拉德福德和劳伦斯（Bradford and Lawrence, 2002）使用相同的投入产出数据来衡量美国与包括加拿大、澳大利亚、德国在内的八个工业化国家的分销成本，结果表明美国的平均分销成本是生产者价格的 68%，商品之间的分销成本也不尽相同，例如美国电子设备的分销成本为 14%，女装则为 216%。然而，国内分销成本受国际贸易政策的影响不大，更多地由一国的国内环境和分销商决定。图 1-9 展示了 1993 ~ 2018 年 1 美元美国食品中的批发成本和零售成本的份额。数据显示，分销成本与零售成本均呈先上升后下降的趋势，但变化幅度都比较小，其中批发成本波动范围不超过 3%，零售成本不超过 4%，总体呈现出平稳态势。分销成本的分析并不是本书重点讨论的内容，若需深入了解相关研究可参见安德森和温库普（Anderson and Van Wincoop, 2004）、布尔斯坦等（Burstein et al., 2003）及布拉德福德和劳伦斯（Bradford and Lawrence, 2002）等学者的分析。

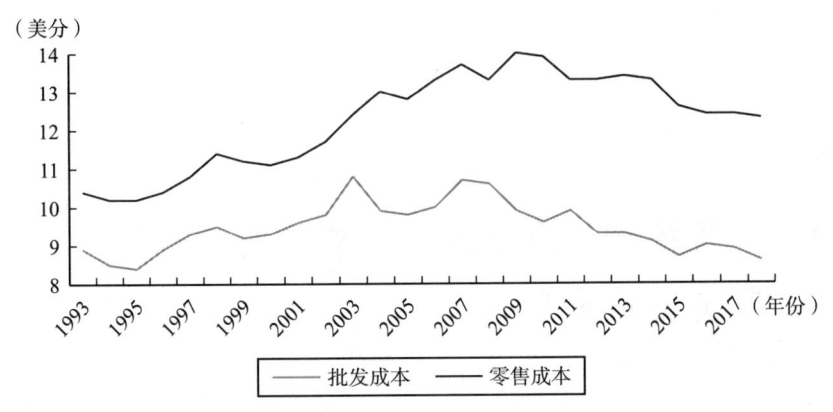

图 1-9　1993~2018 年 1 美元美国食品中的批发成本和零售成本

资料来源：USDA，http://www.ers.usda.gov/data-products/food-dollar-series/。

第2章 全球视角下的食品安全监管与非关税措施变化

随着世界人口规模和消费者需求的增长，食品供应链变得更加复杂。食品在从"农田到餐桌"的传递过程中，可能发生的任何食品安全①事件都可能对公众健康、贸易和经济产生全球性的负面影响（FAO/WHO，2019；2020）。存在安全风险的食品因含有有害细菌、病毒、寄生虫或化学物质，可导致从腹泻到癌症等200多种疾病发生。据WHO估计，每年因食用被细菌、病毒、寄生虫或化学物质污染的食品而患病的人数超过6亿，死亡人数达42万。② 从经济损失的角度来看，世界银行数据显示，每年不安全食品对中低收入国家造成的生产力损失就高达约950亿美元（FAO/WHO，2019；2020）。美国每年因食品安全事件导致的经济损失约70亿美元，英国因宰杀疯牛而造成的经济损失高达200亿英镑，比利时也因污染事故造成的经济损失近4亿欧元，相关食

---

① 食品安全：1996年WHO（世界卫生组织）在其《加强国家级食品安全计划指南》中，把食品安全定义为：对食品按其原定用途进行制作或食用时不会使消费者健康受到损害的一种担保。在我国食品安全有两方面含义，一是一个国家或社会的食物数量保障，二是食品中有毒物质对人体健康影响的公共卫生问题，它与"食品卫生"同义。
② 《联合国新闻 首个"世界食品安全日"：全球每年有42万人死于食品不安全》，联合国新闻，2019年6月6日，https://news.un.org/zh/story/2019/06/1035781。

品加工业造成的间接损失达10亿欧元。① 因此，食品安全已经成为一个世界性的挑战，是全球必须共同关注的重大公共卫生问题（吴林海和徐立青，2009）。

为切实保障食品安全，世界各国对食品安全的监管不断趋严，纷纷制定并实施了一系列相当严格的食品安全法规。例如，中国颁布《中华人民共和国食品安全法》，强化了进口食品风险控制措施；美国奥巴马签署《FDA食品安全现代化法案》，彻底改革食品安全监管体系，致力于预防食品安全问题；欧盟发布"食品安全白皮书"，将食品安全作为欧盟食品法的主要目标；日本陆续颁布《食品卫生法》《食品安全基本法》《健康促进法》等，加强从政府、食品从业者和消费者的参与；澳大利亚与新西兰建立食品联合管理系统，共同制定并维护食品安全标准与法规（王竹天，2014）。与此同时，随着食品供应链不断超越国界以及全球重大进口食品安全事件的频繁发生，各国对进口食品安全的重视程度也逐渐提升（华杰鸿和孙娟娟，2018）。②

然而，众多的食品安全法规却逐渐导致各国食品安全监管规定不断变化且差异性显著，使得农产品跨境贸易难度提升的同时贸易成本也有所上升（UNESCAP/UNCTAD，2020）。中国、美国和欧盟占世界农业贸易总额的1/4，③是全球极具有代表性的农产品贸易大国，其食品安全政策备受世界各国所关注。因此，本章以中国、美国和欧盟为例，探讨其食品安全监管法规和措施的演变对农产品进口标准（尤其是对非关税措施）的影响。

---

① 《食品安全对经济和社会发展的影响》，腾讯网，2021年3月9日，https://new.qq.com/omn/20210309/20210309A05L8Z00.html。
② 《全球食品安全治理的理念和路径》，中国商务部WTO/FTA咨询网，2017年8月25日，http://chinawto.mofcom.gov.cn/article/ap/p/201708/20170802633525.shtml。
③ 注：2019年中国、美国和欧盟的农产品贸易额占全球的比重分别为6.5%、8.9%和9.7%。

2.1 中国食品安全监管与非关税措施

2.1.1 中国食品安全监管变革

1. 食品安全政策演变

(1) 食品安全法规发展历程。

中国食品安全监管法规的发展历程可分为萌芽、加速和完善三个阶段，见图2-1。在萌芽阶段，由国家与各级政府颁布的食品卫生相关的单项标准或技术规定构成了最初的食品安全标准；在加速阶段，中国先后出台约900多部食品安全相关的法律法规（钟筱红，2015），其中包括首部系统性、全国性食品安全法律《中华人民共和国食品卫生法》，[①] 逐渐形成了食品安全体系；在完善阶段，中国不断地对此前相关食品安全法进行修订，并陆续出台一系列配套的部门规章制度，不断完善食品安全法规体系。

萌芽阶段（新中国成立到1978年）：19世纪50年代初期，中国并未出台明确的食品法规。当时部分商人在供应给抗美援朝的中国人民志愿军的食品中偷工减料、以次充好，导致军需食品质量不合格，由此催生了我国政府对食品质量的关注（宋华琳，2011）。1952年2月，轻工业部发出通知，要求切实执行"军用食品检查办法"，彻底揭露不法奸商和贪污分子在承制军用食品及其他军需品中的暗害行为，以保障中国

[①] 《中华人民共和国食品卫生法》，中华人民共和国中央人民政府网，1995年10月30日，http://www.gov.cn/banshi/2005-08/01/content_18960.htm。

第2章　全球视角下的食品安全监管与非关税措施变化

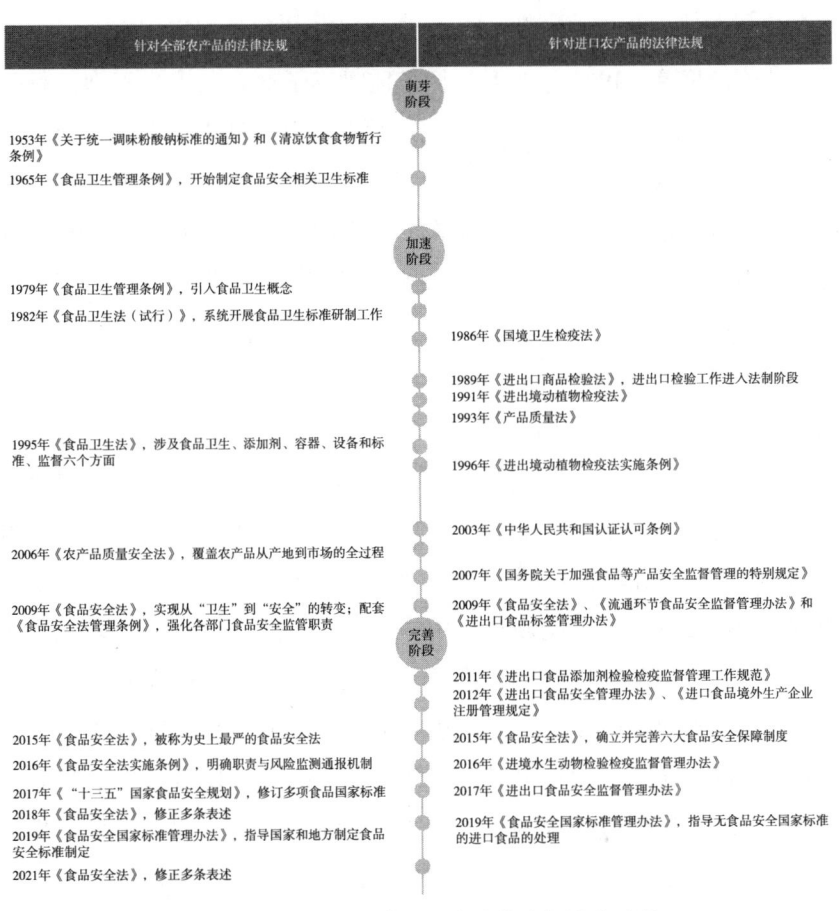

针对全部农产品的法律法规		针对进口农产品的法律法规
	萌芽阶段	
1953年《关于统一调味粉酸钠标准的通知》和《清凉饮食食物暂行条例》		
1965年《食品卫生管理条例》，开始制定食品安全相关卫生标准		
	加速阶段	
1979年《食品卫生管理条例》，引入食品卫生概念		
1982年《食品卫生法（试行）》，系统开展食品卫生标准研制工作		1986年《国境卫生检疫法》
		1989年《进出口商品检验法》，进出口检验工作进入法制阶段
		1991年《进出境动植物检疫法》
		1993年《产品质量法》
1995年《食品卫生法》，涉及食品卫生、添加剂、容器、设备和标准、监督六个方面		1996年《进出境动植物检疫法实施条例》
		2003年《中华人民共和国认证认可条例》
2006年《农产品质量安全法》，覆盖农产品从产地到市场的全过程		2007年《国务院关于加强食品等产品安全监督管理的特别规定》
2009年《食品安全法》，实现从"卫生"到"安全"的转变；配套《食品安全法管理条例》，强化各部门食品安全监管职责		2009年《食品安全法》、《流通环节食品安全监督管理办法》和《进出口食品标签管理办法》
	完善阶段	2011年《进出口食品添加剂检验检疫监督管理工作规范》
		2012年《进出口食品安全管理办法》、《进口食品境外生产企业注册管理规定》
2015年《食品安全法》，被称为史上最严的食品安全法		2015年《食品安全法》，确立并完善六大食品安全保障制度
2016年《食品安全法实施条例》，明确职责与风险监测通报机制		2016年《进境水生动物检验检疫监督管理办法》
2017年《"十三五"国家食品安全规划》，修订多项食品国家标准		2017年《进出口食品安全监督管理办法》
2018年《食品安全法》，修正多条表述		2019年《食品安全国家标准管理办法》，指导无食品安全国家标准的进口食品的处理
2019年《食品安全国家标准管理办法》，指导国家和地方制定食品安全标准制定		
2021年《食品安全法》，修正多条表述		

图2-1　中国主要食品安全法律法规演变过程

资料来源：作者整理所得。

人民志愿军和中国人民解放军的健康。[①] 1953年，卫生部分别颁布《关于统一调味粉酸钠标准的通知》和《清凉饮食物管理暂行办法》两部食品安全管理办法。次年，卫生部又相继颁布了《食品中使用糖精剂量的规定》等与食品安全相关的法规（宋华琳，2009）。在此基础上，各地政府也陆续出台了一系列食品卫生标准，并与国家标准一起构成了我

[①] 《轻工业部通知各地切实执行"军用食品检查办法"》，载于《人民日报》，1952年2月24日。

国最初的食品标准（宋华琳，2011）。至此，我国拉开了制定食品安全法律法规的序幕。1965年8月，国务院批准了《食品卫生管理试行条例》，①食品安全相关卫生标准的制定就此展开。其中第5条指出：卫生部门应当根据需要，逐步研究制定各种主要的食品、食品原料、食品附加剂、食品包装材料（包括容器）的卫生标准（包括检验方法）。制订食品卫生标准，应当事先与有关主管部门协商一致。20世纪70年代，卫生部下属的中国医学科学院卫生研究所负责并组织全国卫生系统专家制定了14类54项食品卫生标准，1978年开始正式实施，标志着中国食品卫生标准体系初步成形（樊永祥等，2009）。

加速阶段（1978～2009年）：改革开放后，随着众多法律法规的实施和颁布，中国食品安全体系逐渐形成。截至2015年，我国出台的约917部食品安全相关法律法规中约有877部是1978年改革开放后颁布实施的。1979年8月国务院颁布《中华人民共和国食品卫生管理条例》②引入了"食品卫生标准"的概念，其中又将食品卫生标准分为国家标准、部标准和地区标准。③20世纪80年代后，政府部门逐步加快了制定食品标准的步伐。1982年11月颁布《中华人民共和国食品卫生法（试行）》，④卫生部成立了食品卫生标准专业分委会，并系统组织开展食品污染物、生物毒素、食品添加剂、营养强化剂、食品容器及包装材料、辐照食品、食物中毒诊断以及理化和微生物检验方法等在内的食品卫生标准研制工作。1986年12月通过《中华人民共和国国境卫生检疫

---

① 《中华人民共和国商业部公报——转发国务院批转"食品卫生管理试行条例"的通知》，汇法网，1965年8月17日，http://www.lawxp.com/statute/s1062814.html。

② 国务院令：《中华人民共和国食品卫生管理条例》，汇法网，1979年8月28日，https://www.lawxp.com/statute/s978710.html。

③ 注：《中华人民共和国食品卫生管理条例》第二章第三条："一切销售的食品必须做到无毒、无致病病菌病毒、无寄生虫、无腐败霉变、洁净无杂质，于人民健康有益无害。卫生部门和有关主管部门，应当根据这一原则，共同研究，逐步制订出各类食品、食品原料、食品添加剂和食品包装材料的卫生标准以及检验方法（以下简称食品卫生标准）"；第四条："…食品卫生标准，分为国家标准、部标准和地区标准。"

④ 《中华人民共和国食品卫生法（试行）》，中国人大网，1983年7月1日，http://www.npc.gov.cn/wxzl/wxzl/2000-12/06/content_4417.htm。

法》，①其主要作用是防止传染病由国外传入或者由国内传出。1988年12月颁布的《中华人民共和国标准化法》将原来计划经济时代的国家标准、部标准中涉及人体健康，人身、财产安全的标准以及法律、行政法规规定强制执行的标准转化为强制性标准。②1995年10月颁布《中华人民共和国食品卫生法》，③基本保留了1982年《中华人民共和国食品卫生法》中对食品标准的规定，但只涉及食品卫生，食品添加剂的卫生，食品容器、包装材料和食品用工具、设备的卫生，食品卫生标准和管理办法的制定，食品卫生管理和食品卫生监督六方面，既没有涵盖食品的种养阶段，法律规定也较笼统，缺乏对实施程序的具体规定，实际操作性较差。在食品卫生管理的思路下建构的食品标准法律制度不断地暴露出交叉重复规定等问题。例如，在2004年沈阳"毒黄花菜"事件中，④根据卫生部关于干菜类食品卫生标准的规定，黄花菜的含硫量不得超过0.035毫克/千克；而根据农业部《无公害脱水蔬菜标准》⑤的规定二氧化硫残留量则是不得超过100毫克/千克。

---

① 《中华人民共和国国境卫生检疫法》，中华人民共和国中央人民政府网，1987年5月1日，http://www.gov.cn/banshi/2005-08/01/content_18901.htm。

② 《中华人民共和国标准化法》，中国人大网，1988年12月29日，http://www.npc.gov.cn/wxzl/gongbao/1988-12/29/content_1481259.htm。注：《中华人民共和国标准化法》第二章第六条："对需要在全国范围内统一的技术要求，应当制定国家标准。国家标准由国务院标准化行政主管部门制定。对没有国家标准而又需要在全国某个行业范围内统一的技术要求，可以制定行业标准。行业标准由国务院有关行政主管部门制定，并报国务院标准化行政主管部门备案，在公布国家标准之后，该项行业标准即行废止。对没有国家标准和行业标准而又需要在省、自治区、直辖市范围内统一的工业产品的安全、卫生要求，可以制定地方标准。地方标准由省、自治区、直辖市标准化行政主管部门制定，并报国务院标准化行政主管部门和国务院有关行政主管部门备案，在公布国家标准或者行业标准之后，该项地方标准即行废止。企业生产的产品没有国家标准和行业标准的，应当制定企业标准，作为组织生产的依据。企业的产品标准须报当地政府标准化行政主管部门和有关行政主管部门备案。已有国家标准或者行业标准的，国家鼓励企业制定严于国家标准或者行业标准的企业标准，在企业内部适用。"

③ 《中华人民共和国食品卫生法》，中国人大网，1995年10月30日，http://www.npc.gov.cn/wxzl/gongbao/1995-10/30/content_1481321.htm。注：《中华人民共和国食品卫生法》于1995年10月30日第八届全国人民代表大会常务委员会第十六次会议通过，于1995年10月30日中华人民共和国主席令第五十九号公布，自公布之日起施行。

④ 《沈阳"毒黄花菜"牵出行业丑闻》，搜狐新闻，2004年7月16日，http://news.sohu.com/20040716/n221029523.shtml。

⑤ 《无公害脱水蔬菜标准》，食品伙伴网，2002年7月25日，http://down.foodmate.net/standard/yulan.php?itemid=7527。

2006年4月通过《中华人民共和国农产品质量安全法》,[①] 涵盖从产地到市场的全过程,明确了相关监管相关部门的权责,拟从立法层面解决百姓"菜篮子"的质量安全问题。然而苏丹红事件、[②] 三聚氰胺奶粉事件、[③] 面粉增白剂[④]事件等陆续发生表明中国食品标准总体水平仍然较低,内容和体系建设不完备,与国际标准间存在较大差距。2009年实施《中华人民共和国食品安全法》(简称《食品安全法》),实现了从"卫生"到"安全"的转变,标志着中国在食品安全监管上第一次有了系统性、全国性食品安全法律,同时也形成了相对完整的食品安全法规的治理层级,是中国食品安全法律建设的里程碑。[⑤]《食品安全法》全文共104条,包括总则、食品安全风险监测和评估、食品安全标准、食品生产经营、食品检验、食品进出口、食品安全事故处置、监督管理、法律责任、附则十章内容。《食品安全法》的公布实施,对于从法律上明确食品安全的风险评估、标准制定、食品生产经营以及检验、监督等方面出现的问题,防止、控制和消除食品污染以及食品中有害因素对人体的危害,预防和减少食源性疾病的发生,对切实保障人民群众的切身利益具有重要意义(国家食品安全风险评估中心,2014)。为了配合《食品安全法》的实施,自2009年1月起,国务院法制办会同原卫生部等部门起草了《中华人民共和国食品安全法实施条例》(以下简称《实施条例》)并于7月20日公布实施。[⑥]《实施条例》进一步强化了各部门在食品安全监管方面的职责,增强了制度的可操作性。

[①] 《中华人民共和国农产品质量安全法》,中华人民共和国中央人民政府网,2006年4月29日,http://www.gov.cn/jrzg/2006-04/29/content_271165.htm。

[②] 《苏丹红事件食品添加剂问题敲响警钟》,搜狐新闻,2010年2月26日,https://chihe.sohu.com/20100226/n270488594.shtml。

[③] 《三鹿三聚氰胺奶粉事件全过程回放》,搜狐新闻,2009年1月1日,http://news.sohu.com/20090101/n261527309.shtml。

[④] 《面粉增白剂存废暗藏利益博弈关键人物态度转弯》,搜狐新闻,2010年10月23日,http://news.sohu.com/20101023/n276280326_1.shtml。

[⑤] 《中华人民共和国主席令-第九号》,中华人民共和国中央人民政府,2009年2月28日,http://www.gov.cn/flfg/2009-02/28/content_1246367.htm。注:《中华人民共和国食品安全法》于2009年2月28日第十一届全国人民代表大会常务委员会第七次会议通过。

[⑥] 《中华人民共和国进口商品检验法》,人民网,1989年2月21日,http://www.people.com.cn/zixnn/flfgh/item/dwjjf/falv/6/6-2-02.html。

第三阶段（2009年至2021年）：2009年后，我国食品安全法制建设不断完善。由于《食品安全法》立法时间仓促，相关的食品安全监管体制、手段和制度等未能完全适应食品安全需要，法律责任偏轻、重点治乱威慑作用没有得到充分发挥，食品安全形势依然严峻。为进一步加强对食品安全的监管，同时也为了配合国务院新一轮的机构改革，2013年10月，经过修订工作组各界专家讨论和起草的《中华人民共和国食品安全法（修订草案送审稿）》拉开了修订原《食品安全法》工作的大幕。2015年4月修订的《食品安全法》通过，2015年版《食品安全法》共10章（154条），充分体现了预防为主、全程监管、创新监管制度、加强法律责任和突出社会共治五大特点（倪楠，2016），被各界称为"史上最严的食品安全法"。2016年，作为与《食品安全法》配套的新《食品安全法实施条例》颁布，进一步明确了食品安全委员会的职责和风险监测通报机制。全国人民代表大会常务委员会于2018年12月29日和2021年4月29日对《中华人民共和国食品安全法》进行了进一步的修正。

（2）进口食品安全法规。

针对进口食品的安全法规可以大致划分为法律、行政法规与部门规章三个层级。1989年制定的《中华人民共和国进出口商品检验法》明确规定未经检验合格的进口食品不得在国内销售和使用，标志着中国对进出口商品的检验工作进入法制阶段。此后陆续出台了一系列进口商品法律法规共同构成了我国进口食品安全监管体系。其中包括：1989年《中华人民共和国进出口商品检验法》、1991年《中华人民共和国进出境动植物检疫法》、1993年《产品质量法》、2009年《中华人民共和国食品安全法》等基本法，1996年《中华人民共和国进出境动植物检疫法实施条例》、2003年《中华人民共和国认证认可条例》、2007年《国务院关于加强食品等产品安全监督管理的特别规定》、2011年《食品安全法实施条例》等行政法规，以及2009年《流通环节食品安全监督管理办法》、2000年《进出口食品标签管理办法》、2011年《进出口食品添加剂检验检疫监督管理工作规范》、2012年《中华人民共和国进出口食品安全管理办法》和《中华人民共和国进口食品境外生产企业注册管理规定》（钟筱红，2015）、2016年《进境水生动物检验检疫监督管理办法》、2017年《中华人民共和国进出口食品安全监督管理办法》等部门规章。2020年，随着新冠疫情在全球的爆发，食品安全问题又一次暴露在大众视野。为此，中国修订了包括标签在内的国家食品安全标准，并修订了2015年《中华人民共和国食品安全法》。

2015年版《中华人民共和国食品安全法》对进出口食品管理制度的修改主要是通过吸收《进出口食品安全管理办法》和《进口食品进出口商备案管理规定》及《食品进口记录和销售记录管理规定》中的条款，如进口商备案、进口食品收货人的进口记录和销售记录要求等进行细化，并增加了一些新的内容。新法在进口食品安全方面的进步性主要体现在确立并完善六大食品安全保障制度（倪楠，2016）。

食品进口风险管理制度。《中华人民共和国食品安全法》第92条第1款规定，"进口的食品、食品添加剂以及食品相关产品应当符合我国食品安全国家标准"。这肯定了我国多年来实施的进口食品安全标准管理制度，同时确立的对进口食品进行安全性评估的法律制度也进一步强化了对进口环节的把关。

食品进口预警制度。《中华人民共和国食品安全法》第95条规定，"境外发生的食品安全事件可能对我国境内造成影响，或者在进口食品、食品添加剂、食品相关产品中发现严重食品安全问题的，国家出入境检验检疫部门应当及时采取风险预警或者控制措施，并向国务院食品药品监督管理、卫生行政、农业行政部门通报"。第100条规定，"国家出入境检验检疫部门应当收集、汇总食品安全信息，并及时通报相关部门、机构和企业"。在国家法律支持下，我国建立了进口食品风险预警和快速反应机制。在此基础上，2012年9月国家质量监督检验检疫总局公布《中华人民共和国进出口食品安全管理办法》，进一步强化了进口食品的预警制度。

食品进口检验检疫法律制度。《食品安全法》第92条第2款规定，"进口的食品、食品添加剂应当经出入境检验检疫机构依照进出口商品检验相关法律、行政法规的规定检验合格"。第100条第2款规定，"国家出入境检验检疫部门应当对进出口食品的进口商、出口商和出口食品生产企业实施信用管理，建立信用记录，并依法向社会公布"。配合着《中华人民共和国食品安全法实施条例中》对进口食品报关和检验检疫的规定，我国建立起食品进口检验检疫制度，加强了对进口食品质量安全和卫生问题的把控。

食品进口备案和注册制度。《中华人民共和国食品安全法》第96条规定，"向我国境内出口食品的境外出口商或者代理商、进口食品的进口商应当向国家出入境检验检疫部门备案。向我国境内出口食品的境外食品生产企业应当经国家出入境检验检疫部门注册"。需要注意的是，备案和注册是两种不同性质的制度：备案是一种事后的告知行为，不属于行政许可；而注册则是一种事前的审查行为，属于行政许可。也就是说，不经过国家出入境检验检疫部门的注册，境外的食品生产企业不得向我国出口食品。通过备案和注册制度，我国在保障进口食品安全、追溯进口食品来源方面迈出重要一步。

食品进口标签制度。《中华人民共和国食品安全法》第97条从以下三个方面对进口食品的标签进行了规范：进口的预包装食品应当有中文标签和中文说明书；标签和说明书应当符合《中华人民共和国食品安全法》以及我国其他有关法律、行政法规的规定和食品安全国家标准的要求，载明食品的原产地以及境内代理商的名称、地址和联系方式；标签和说明书不合格的不得进口。这些规定在方便境内消费者选购产品以及国家追查责任方面都起到重要作用。

食品进口销售记录和境外出口商、境外生产企业审核体系。《中华人民共和国食品安全法》要求进口商建立食品的赊销记录和审核体系，这有利于加强对进口食品经营活动的监督管理，为进口食品的质量查询和投诉提供依据，从而使国民享受到更多更健康更安全的食品。

专栏　中国发布新版《食品安全国家标准　食品中农药最大残留限量》

2021年4月初，农业农村部会同国家卫生健康委、市场监管总局发布新版《食品安全国家标准　食品中农药最大残留限量》。新版标准中农药残留限量标准达10092项，全面覆盖我国批准使用的农药品种和主要植物源性农产品。其中针对社会关注度高的蔬菜、水果等鲜食农产品，制修订了5766项残留限量，占目前限量总数的57.1%。

在食品安全国家标准中，农药最大残留限量标准项数越多，意味着要求越高、监管越严。近年来，中国农药残留限量标准的项数不断增加。据了解，与2019版相比，新版标准中农药品种增加81个，增幅达到16.7%；农药残留限量增加2985项，增幅为42%。同时发布了《食品安全国家标准　植物源性食品中331种农药及其代谢物残留量的测定　液相色谱-质谱联用法》等4项农药残留检测方法标准，有效解决了部分农药残留标准"有限量、无方法"问题。

新版标准的内容主要有三大变化。首先，突出高风险农药品种监管。根据农药残留检测方法能够检测的最低浓度水平（定量限），新版标准规定了甲胺磷等29种禁用农药792项限量标准、氧乐果等20种限用农药345项限量标准，实现了主要植物源性农产品种类的全覆盖。比如，新版标准将高毒农药杀扑磷在柑、橘、橙上的限量标准由2毫克/千克修订为0.05毫克/千克，只有原来标准的1/40。

其次，突出鲜食农产品监管。近年来，蔬菜、水果等鲜食农产品在我国居民膳食中比例越来越大，其质量安全备受关注。新版标准制修订了蔬菜、水果等鲜食农产品的5766项残留限量，占目前限量总数的57.1%，为强化鲜食农产品质量安全监管提供了有力支撑。比如，新版标准将毒死蜱在韭菜等14种蔬菜中的限量值0.1~1毫克/千克，统一修订为0.02毫克/千克；2019版标准制定了三唑磷在结球甘蓝、节瓜上的限量为0.1毫克/千克，2021版修订为0.05毫克/千克。同时，新版标准将两种农药残留限量的适用范围扩增至 11 类蔬菜,实现了对蔬菜品种监管的全覆盖。

最后,突出进口农产品监管。针对进口农产品中可能含有我国尚未登记农药的情况,通过评估转化国际食品法典标准等方式,新版标准制定了除我国禁用农药外的 87 种尚未在我国批准使用农药的 1742 项残留限量,为做好进口农产品监管提供技术依据。

新版标准基于中国农药登记残留试验、市场监测、居民膳食消费、农药毒理学等数据制定,遵照 CAC(中国国际农用化学品及植保展览会)通行做法开展风险评估,广泛征求了专家、社会公众、相关部门和机构等利益相关方的意见,并接受了世界贸易组织成员方的评议。新版标准采用的风险评估原则、方法、数据等要求与 CAC 和发达国家接轨。据了解,新版标准发布后,经过 6 个月的过渡期,将于 2021 年 9 月 3 日起正式实施。①

2. 食品安全监管机构

(1) 食品安全监管机构概况。

新中国成立以来,我国经历了三次主要的食品安全监管机构改革。2001 年第一次改革将进出口食品和国内食品集中到国家质检总局的监管范围,2013 年第二次改革实现了由国家食药总局监管食品的目标(进口食品除外),2018 年第三次改革由市场监管总局监管食品安全(USDA,2020)。

第一次改革(2001 年):中国入世后,为加强进口商品安全、质量监督工作,规范国际进出口食品和国内食品安全相关标准的衔接,将原卫生部门主管的食品卫生管理职责(食品标准制定除外)和原国家出入境检验检疫局主管的进口食品监管职责等,统一到国家质检总

---

① 《新版农残国标上线,果蔬残留限量标准超 5000 项》,国际果蔬,2021 年 4 月 19 日,https://mp.weixin.qq.com/s/ZbEsE5Jqi4-F_1M7hhuZ5A。

局负责，从而形成了国内食品生产环节和进出口食品安全由一部门监管、其他部门配合的食品安全监管模式。其他涉及食品安全监管的部门有中华人民共和国农业部、食品药品监督管理局、中华人民共和国卫生部、中华人民共和国工信部、中华人民共和国商务部、工商总局等。中国形成了以国家质检总局为主、其他多部门参与的食品安全监管模式。

第二次改革（2013年）：2009年《中华人民共和国食品安全法》明确了食品安全监管部门的职责：中华人民共和国卫生部负责食品风险评估和标准制定；国家质量监督检验检疫总局负责食品生产许可、生产加工环节安全监管和进出口食品安全监管；中华人民共和国农业部负责初级农产品生产质量监管；中华人民共和国商务部负责食品流通行业、生猪屠宰和酒类流通的行业管理；中华人民共和国工信部主管食品工业；工商总局负责流通环节食品安全监管；国家食品药品监管局负责餐饮服务环节的监管、消费环节食品卫生许可和食品安全监督管理；公安部负责打击食品安全犯罪。这种分段监管的模式看似条框清晰，但具有协调配合难度较大、出现问题难以追责等弊端。为解决多头监管问题，理顺体制，建立相对集中统一的食品安全监管模式，2010年国务院设立了国务院食品安全委员会，其主要职责是分析食品安全形势，研究部署、统筹指导食品安全工作；提出食品安全监管的重大政策措施；督促落实食品安全监管责任。2013年中国调整食品安全机构和职责，形成了主辅分明的食品安全监管模式。新组建国家食品药品监督管理总局，将食品安全主要职能相对集中到一个部门，明确责任落实。但进出口食品依然和国内食品分开管理，由国家质量监督检验检疫总局负责进出口食品安全。此次改革实现了食品集中监督管理。

第三次改革（2018年）：为适应新时代社会主义市场经济体制发展要求，2018年3月，按照国务院大部制改革方案，中国新组建国家市场监督管理总局整合了此前由国家质量监督检验检疫总局（AQSIQ）、国家食品药品监督管理总局（CFDA）和国家工商行政管理总局（SA-

IC）承担的市场监督管理职能。在国务院食品安全委员会宏观协调下，此次改革形成了以国家市场监督管理总局为主负责食品安全管理、其他部委参与监管的食品安全监管模式。其他参与监管的部门分工为：中华人民共和国国家卫生健康委员会负责食品安全风险评估、标准制定；中华人民共和国农业农村部负责食用农产品的安全生产和质量管理；中华人民共和国国家卫生健康委员会负责食品安全监管体系中的食品安全风险评估、制订并实施食品安全风险监控计划；中华人民共和国海关总署负责监管进出口食品安全及边境保护、货物出入境检验、进出口关税的征收；中华人民共和国工业和信息化部负责食品工业管理；公安部负责打击食品犯罪，县级以上人民政府食品药品监督管理部门、质量监督部门发现涉嫌食品安全犯罪的，应当按照有关规定及时移送公安部门，如图2-2所示。

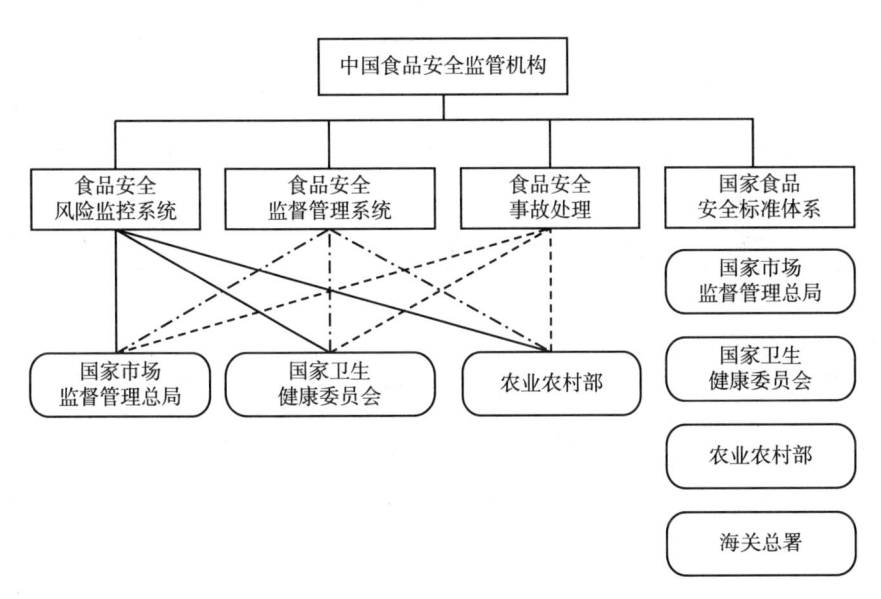

图2-2　食品安全法的具体部分与监管机构之间的联系

（2）进口食品安全监管机构。

①中国海关总署职能及部门介绍。

中华人民共和国海关总署是国家（或地区）依据本国（或地区）的法律、行政法规设立并行使进出口监督管理职权的行政机关。基本任务是出入境监管、征税、打私、统计，对外承担税收征管、通关监管、保税监管、进出口统计、海关稽查、知识产权海关保护、打击走私、口岸管理等主要职责，统一管理全国海关。海关总署是国家进出境监督管理机关，实行垂直领导体制，现有17个内设部门、6个直属事业单位、管理4个社会团体（海关学会、报关协会、口岸协会、保税区出口加工区协会），并在欧盟、俄罗斯、美国等派驻海关机构。其中与货物进出口直接相关的几个部门如表2-1所示：

表2-1　　　　　　　　中国海关总署部门及对应职能介绍

序号	部门	职能
1	风险管理司	（1）主要负责拟订海关风险管理制度并组织实施。 （2）承担组织海关风险监测工作，建立风险评估指标体系、风险监测预警和跟踪制度、风险管理防控机制。 （3）协调开展口岸相关情报收集、风险分析研判和处置工作。 （4）研究提出大数据海关应用整体规划、制度、方案并组织实施。 （5）定期发布口岸安全运行报告，指挥、协调处置重大业务风险和安全风险
2	进出口食品安全局	（1）拟订进出口食品、化妆品安全和检验检疫的工作制度。 （2）承担进口食品企业备案注册和进口食品、化妆品的检验检疫、监督管理工作，按分工组织实施风险分析和紧急预防措施工作。 （3）依据多双边协议承担出口食品相关工作
3	商品检验司	（1）拟订进出口商品法定检验和监督管理的工作制度。 （2）承担进口商品安全风险评估、风险预警和快速反应工作。 （3）承担国家实行许可制度的进口商品验证工作。 （4）监督管理法定检验商品的数量、重量鉴定。 （5）依据多双边协议承担出口商品检验相关工作
4	卫生检疫司	（1）拟订出入境卫生检疫监管的工作制度及口岸突发公共卫生事件处置预案。 （2）承担出入境卫生检疫、传染病及境外疫情监测、卫生监督、卫生处理以及口岸突发公共卫生事件应对工作

续表

序号	部门	职能
5	动植物检疫司	（1）拟订出入境动植物及其产品检验检疫的工作制度。 （2）承担出入境动植物及其产品的检验检疫、监督管理工作。 （3）按分工组织实施风险分析和紧急预防措施。 （4）承担出入境转基因生物及其产品、生物物种资源的检验检疫工作。
6	口岸监管司	（1）拟订进出境运输工具、货物、物品、动植物、食品、化妆品和人员的海关检查、检验、检疫工作制度并组织实施。 （2）拟订物流监控、监管作业场所及经营人管理的工作制度并组织实施。 （3）拟订进出境邮件快件、暂准进出境货物、进出境展览品等监管制度并组织实施。 （4）承担国家禁止或限制进出境货物、物品的监管工作。 （5）承担海关管理环节的反恐、维稳、防扩散、出口管制等工作。 （6）承担进口固体废物、进出口易制毒化学品等口岸管理工作。

资料来源：中国海关，http://www.customs.gov.cn/customs/zsgk93/jgzn5/jgzn5/2011776/index.html。

②中国海关进口货物查验流程。

进口货物的查验方式：进口货物根据商品编码确定监管条件（正确归类），有些货物要做商检，就要先报检，由商检查验；货物不用做商检就直接报关，由海关查验。海关人员核对实际进口货物与报关单证所报内容是否相符，有无错报、漏报、瞒报、伪报等情况，审查货物的进口是否合法，确定货物的物理性质和化学性质。进口货物，除海关总署特准免验的之外，都应接受海关查验。

海关进口货物查验流程：1）首先是机检查验，扫描货物有无夹带、体积、重量是否与申报一致；2）人工查验，查看外观、开箱抽检或全检，货物的收货人或其代理人必须到场，并按海关的要求负责办理货物的搬移、拆装箱和重封货物的包装等工作，人工查验无异常转入机检查验确认；3）海关可以对已查验进口货物进行复检，并有权对进口货物实施径行查验，由监管区管理人员签字确认；4）海关对进口货物取样化验，收货人或代理人到场协助，并签字确认，样品涉及商业秘密提出申请，海关依法给予保护；5）对于海关查验过程中损坏被查验货物，按照《中华人民共和国海关法》相关规定实施赔偿。

进口食品合格评定办理流程：1）申报企业向海关提出报关申请并提交有关材料。登录中国国际贸易单一窗口（https://www.singlewindow.cn）进行网上报关业务申报并将随附材料一同以电子形式上传。海关对报关资料进行审核，符合规范要求的予以受理，不符合要求的告知企业进行补正。2）实施检验检疫。进口食品由海关依照进出口食品安全相关法律法规的规定实施合格评定。3）进口食品经合格评定符合要求的，海关出具《入境货物检验检疫证明》。不符合要求的，涉及安全、健康、环境保护项目不合格的，由海关出具《检验检疫处理通知书》，责令当事人销毁，或者出具退货处理通知单，由进口商办理退运手续。其他项目不合格的，可以在海关的监督下进行技术处理，经重新检验合格后，方可销售、使用。①

专栏　中国进口大米的通关程序

相比于制成品，农产品的通关程序更为复杂冗长。这里以中国海关为例来介绍大米进口的通关手续。（1）进口前安全评估。出口国官方向中国海关总署提出出口申请，海关总署派出专家组对该申请进行实地考察，评估安全风险。经双边官方协议，制定相应条款议定书后，出口国才可以向中国出口大米。（2）办理单证。包括发票、装运单、提运单等基本的贸易性单证，植物检疫证书、熏蒸证书、原产地证书等监管类单证以及合格保证、代理报检委托书等。（3）企业申报。企业在中华人民共和国国家发展和改革委员会取得农产品进口关税配额证后，需要在互联网的单一窗口上进行一次性申报，包括报关和报检。（4）海关审核和查验。首先，海关需要落实境外输华食品准入制度和生产加工

---

① 《进口食品合格评定》，中国海关总署，http://online.customs.gov.cn/static/pages/treeGuideJCKSP.html。

企业注册制度，确保进口大米在准入范围内；审核进口大米随附证书，核对证书的真伪、证书内容与货物信息相符情况等，发挥有关证书在保障食品安全工作中的重要作用。其次，海关需要查验核对集装箱号、箱体和封志，确保箱号正确、箱体无损、封志完整；进行集装箱适载查验，检查防止二次运输污染；加强货证核查，进行现场检验检疫，检查标签是否符合要求，是否存在腐败变质、油脂酸败、霉变生虫、感官性状异常等问题。防止通过夹藏、夹带、瞒报等方式进口不符合相关要求的产品，把不符合我国食品安全法律法规和相关标准的食品拒之国门之外。最后，海关需要现场取样，并将大米样品送到实验室检测。（5）海关实验室鉴定。大米检测品质项目主要有黄粒米、水分、杂质，植物检疫项目主要有真菌鉴定、昆虫鉴定、杂草鉴定。除了以上检测项目外，根据系统随机布控，还会对其进行农药残留、重金属以及生物毒素等项目的检测。实验室监测完成后，将出具检验报告，合格产品方可进口。

2.1.2 中国进口农产品监管趋势分析

从"地沟油"事件到三聚氰胺牛奶，再到被污染的草莓和人工肉，中国发生了一连串食品安全事件。这些丑闻引起了国内消费者的极大担忧，2008年，在三聚氰胺丑闻曝光后，食品安全的形式迫在眉睫，加速了食品改革和食品安全新法律出台的速度（华杰鸿和孙娟娟，2018）：2009年版《食品安全法》颁布，并且在2015年大幅重修，于2011年建立了风险评估机构，在2013年3月建立国家食品药品监督管理总局，在2018年3月，将其职责拆分合并归入国家市场监督管理总局中，将国家质量监督检验检疫总局的出入境检验检疫管理职责和队伍划入海关总署。与此同时，中国食品进口持续增长，进口食品安全监管力度也在逐步加强。2006~2017年，中国的进口农产品未准入境总量逐渐上升，由 1738 批次增长至 6583 批次，① 侧面说明了中国食品安全法规对进口食品的监管日趋严格。

2006 年，中国颁布了新的《农产品质量安全法》来进一步提升农产品质量水平，② 并于 2007 年开始实施全球标准（GB 22000—2006 或 ISO 22000）(Lam et al., 2013)，这导致中国的进口农产品未准入境数量在 2007 年出现峰值。此外，中国在 2015 年实施了《食品安全法》，更加严格的进口食品监管和检疫检验标准使得中国的进口农产品未准入境通报次数在 2017 年再一次达到峰值，如图 2-3 所示。

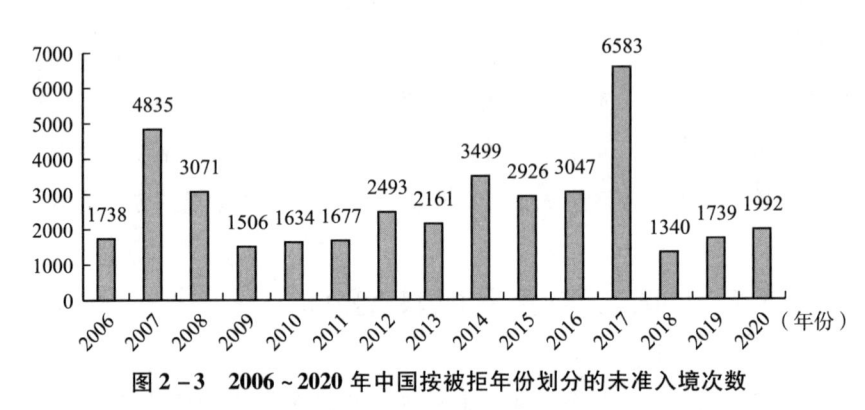

图 2-3 2006~2020 年中国按被拒年份划分的未准入境次数

资料来源：中国海关总署，http://jckspj.customs.gov.cn/spj/zwgk75/2706876/index.html。

重点关注的产品类型：2006~2020 年在中国边境遭到拒绝次数最多的前十位产品③（见表 2-2）：(1) 谷物、粮食粉、淀粉或乳的制品、糕饼点心。(2) 饮料、酒及醋。(3) 杂项食品。(4) 蔬菜、水果、坚果或植物其他部分的制品。(5) 乳品；蛋品；天然蜂蜜；其他食用动物产品。

---

① 作者根据中国海关总署未准入境数据计算得到。
② 《中华人民共和国主席令-第四十九号》，中华人民共和国中央人民政府，2006 年 4 月 29 日，http://www.gov.cn/flfg/2006-04/30/content_271633.htm。注：中华人民共和国《农产品质量安全法》于 2006 年 4 月 29 日第十届全国人民代表大会常务委员会第二十一次会议通过。
③ 数据分类依据：WTO 2006 年出版的《World Tariff Profiles》将农产品（HS 1-24 章）分为 24 类，详见 https://www.wto.org/english/res_e/booksp_e/tariff_profiles06_e.pdf。

第2章 全球视角下的食品安全监管与非关税措施变化

表2-2 2006～2020年中国按产品种类划分的未准入境总计次数（前十位）

产品类型	谷物、粮食粉、淀粉或乳制的制品；糕饼点心	饮料、酒及醋	杂项食品	蔬菜、水果、坚果或植物其他部分的制品	乳品；蛋品；天然蜂蜜；其他食用动物产品	鱼、甲壳动物、软体动物及其他水生无脊椎动物	食用蔬菜、根及块茎	肉及食用杂碎	动、植物油、脂及其分解产品	糖及糖食
2006	73	139	103	54	116	240	338	62	253	42
2007	328	590	379	179	226	460	894	392	633	145
2008	255	313	293	147	135	535	392	195	293	52
2009	395	177	233	152	126	86	4	69	31	68
2010	354	266	327	193	188	52	8	17	20	52
2011	352	211	285	161	204	83	1	58	29	67
2012	737	376	364	189	297	58	19	47	47	84
2013	485	387	287	166	295	124	2	68	35	81
2014	1022	478	691	267	278	108	9	56	55	152
2015	790	455	592	265	199	112	3	30	31	150
2016	844	512	452	273	221	72	4	111	46	134
2017	1758	1267	919	576	330	139	8	343	55	348
2018	400	196	253	106	78	42	32	29	10	44
2019	260	185	252	151	74	211	70	164	31	67
2020	117	148	182	52	44	268	46	175	47	42
合计	8170	5700	5612	2931	2811	2590	1830	1816	1616	1528

资料来源：中国海关总署，http://jckspj.customs.gov.cn/spj/zwgk75/2706876/index.html。

（6）鱼、甲壳动物、软体动物及其他水生无脊椎动物。（7）食用蔬菜、根及块茎。（8）肉及食用杂碎。（9）动、植物油、脂及其分解产品；精制的食用油脂；动、植物蜡。（10）糖及糖食。受《中华人民共和国农产品质量安全法》和 2015 年《食品安全法》以及 339 项 SPS 通报提出的新标准的影响，谷物、粮食粉、淀粉或乳制品、糕饼点心通报频次在 2006~2017 年间增速最大，由 73 次增加到 1758 次，其次是饮料、酒及醋和杂项食品，进口拒绝次数在 2017 年达到峰值。

重点关注的进口口岸分布：广东、上海、福建、山东、浙江、天津、云南、江苏和北京是中国进口农产品未准入境通报中排名前十位的被拒港口所属省份。其中广东、上海和福建三省进口拒绝通报总量占所有省份进口拒绝总数的 62.17%。广东省内港口拒绝进口农产品次数在 2006 年和 2007 年明显上升，2007 年上升到 1665 次，其频次在 2008~2016 年间无明显变化趋势，然而在 2017 年，通报频次再次大幅上升，达到 1685 次。在随后的三年中，广东拒绝进口频次保持在较低的水平。上海港进口农产品的被拒绝频次在 2006 年到 2017 年呈上升趋势，在 2018 年由 2017 年的 1949 次猛然下降到 433 次，并于其后几年一直保持较低水平，见表 2-3。

表 2-3　2006~2020 年中国按被拒年份划分的未准入境次数（前十位）

年份	广东	上海	福建	山东	浙江	天津	云南	江苏	北京	辽宁
2006	509	201	79	86	124	178	405	39	75	16
2007	1665	483	193	496	229	291	798	375	147	130
2008	977	333	115	316	115	193	498	173	108	48
2009	417	364	82	76	31	61	4	26	95	88
2010	742	413	52	85	42	45	1	23	121	9
2011	692	332	150	118	61	62	0	36	162	13
2012	639	1007	248	114	111	14	2	94	172	23
2013	517	725	473	123	99	50	5	60	22	17

续表

年份	广东	上海	福建	山东	浙江	天津	云南	江苏	北京	辽宁
2014	834	992	697	284	155	45	0	71	219	38
2015	793	644	672	191	78	0	0	0	140	25
2016	688	823	680	158	104	0	1	209	76	18
2017	1685	1949	674	136	488	532	6	300	76	349
2018	161	433	136	18	206	167	1	81	15	5
2019	367	333	191	190	162	129	10	45	25	40
2020	315	297	246	201	162	259	8	34	37	95
合计	11001	9329	4688	2592	2167	2026	1739	1566	1490	914

资料来源：中国海关总署，http://jckspj.customs.gov.cn/spj/zwgk75/2706876/index.html。

重点关注的高风险进口国（地区）：中国进口农产品未准入境最多的前十大原产地分别为中国台湾地区、美国、日本、法国、马来西亚、缅甸、意大利、韩国、澳大利亚和泰国，前三位为中国台湾、美国、日本，分别为4953次、3644次、2988次（见表2-4）。拒绝次数均大体呈现2007年和2017年附近频次较高，其余年份未有明显升降趋势。在这之中，台湾地区未准入境最多的产品大多为加工食品（如方便面，燕麦片和糕点等），主要原因是标签和包装问题，如出口到中国大陆的食品应当标注简体中文，用繁体字就算不合格，标签大小、字体字号、英文字母大小写之类的不合规都算不合格。[1] 美国未准入境最多的是加工食品，饮料及肉制品。中国海关对以上未准入境的食品在口岸实行退运或销毁。

---

[1]《两地法规不一致未准入境 专家解读：进口食品不合格常见原因之一》，腾讯网，2020年10月27日，https://new.qq.com/rain/a/20201027A0IDIO00。

表 2-4　2006～2020 年中国按被拒国家或地区划分的未准入境次数

年份	中国台湾	美国	日本	法国	马来西亚	缅甸	意大利	韩国	澳大利亚	泰国
2006	23	116	80	72	108	409	39	38	69	80
2007	314	558	213	195	217	816	150	118	230	127
2008	146	435	171	126	99	507	115	59	102	83
2009	40	248	78	60	132	2	99	76	65	27
2010	31	132	339	143	93	0	79	77	62	66
2011	194	207	50	117	146	2	53	79	90	71
2012	327	281	45	204	117	0	107	73	114	52
2013	380	174	53	214	148	6	100	98	60	103
2014	767	250	143	207	177	1	185	231	119	157
2015	754	166	170	96	161	1	143	105	76	123
2016	730	199	179	116	145	6	89	161	96	75
2017	698	521	897	302	168	3	279	397	305	214
2018	151	148	114	70	32	0	145	46	68	57
2019	204	112	247	43	44	4	60	43	55	31
2020	194	97	209	33	62	9	33	27	70	79
合计	4953	3644	2988	1998	1849	1766	1676	1628	1581	1345

资料来源：中国海关总署，http://jckspj.customs.gov.cn/spj/zwgk75/2706876/index.html。

进口食品的合规性问题：从合规性角度来看，2006 到 2020 年期间，进口食品面临的挑战包括：标签、微生物、添加剂、品质、证书、生物污染物、化工污染物、进口程序、包装、营养素，以上均为中国拒绝进口农产品入境的原因。其中，前三位为标签、微生物、添加剂，被拒频次分别为 6838 次、6715 次、5686 次，占总数的 47.81%，见表 2-5。拒绝原因为"标签"的次数也在 2007 年和 2017 年数值较高，但在 2018 年至 2020 年显著下降保持在低位，从 2017 年的 443 次降为 2020 年的 146 次。而拒绝原因为"证书"的频次在 2017 年达到峰值

1591次，2018年至今低位稳定在300次上下。当前进口食品主要面临的主要挑战为产品"证书"不符合要求，2020年期间在被拒原因中发生频次最多，为386次，未按要求提供证书或合格证明材料是农产品未准入境的主要原因。

表2-5　2006~2020年中国按被拒原因划分的未准入境次数（前十位）

年份	标签	微生物	添加剂	品质	证书	生物污染物	化工污染物	进口程序	包装	营养素
2006	204	327	94	195	27	530	258	6	38	5
2007	1304	767	196	431	33	1045	600	18	50	8
2008	487	567	162	259	25	986	335	22	59	0
2009	165	408	314	212	56	50	133	20	18	8
2010	367	472	235	145	130	10	174	19	28	4
2011	173	489	272	162	197	40	160	85	26	9
2012	403	561	369	354	292	17	214	297	54	48
2013	335	457	350	307	228	12	140	185	41	31
2014	598	595	614	564	276	32	208	297	169	78
2015	469	659	660	416	262	12	139	138	72	72
2016	457	602	680	336	458	26	123	70	142	110
2017	1058	443	1040	1309	1591	57	129	345	421	329
2018	259	131	335	122	227	39	26	106	42	143
2019	217	142	196	220	395	61	42	183	64	86
2020	342	95	169	146	386	7	102	167	16	38
合计	6838	6715	5686	5178	4583	2924	2783	1958	1240	969

资料来源：中国海关总署，http://jckspj.customs.gov.cn/spj/zwgk75/2706876/index.html。

2.2 美国食品安全监管与非关税措施

美国较为先进的食品安全监管体系，正是在总结一次次食品安全事故的教训后逐步改进和完善的。目前，美国涉及食品安全监管的法律至少有30部，为食品安全确立了指导原则和具体操作标准与程序，使食品质量的各环节监督、疾病预防和事故应急反应方面有法可依。美国有覆盖联邦、州和地区3个层面的食品安全监管机构，其中发挥主要作用的是美国卫生与公众服务部下属的食品和药品管理局（FDA）和美国农业部下属的食品安全及检验局（FSIS）。目前，FDA承担美国食品安全监管约80%~90%的职责，FSIS承担剩下的约10%~20%的职责。[①]

2.2.1 美国食品安全监管变革

1. 食品安全政策演变

（1）食品安全法规发展历程。

第一阶段（1906年以前）：暂未建立完善的食品安全法律政策。美国现代食品安全法律法规的历史最早可以追溯到19世纪70年代。当时随着西非殖民运动的推进，食品贸易得到了较大发展。各州制定了自己的食品安全监督管理体系来服务于贸易利益（王飞，2014）。随着现代机械的普及使用，粮食生产（特别是谷物）以惊人的速度不断发展。同时，合成药物和改变食品生长和加工的化学物质开始出现，比如化学添加剂被用来"增强颜色，改变风味，软化质地，防止变质"，甚至将

---

① 杨士龙：《综述：防患于未然 美国食品安全监管重在预防》，新华网，2017年2月15日，http://www.xinhuanet.com/world/2017-02/15/c_1120473605.htm。

苹果屑、葡萄糖、煤焦油染料和薄荷叶转化为"草莓酱"。但是，对于这些新产品，当时没有任何法规对其进行规定，制造商可以将所需的任何成分放入产品中，而无须在标签中列出。这导致一系列的社会和经济问题发生：一方面，食品安全问题频出，在1898年美西战争期间，美国国内向在古巴的美国军队提供的牛肉，是添加了防腐剂的变质牛肉，一大批士兵因此而罹患痢疾、腹泻（吴强，2016）；另一方面，造成了食品领域"劣币驱逐良币"的现象，一些厂商使用廉价的替代品来进行生产，比如使用葡萄糖和染料来生产草莓酱，由于消费者在购买时无法分辨出"劣币"和"良币"的差异，从而使得真正健康的产品销售受到抑制。

第二阶段（1906~1938年）：开始全面监管并形成了食品药品安全监管法律的基本框架。1906年《纯净食品和药品法》是美国全面监管食品和药品安全的开始。该法规定，禁止生产、出售，运输掺假伪标或者有毒有害的食品、药品和饮料，并且对其贸易也进行管制。尽管在1906~1935年间《纯净食品和药品法》被直接修订了7次（图斯利，1941）。比如，1912年的《舍利修正案》（The Sherley Amendment）、1913年《古尔德修正案》（Gould Amendment）和1930年《麦克纳里—梅普斯修正案》（McNary - Mapes Amendment）等。但随着经济的快速发展，《纯净食品和药品法》已无法满足社会需求，一方面是它并未制定一个统一的食品和药品标准，另一方面是它将制定和执行统一规则和条例的权力交给了财政部长、农业部长、商业和劳工部长，并且明确规定食品和药品样品的检查由农业部化学局负责判定食品和药品样品是否掺假或伪冒。如果是掺假，则把违反法律的证据提交给农业部，农业部经过鉴定后，再移交给地方检察官进行诉讼。因为缺乏统一的食品和药品标准，化学局对食品和药品样品的检查结果往往和财政部长、农业部长、商业和劳工部长相悖。

富兰克林·罗斯福于1938年签署了《联邦食品、药品和化妆品法》

(Federal Food Drugs and Cosmetic Act，FDCA)① 与《纯净食品和药品法》相比，《食品、药品和化妆品法》授权农业部制定食品质量、特性和食品容器的标准，同时规定食品标签上必须标明所含的原材料，以及是否使用了人工着色剂、调味剂和化学防腐剂等。1938年《联邦食品、药品和化妆品法》弥补了1906年《纯净食品和药品法》的不足，使消费者的权益和美国公众的健康得到进一步的保护，形成了美国联邦政府食品药品安全监管法律的基本框架。此后，基于整个国家层面的宏观法律法规和基于具体领域层面的法规条文相继出台，逐步丰富和完善了美国食品安全监管法规体系，比如《食品质量保护法》（1996年）、《婴儿配方奶粉法》（1980年）等。

第三阶段（1938年以后）：不断完善食品安全监管措施和法律体系。美国食品安全监管体系的再一次重大变革是2011年1月奥巴马签署《FDA食品安全现代化法案》（FDA Food Safety Modernization Act，FSMA）。② 这是美国自1938年颁布《联邦食品、药品和化妆品法案》后的一次重大修订。《FDA食品安全现代化法案》要求食品和药品监督管理局将以预防为主的食品安全监管理念放在首位（薛峰，2018）。美国国会首次将法律授权于食品和药品监督管理局，该局可以要求在整个食品供应链及食品生产企业中建立全面的、基于以预防为主的控制机制。新法案规定所有境内外的食品生产设施必须符合其国内食品安全监管法律。尤其水果和蔬菜必须符合食品安全标准，监督管理局制定了一套关于水果和蔬菜的种植和收割必须符合基于科学的最低标准。要求食品进口商必须提供检验报告确定国外食品供应商为保证食品安全而在食品生产、包装、运输等方面已经采取了充分的预防措施（高彦生等，

---

① 《联邦食品、药品和化妆品法》Federal Food, Drug, and Cosmetic Act (FD&C Act)，美国FDA网站，https://www.fda.gov/regulatory-information/laws-enforced-fda/federal-food-drug-and-cosmetic-act-fdc-act。

② 《食品安全现代化法案全文（Full Text of the Food Safety Modernization Act（FSMA））》，美国FDA官方网站，https://www.fda.gov/food/food-safety-modernization-act-fsma/full-text-food-safety-modernization-act-fsma。

2011)。监督管理局还可以授权其他合格的食品安全检测机构来确认国外采取的措施是否符合美国食品安全法律标准。

为更好地执行《联邦食品、药物和化妆品法》,保障居民的身体健康,FDA制定了大量技术法规,对其管辖范围内的食品的质量标准、标签、生产加工程序等进行详细的规定:(1)对有色添加剂和食品添加剂进行了详细的规定,包括一般性条款(包括通则、包装和标识、安全性评估等)、申请、品种名单、认证等内容。(2)对食品标签做出极其详细的规定,包括标签应包括的内容、标签字体的大小和印刷格式、营养标签内容、健康声明的具体要求等。(3)对食品的制造、包装或存放过程中的现行良好生产操作规程(简称GMP)进行了规定,确定了相应的准则以判断食品是否属于《联邦食品、药品和化妆品法》规定的掺杂食品范围。低酸性食品、酸化食品、鱼类和水产品、瓶装饮用水以及膳食补充剂的生产过程都必须符合GMP的要求。(4)对应用于食品企业的危害分析与关键点控制系统(简称HACCP系统)的相关定义、标准进行了详细说明,规定蔬菜和果蔬汁、水产品、所有酸化罐装食品的加工过程必须符合HACCP系统的要求。(5)规定了各种标准食品的质量要求,包括配料含量、加工过程、食品添加剂含量、标签等方面,如图2-4所示。

(2)进口食品安全法规。

FDA依据其全面具体的法律法规和严格的执法体系,对进口食品质量要求极高,同时采取相当严格的检验措施。美国进口食品安全法规在预防控制体系、食品设施登记、检查、认证等方面对向美国出口食品的外国企业提出了更高标准和更繁琐的要求,直接导致出口国企业生产成本上升。《联邦食品、药品和化妆品法案》第5章第560分章规定了对咖啡豆和可可豆、低酸罐头和果酱果冻、生鲜和冷冻食品的进口。根据《联邦食品、药品和化妆品法案》,拟引入美国州际贸易的食品进口商有责任确保产品安全、卫生,并按照美国要求贴上标签(所有进口食品都被视为州际贸易)。根据法规要求,FDA无权批准、认证、许可或以

针对全部农产品的法律法规	针对进出口农产品的法律法规

初步建立

1906年《肉制品检查法》（1967年重新审定）
1906年《食品和药品法》，食品监管开始走上法治道路

1930年《进口肉制品法》

不断完善

1938年《联邦食品、药品与化妆品法》，形成食品安全监管基本框架，奠定美国现代食品安全监管体制的基础 | 1938年《联邦食品、药品与化妆品法》，规定咖啡豆、可可豆、低酸罐头、果酱果冻、生鲜和冷冻食品的进口，并允许对进口食品抽样检验和采取自动扣留措施

1954年《农药残留修正案》，规范农药使用
1957年《禽制品检查法》
1958年《食品添加剂修正案》，禁止批准任何致癌的食品添加剂
1960年《色素添加剂修正案》，建立食品添加剂和着色剂的安全标准 | 1957年《禽制品检查法》，限制患病家禽进口

1966年《包装与标签法规》，要求使用明确标签标注食品信息
1970年《国家环境政策法》，规范杀虫剂等化学合成剂的使用
1974年《安全饮用水法案》，保障美国饮用水的安全

1989年《进出口商品检验法》，进出口检验工作进入法制阶段

1990年《营养标签与教育法案》，要求食品包装贴有营养标签
1994年《饮食健康与教育法案》
1996年《食品质量保护法》，为全部杀虫剂制定了科学单一的标准 | 1996年《减少致病菌、危害分析和关键控制点体系最终法规》，即"肉和禽类及其制品HACCP要求"

2002年《公共健康安全及生物恐怖主义预防法》，强调在突发公共卫生事件中加强管理，将保障食品安全提升到国家战略高度

2011年《FDA食品安全现代化法案》，明确以预防为主的食品安全监管理念，是美国食品安全监管体系的一次重大变革 | 2011年《FDA食品安全现代化法案》，明确进口食品需达到美国标准，允许拒绝进口不接受美国审查的出口商的产品

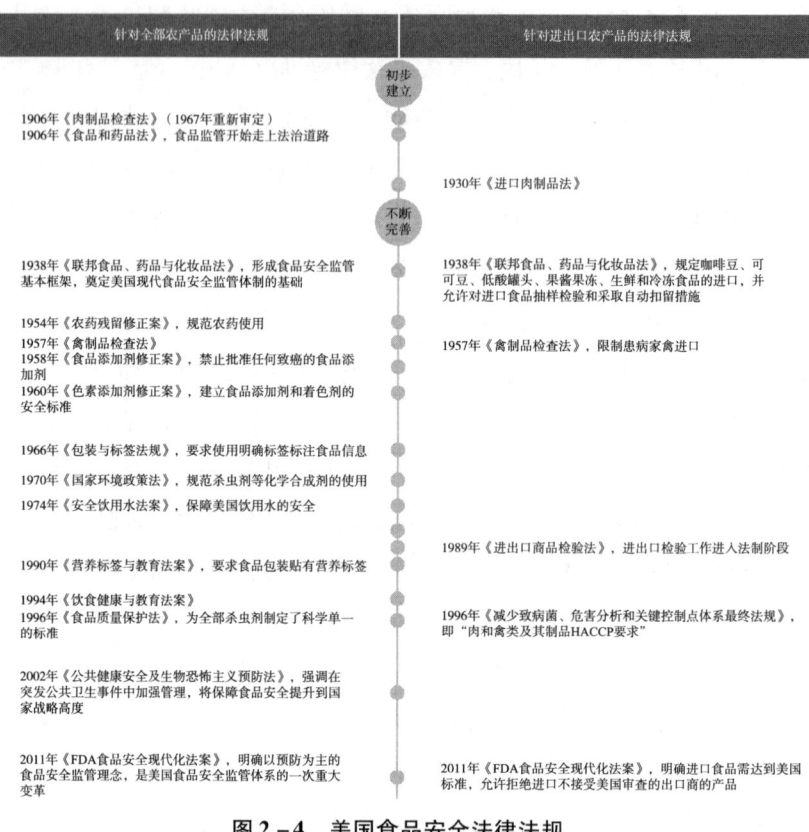

图2-4 美国食品安全法律法规

资料来源：经作者整理所得。

其他方式制裁个别食品进口商、产品、标签或货物。进口食品在美国入境口岸须接受FDA检验（抽样检验和逐批检验（即"自动扣留"措施）），若进口产品不符合要求，FDA可能会扣留这些产品（秦园，2005）。

FDA对进口食品的抽样检验措施：相对于大批量的进口商品而言，FDA人员有限，无法对所有进口商品逐批检验，因此通常进行抽样检验。FDA对海关提交的文件进行审阅，确定货物是否需要抽样检查。如需检查，FDA就将抽取的样品送往进口货物所在地区的实验室进行检验，以判断是否符合FDA的食品法律法规要求。若抽查样品

符合要求,该批产品即可放行;若不符合要求,该批产品将被予以"扣留"处理,并收到"拒绝入境通知单"。如果检查中发现的问题属一般问题(如商标不合格等),可允许进口商在当地处理,经FDA再次检查合格后予以放行;如果检查中发现的问题与卫生品质有关,则不允许放行或当地销毁,再或由进口商运回出口国(地区),但不得转运至他国(地区)。

FDA的"自动扣留"措施:除抽样检查外,还有一种更加严格的措施,即对存在潜在问题的进口产品,进入美国海关时必须进行逐批检验,即"自动扣留"措施。如果进口食品被实施"自动扣留"措施,逐批检验将会耗费大量时间,且所有检验的费用由进口商承担,进而会增加出口成本。FDA实施"自动扣留"措施的原因:①如果有资料或历史记载,或接到其他国家有关部门的通告,表明某一国家或地区的产品有可能对人体健康产生危害,并经FDA对上述消息来源进行评估,确认该类产品在美国也可能造成同样的危害,FDA则宣布对此类产品采取"自动扣留"措施(王冉等,2013)。②经检验发现有一个样品对人体健康存在显著性危害,如食品中的有害元素、农药残留量超标,存在毒素、致病微生物、化学污染,或含有未经申报批准的食品添加剂成份等。③如果多个样品经检验不合格,但对人体健康不存在显著危害,如变质异味、夹杂物、标签不合格等,可按不同情况分别对生产商、出口商或国家(地区)宣布采取"自动扣留"措施:第一,如果某生产厂家或出口商的产品,在最近6个月中至少有3批货物被FDA检查时发现问题,且不合格率超过25%,则FDA将对该生产厂家或出口商的此类产品采取"自动扣留"措施;第二,如果某个国家或地区的产品,在最近6个月中至少有12批货物被FDA检查时发现问题,且不合格率超过25%,则FDA将对该国或地区的此类产品采取"自动扣留"措施。

FDA解除"自动扣留"措施的条件:①生产厂家或出口商申请解除"自动扣留"措施的条件:FDA对生产厂家或出口商宣布实施"自

动扣留"措施后,该生产厂家或出口商如果连续5批商业性到货经 FDA 当地实验室检验合格,并经 FDA 审核同意放行,则该厂家或出口商可向 FDA 提出申请,要求解除"自动扣留"措施,同时还需附上每次检验合格的证明及 FDA 的放行单。如获审查通过,则该生产厂家或出口商将被列入解除"自动扣留"名单。②国家或地区申请解除"自动扣留"措施的条件:如果 FDA 经过对该国(地区)的整体评估,质量问题出现率低于10%,即可考虑解除对该国(地区)的"自动扣留"措施,由该国(地区)的有关主管部门提出申请后,经 FDA 对改进情况进行评估认可后,予以正式宣布。从宣布"自动扣留"到解除,过程可长可短,但并非易事。1989年 FDA 以中国蘑菇罐头食品含有金黄色葡萄球菌肠毒素并以危害消费者为由,对中国蘑菇罐头采取全面"自动扣留"措施,经多方协商努力,直到2004年3月1日才全面解除了对中国蘑菇罐头的"自动扣留"措施。①

2. 食品安全监管机构

(1) 食品安全监管机构概况。

美国的食品安全监管体系具有强制性和灵活性,并立足于企业必须生产安全食品的法律责任之上。负有食品安全职责的联邦政府与各州和地方政府的有关部门合作,在食品安全执法方面既相互补充又互为独立,通过相互协作,形成了既总览全局又高效的系统。如图2-5所示,对保护消费者负主要责任的政府组织是美国卫生与公共服务部(DHHS)、美国卫生与公共服务部食品药品监督管理局(FDA)、农业部(USDA)的食品安全检验局(FSIS)和动植物卫生检验局(APHIS)以及环境保护署(EPA)。另外,美国财政部的海关总署根据已经制定的政策对进口商品进行检查,有时根据情况通过扣押违规进口商品以支持

---

① 齐中熙:《美国 FDA 全面解除对中国蘑菇罐头的"自动扣留"》,新华社,2004年3月28日,http://news.sohu.com/2004/03/08/48/news219344866.shtml。

第 2 章　全球视角下的食品安全监管与非关税措施变化

相关监管部门。此外，许多部门都在研究、教育、预防、监督、规格制定以及事态发生应对措施等领域负有食品安全责任，见表 2-6。

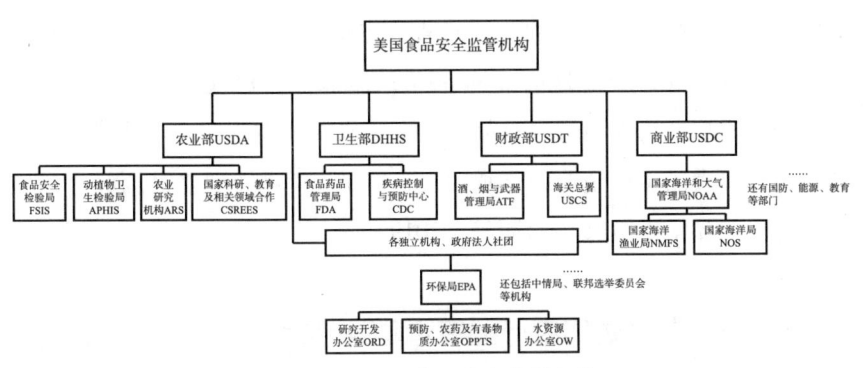

```
                        美国食品安全监管机构
        ┌───────────────┬─────────────┬────────────┬──────────────┐
      农业部USDA      卫生部DHHS    财政部USDT   商业部USDC    还有国防、能源、教育
                                                                   等部门
  ┌────┬────┬────┬────┐  ┌────┬────┐  ┌────┬────┐  ┌────┬────┐
食品安全 动植物卫 农业  国家科研、  食品药品 疾病控制  酒、烟与武器 海关总署 国家海洋和大气 国家海洋局
检验局  生检验局 研究  教育与相关  管理局   与预防   管理局ATF    USCS    管理局NOAA     NOS
FSIS   APHIS   机构ARS 领域合作    FDA     中心CDC                       渔业局NMFS
                       CSREES
                        │
                各独立机构、政府法人社团
                        │
                     环保局EPA  —— 还包括中情局、联邦选举委员会等机构
          ┌─────────────┼─────────────┐
       研究开发     预防、农药及有毒物   水资源
       办公室ORD    质办公室OPPTS      办公室OW
```

图 2-5　美国食品安全监管机构

资料来源：钱和、林琳、于瑞莲：《食品安全法律法规与标准》，化学工业出版社 2014 年版。

表 2-6　　美国安全监管部门及对应职能介绍

部门	职能
农业部食品安全检验局（FSIS）	（1）负责保护消费者免受来自未接受管理的、不纯的、不安全的，以及张贴虚假标签的食品的侵害。 （2）负责对食用肉、家禽肉以及蛋制品是否安全、卫生以及标签是否正确进行确认。
环境保护署（EPA）	（1）针对农药导致的风险对环境与国民的健康提供保障，推广旨在消灭害虫的安全方法。 （2）含有食品药品监督管理局未批准的食品添加剂和药物的食品以及饲料、含有环境保护署未批准的农药残留的食品以及饲料或超过规定农药残留限量的任何食品以及饲料都不能进行销售
动植物卫生检验局（APHIS）	主要任务是保护动植物免受害虫以及疾病的侵害

（2）进口食品安全监管机构。

食品安全检验局（FSIS）负责肉、禽和蛋产品的监督管理，食品药品监督管理局（FDA）负责除肉、禽和蛋产品以外其余所有食品的监督管理。一旦按产品类别划分好监管职责后,则该机构将对该产品进行全程监管。例如,食品安全和检查局不仅负责国产肉、禽和蛋产品的监督管理,也负责进口肉、禽和蛋产品的监督管理;不仅负责对家畜、家禽屠宰场及肉产品加工企业的监督检查,也负责对肉、禽和蛋产品流通、消费环节的监督检查。目前美国60%的水果和生鲜蔬菜、80%的海产品从国外进口。为保障进口食品的安全,FDA采取了两项重要措施:一是加大进口食品生产企业的检查频次;二是在一些重要食品药品进口国派驻食品药品检查员(周启明等,2019)。

2.2.2 美国进口农产品监管趋势分析

FDA可根据《食品、药品和化妆品法》扣留不符合其监管标准的产品,并且FDA地区办事处可向业主或收货人发出"FDA行动通知",详细说明其违规行为,业主或收货人有权申明其产品符合标准,若未能提交产品符合规定的证据或未能提交使产品符合规定的计划,FDA将发出另一份"FDA行动通知",拒绝接受该产品,这些产品必须在90天内出口或销毁。IRR(Import Refusal Report)由FDA进口支持业务和管理系统(OASIS)收集的数据生成,每月更新一次(具体变量介绍见附录1)。IRR中的数据是部分或者全部被FDA拒绝入境的产品。包含食品、药物、医疗设备、放射性产品、疫苗等生物制剂、动物、化妆品、烟草制品。其中产品编号为01-52表示食品类产品,由于本书研究主体为农产品,故略去其余产品类别,只保留食品类产品。通过整理2002~2020年未准入境的数据发现,被拒的食品类产品有39种(具体见附录2)。

卫生与植物检疫措施等食品安全管制措施是当前最主要的农产品国际贸易壁垒,往往会限制全球(尤其是发展中国家)的农产品出口,尽管这些措施的法律规定在WTO框架下大多是非歧视性的,但在执行中可能针对特定国家或产品,以达到保护本国利益的目的(茅锐,2020)。发达国家在采用技术性贸易壁垒对农产品进口进行限制时,往往采取内外有别、因国而异的双重标准或多重标准。一些国家采取的措施往往高出国际标准，有的以设备能测出的最低限为准。抗生素问题一直是美国进口食品严查的环节。美国 FDA 对包括水产品在内的动物源性产品要抽查检测 221 类农药、抗生素、兴奋剂类的残留情况，其中禁止在动物源性食品中使用的种类有 11 种。中国和印度恰是滥用抗生素问题较为严重的国家。FDA 一旦检测出抗生素含量超标，出口企业和相应产品批次号、超标抗生素名称等都会被列入"黑名单"，不合格产品则被拒收。

重点关注的高风险进口国：在 2002~2020 年期间食品类产品被美国拒绝次数前十的国家中墨西哥被拒绝入境的次数最多（25406 次），接近中国被拒入境频率的 2 倍。其中，被拒次数最多的年份为 2011 年、2005 年和 2002 年，分别拒绝次数为 1948 次、1915 次和 1770 次。被拒次数排名第二的为印度，为 21390 次，排名第三的是中国，在 2002~2020 年间共被美国拒绝 13941 次。而在 2002~2020 年与中国对美出口农产品贸易额接近的巴西、智利、法国三个国家，其农产品被拒的次数均不在前十内，对美农产品出口排名第一的加拿大，其在 2002~2020 年被拒次数之和为 5792 次，排名第六，见表 2-7。

表 2-7　　2002~2020 年美国进口农产品未准入境前十的国家

年份	国家									
	墨西哥	印度	中国	英国	越南	加拿大	印度尼西亚	意大利	泰国	韩国
2002	1770	610	337	341	422	460	203	244	250	277
2003	1651	681	609	353	380	693	211	208	321	337
2004	1584	898	788	382	465	643	366	285	305	357
2005	1915	990	676	173	423	351	223	247	334	216
2006	1585	1183	648	336	270	276	304	196	223	129
2007	1280	1220	779	335	372	287	365	272	241	145

续表

年份	国家									
	墨西哥	印度	中国	英国	越南	加拿大	印度尼西亚	意大利	泰国	韩国
2008	1260	965	650	1441	412	418	351	308	254	331
2009	1258	895	884	811	453	360	298	221	226	280
2010	1352	1352	773	414	362	559	317	249	332	190
2011	1948	1478	1030	288	398	371	543	280	290	381
2012	1073	1542	845	342	326	348	453	307	413	448
2013	1195	1478	936	431	243	247	237	504	274	251
2014	933	1167	673	138	318	169	150	289	201	318
2015	1309	1681	810	204	221	112	188	254	281	138
2016	1272	1304	793	165	330	124	252	141	203	174
2017	1131	1227	710	63	250	73	124	262	147	198
2018	1280	1157	760	94	273	67	149	118	134	157
2019	915	1003	701	100	283	182	133	200	119	135
2020	695	559	539	55	126	52	86	109	134	162
合计	25406	21390	13941	6466	6327	5792	4953	4694	4682	4624

资料来源：IRR，https://www.accessdata.fda.gov/scripts/ImportRefusals/index.cfm。

重点关注的合规性问题：FDA拒绝入境原因可以分为掺假问题、标签问题和其他问题三大类，而涉及掺假问题的具体拒绝原因有128种，涉及标签问题的具体拒绝原因有114种，其他问题的具体拒绝原因有61种。从表2-8可以看出，在2002~2020年期间，由于249（全部或部分腐烂，不适合食用）被拒的次数最多，为27858次，其中被拒绝最多的食品种类为水产品、水果类产品、蔬菜类产品，分别被拒绝12767次、3298次、2518次。其次为9（含沙门氏菌）、241（杀虫剂化学残留物）、83（生产过程不符合21CFR_part108规定，制造、加工或包装于不卫生情况下，有害于健康）等，分别被拒绝16813次、13887次、

11097次，这些都属于掺假问题；接下来是11（不安全的颜色添加剂）和482（标签未提供所需营养信息），属于标签问题。所以，在FDA拒绝的农产品中，有很大一部分是因为掺假问题，接下来是标签问题，由于其他问题被拒的次数较少，这与现有文献中关于FDA通报食品被拒入境原因的结论一致：33%是由于品牌错误或缺乏适当的标签；65%是由于掺假；2%是由于其他原因。

表2-8　　　　2002~2020年美国农产品未准入境前十大原因

年份	\multicolumn{10}{c}{未准入境原因}
	249	9	241	83	11	482	321	324	473	62
2002	1390	572	1009	975	574	446	279	342	363	498
2003	1573	750	836	1132	692	500	337	436	410	516
2004	1951	817	1097	1200	563	602	220	413	467	712
2005	1988	917	917	994	648	380	291	394	291	597
2006	1646	820	1104	895	481	364	566	356	313	408
2007	1446	835	884	757	567	425	424	424	253	516
2008	1395	1140	336	826	570	551	1296	366	321	550
2009	1628	867	219	751	699	625	560	377	369	373
2010	1504	1180	288	527	727	864	522	500	325	275
2011	1434	2151	327	610	827	617	437	580	418	343
2012	1702	1268	417	529	642	478	415	356	466	246
2013	1511	1121	759	370	663	352	439	434	375	182
2014	1127	867	716	309	495	396	311	283	204	128
2015	1498	825	577	359	554	432	422	462	447	136
2016	1769	693	758	243	622	494	374	437	448	115
2017	1184	562	1056	174	556	463	332	421	294	95
2018	1234	580	1055	202	319	274	249	323	279	126
2019	1127	470	1001	123	334	289	291	362	182	55
2020	751	378	531	121	137	223	180	138	111	84
合计	27858	16813	13887	11097	10670	8775	7945	7404	6336	5955

资料来源：IRR，https://www.accessdata.fda.gov/scripts/ImportRefusals/index.cfm。

重点关注的产品类型：在2002~2020年期间，美国拒绝最多的农产品种类为16（水产品）、24（蔬菜类产品）、21（水果类产品），分别拒绝了35299次、19956次和12349次，如表2-9所示。被拒绝的水产品中，由于全部或部分腐烂，不适合食用、含沙门氏菌和含不安全的新兽药（或其转化产物）的次数位于前三位，分别为12767次、7282次和1973次。在被拒绝的蔬菜类产品中，拒绝原因为含杀虫剂化学残留物，全部或部分腐烂，不适合食用和生产过程不符合21CFR_part108规定，制造、加工或包装于不卫生情况下，有害于健康等。其原因有两点：首先，美国等发达国家有着较高的食品安全标准，上述被拒最多的农产品包括水产品、蔬菜类和水果类在客观上确实往往难以达到标准。其次，我们可以发现高频被拒的农产品往往为劳动密集型产品，从水产品、畜禽产品等动物源性农产品，到茶叶、水果、蔬菜等植物产品、加工产品，几乎所有发展中国家具有比较优势的劳动密集型产品都受到或正面临技术性贸易壁垒的限制，这一点有力地保护了美国国内的农产品市场和农民的利益。

表2-9　　2002~2020年美国未准入境农产品前十大种类

年份	农产品种类									
	16	24	21	28	33	3	25	37	29	2
2002	1879	1477	545	380	519	392	462	277	246	127
2003	2455	1514	625	430	650	405	486	493	368	132
2004	2239	1922	757	436	485	588	659	418	381	125
2005	2068	1750	620	404	665	582	607	310	257	118
2006	1711	1711	500	488	769	555	415	355	320	153
2007	1741	1386	654	682	570	454	369	313	338	153
2008	1684	906	516	952	777	642	406	536	477	132
2009	1762	785	588	512	937	703	353	418	371	135
2010	1848	941	718	1003	748	629	355	346	320	175
2011	2767	1061	1158	1048	727	634	448	320	272	192

续表

年份	农产品种类									
	16	24	21	28	33	3	25	37	29	2
2012	2785	849	728	857	587	622	552	264	245	514
2013	1822	1083	774	797	557	798	471	286	243	720
2014	1505	909	566	612	418	424	406	218	211	564
2015	1925	931	802	706	492	634	482	247	249	453
2016	2068	639	651	648	520	549	289	148	341	397
2017	1565	596	610	446	376	564	326	185	188	364
2018	1446	638	551	498	303	331	315	167	208	290
2019	1289	534	555	368	437	443	293	127	192	201
2020	740	324	431	257	237	323	219	107	117	154
合计	35299	19956	12349	11524	10774	10272	7913	5535	5344	5099

资料来源：IRR，https：//www.accessdata.fda.gov/scripts/ImportRefusals/index.cfm。

重点关注的进口检查方式：美国一直以来均以食品安全标准极高闻名，同时也是农产品进口大国。对于进口的农产品，美国具有一系列完善的标准和监管制度。如图2-6所示，在2002～2020年间，被美国拒绝入境的农产品中，仅有21.5%（36707次）有FDA分析结果，这意味着

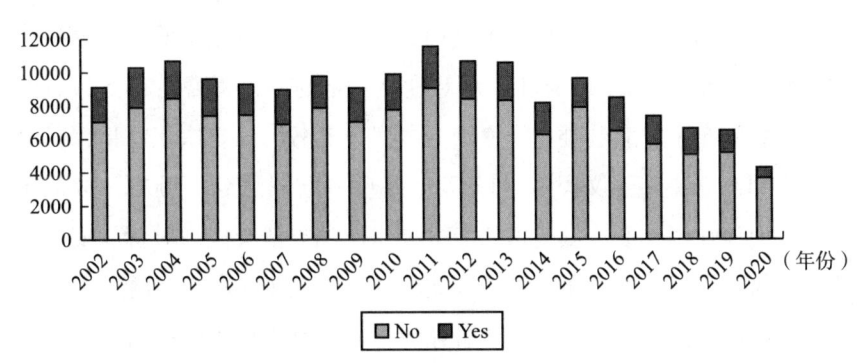

图2-6 2002～2020年美国拒绝入境农产品FDA检验分布情况

资料来源：IRR，https：//www.accessdata.fda.gov/scripts/ImportRefusals/index.cfm。

只有 1/5 的进口产品接受了 FDA 的抽检检验，多数产品的进口未执行检验，仅凭主观评估来判断该产品是否能进入美国市场，而主观判断很可能会极易产生贸易保护（茅锐，2020）。在 2002~2020 年间，有 FDA 检验的被拒次数较为平均，但在 2011 年，有 FDA 检验的次数明显增长。从产品类别来看，有 FDA 检验次数最多的产品分别为水产品、水果类产品和蔬菜类产品，被拒次数分别为 10368 次、4638 次和 2540 次，可能是由于防止物种入侵导致本地生物减产所致。

2.3 欧盟食品安全监管与非关税措施

2.3.1 欧盟食品安全监管变革

1. 食品安全政策演变

（1）食品安全法规发展历程。

萌芽阶段（二战结束至 1997 年）：暂未形成独立的食品安全法规。第二次世界大战重创了欧洲的经济，食品短缺成为各国政府首先要解决的问题。各国在采取措施增产的同时，动物性疾病频繁爆发（如疯牛病和口蹄疫等），提升了政府和公众对食品安全的重视程度。1985 年，欧洲委员会颁布了"食物通讯"（即"微型白皮书"），首次正式将保护公众健康列入立法重要议程中。1987 年《单一欧洲法令》颁布，取消了以往片面地强调农业产量的做法，并要求欧洲委员会提高对食品安全和消费者与环境保护方面的标准和要求。1992 年蒲州委员会通过了麦克萨里的改革方案，同意通过财政补贴等方式鼓励农场主们提高食品质量（涂永前，2013）。1996 年，疯牛病在英国全面爆发。多数国家对英国牛肉甚至欧洲牛肉产生了抵触心理，纷纷禁止进口英国的牛肉。欧盟各成员国间也因疯牛病爆发的缘故而互相采取防御政策（仇晓梅，2017）。1997 年 4 月，欧盟委员会发表《食品安全绿皮书》。当年 12 月，欧洲理事会发表了关于食品安全的宣言，承诺将采取一切措施重塑民众对欧洲食品安全的信心。绿皮书内容的整合与细化就是现在的欧盟食品安全法律体系基本框架的雏形。

加速阶段（1997 至 2001 年）：《食品安全白皮书》的颁布，确立了食品安全法规体系的基本原则与基本框架，成为欧盟食品安全法律体系的核心和基础。1999 年比利时发生的二噁英事件引起了全球食品安全恐慌。诸如此类事件使欧盟意识到食品安全绿皮书尚不完善，须将食品安全政策列为一项独立的政策，食品安全监管须有完整的法律体系。因此，在 2000 年，欧盟在《食品安全绿皮书》的基础上发布了《食品安全白皮书》，目的是建立一套机制以实现欧盟食品安全保障，内容涵盖食品安全原则、食品安全政策体系、食品安全管理机构、食品法规框架、食品管理体制、消费者信息沟通、食品安全的国际合作等方面。《食品安全白皮书》在欧盟食品法律的框架中做出了两项重大改革：一是欧盟建立一套完整的法律体系以完善"从农场到餐桌"的全面监管制度；二是要建立一个独立于欧盟理事会和欧盟议事会之外的全新的权威性机构——欧盟食品安全局（European Food Safety Agency，EFSA），主要负责风险评估、风险管理和风险交流。为实现既定目标，除了重申完善原有法律，白皮书还提出了 84 项立法建议的行动方案及时间安排，内容涵盖食品卫生、标签、饲料、添加剂等多个方面。

完善阶段（2002 年至今）：欧盟对《基本食品法》的内容进行不断补充和完善。在白皮书落实的基础上，欧盟委员会在 2002 年 1 月颁布《基本食品法》，[1] 是欧盟新食品法的基石，其主要贡献在于规

---

[1] 《Document 32002R0178》，欧盟官方网站，https：//eur‐lex.europa.eu/legal‐content/EN/ALL/? uri=celex%3A32002R0178。

定了食品法的一般原则和要求，建立了欧洲食品安全局（EFSA），制定了实现食品安全的监管程序。其主要内容包括食品的进出口要求（第11、12条）、食品和饲料的安全要求（第14、15条）、食品和饲料企业的责任（第17条）、确立可追溯性制度与危害分析和关键控制点（Hazard Analysis and Critical Control Point，HACCP）制度（第18条）以及食品和饲料的撤回、召回或通报（第19、20条）等内容。此外，2002年的178/2002号法规即《基本食品法》调整并正式确立了欧盟食品与饲料快速预警系统（Rapid Alert System for Food and Feed，RASFF）。RASFF是一个连接欧盟委员会、欧洲食品安全管理局以及各成员国食品与饲料安全主管机构的网络，它要求当某一成员国掌握了有关食品或饲料存在对人类健康造成直接或间接的严重风险的信息时，应立即通报给欧盟委员会，委员会根据有关资料决定风险的等级并转发给各成员国；欧洲食品安全局对于风险通报可以补充相关科学或技术信息，以协助成员国采取适当的措施；各成员国依据发布的通告进行反应，并将采取的措施通过快速预警系统报告给委员会；如通报的食品或饲料已发送到第三国，委员会还应向该第三国提供适当的信息。RASFF使得欧盟委员会以及各成员国能够迅速发现食品安全风险并及时采取措施，避免风险事件的进一步扩大，从而确保消费者享有高水平的食品安全保护。[1]

（2）进口食品安全法规。

欧盟对进口的动物源性食品和饲料、非动物源性食品和饲料等的管制非常严格，为此出台了许多法律法规。

动物源性食品安全与卫生：第852/2004号条例规定了欧盟食品卫生的一般要求。第853/2004号条例则专门针对动物源性食品的卫生问题，它是对未加工或加工过的动物源性食品的卫生情况而制定的

---

[1] 张博：《欧盟食品安全的重要法律制度》，北京法院网，2012年8月22日，http://bjgy.chinacourt.gov.cn/article/detail/2012/08/id/887225.shtml。

专门性条例,该条例后来经过了数次修订,其重点内容包括:1)动物源性食品必须加贴识别标识,对动物源性食品实施可追溯性制度。2)食品生产加工设施必须在欧盟获得批准和注册。3)只允许从欧盟许可清单所列的国家进口动物源性食品。4)在运输、屠宰过程中注重动物福利的要求。5)突出了危害分析和关键控制点技术体系建设内容,并注重弥补原有法律对农场层面的初级生产规范不足的问题。第854/2004号条例规定了动物源性产品官方控制机构应遵守的具体规则。

动物传染病控制:这类法律主要包括对动物传染病及其病源的监测(第2003/99/EC号指令)、关于沙门氏菌及其他特定的经食品传染的动物源性病原体的控制方法(第2160/2003号条例)、关于蓝舌病的防控(第2000/75/EC号指令)、关于疯牛病的防控(第999/2001号条例)、关于口蹄疫的防控(第2003/85/EC号指令)以及关于动物传染病的通报(第82/894/EEC号指令)等。

饲料安全:这类法律主要涉及对整个动物饲料生产链的管理(第183/2005号条例)、饲料中有害物质的控制(第2002/32/EC号指令)以及动物营养添加剂的使用(第1831/2003号条例)等。

接受边境检查的动物源性产品目录:欧盟食品法令列出了所有应当在边境检查站接受官方控制的动物源性产品目录。例如,在动物源性产品准入国家名单和证书方面,欧盟设立了206/2010/EC《允许向欧盟出口畜肉的国家名单和证书样本》,制定了允许向欧盟出口牛、羊、猪、马等动物及其鲜肉的国家名单和证书样本;在口岸检查方面,欧盟设立136/2004/EC《入境口岸兽医检查工作程序》,其中规定按照抽检计划,如果抽检项目对人类健康危害不大,可以在实验室结果出来前放行货物,见图2-7。

| 针对全部农产品的法律法规 | 针对进出口农产品的法律法规 |

萌芽阶段

1985年"食物通讯",首次将保护公众健康列入立法议程
1987年《单一欧洲法令》,提高食品安全标准与要求
1991年《对运输途中动物的保护》
1992年通过麦克萨利改革方案,通过补贴提高产品质量
1997年《食品安全绿皮书》,形成欧盟食品安全法律体系的雏形

加速阶段

2000年《食品安全白皮书》,致力建立保障欧盟食品安全的法律机制

2000年《防止损害植物、植物产品的有害生物传入欧盟及在欧盟传播的保护措施》

完善阶段

2002年《基本食品法》,制定了实现食品安全的监管程序,建立食品与饲料快速预警系统,是欧盟新食品法的基石
2003年《关于沙门氏菌及其他特定的经食品传染的动物源性病原体的控制方法》,要求食品产业链各环节采取措施控制病菌传播
2005年《食品微生物标准》和《动物运输途中和进行相关操作时的动物保护》
2006年《规定食品中某些污染物的最高限量》

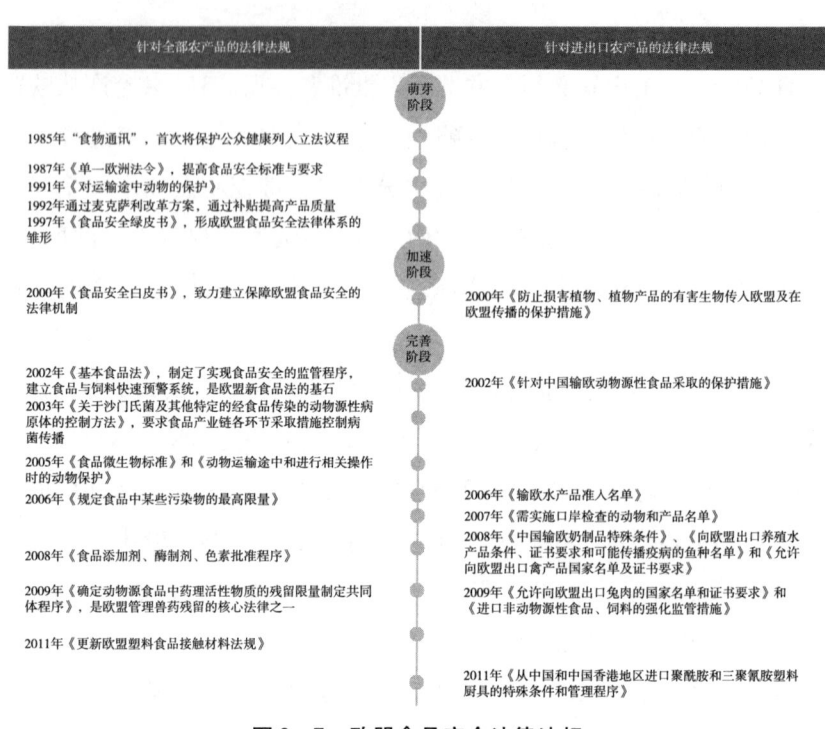

2002年《针对中国输欧动物源性食品采取的保护措施》

2006年《输欧水产品准入名单》
2007年《需实施口岸检查的动物和产品名单》
2008年《食品添加剂、酶制剂、色素批准程序》
2008年《中国输欧奶制品特殊条件》、《向欧盟出口养殖水产品条件、证书要求和可能传播疫病的鱼种名单》和《允许向欧盟出口禽产品国家名单及证书要求》

2009年《确定动物源食品中药理活性物质的残留限量制定共同体程序》,是欧盟管理兽药残留的核心法律之一

2009年《允许向欧盟出口兔肉的国家名单和证书要求》和《进口非动物源性食品、饲料的强化监管措施》

2011年《更新欧盟塑料食品接触材料法规》

2011年《从中国和中国香港地区进口聚酰胺和三聚氰胺塑料厨具的特殊条件和管理程序》

图 2-7 欧盟食品安全法律法规

资料来源:经作者整理所得。

2. 食品安全监管机构

(1)食品安全监管机构概况。

欧盟的食品安全监管机构主要包括欧洲食品安全局、欧盟健康与消费者保护总署、食品和兽医办公室、食品链和动物健康常设委员会、欧洲疾病控制中心,见图 2-8。同欧盟食品安全法律法规一样,欧盟食品安全监管机构的发展也经历了许多阶段,最终形成了仍在不断完善更新的体系。各个机构既分工明确又互相联系,形成了一套效率高、定位准的监管体系,以保障消费者食品安全。

第2章 全球视角下的食品安全监管与非关税措施变化

```
                    ┌─────────────────┐   ┌──────────────────────────────┐
                    │  欧盟食品安全局  │──│ 主要进行风险评估和交流,为欧盟食品安全 │
                    │                 │   │ 政策和立法提供依据                 │
                    └─────────────────┘   └──────────────────────────────┘

                    ┌─────────────────┐   ┌──────────────────────────────┐
          欧         │ 欧盟健康与消费者│──│ 主管公共卫生、食品安全和消费者事务,监 │
          盟         │   保护总署      │   │ 督法律执行情况                    │
          食         └─────────────────┘   └──────────────────────────────┘
          品
          安         ┌─────────────────┐   ┌──────────────────────────────┐
          全         │                 │   │ 主要监管成员国动物源性食品的监测体系、│
          监     ────│ 食品和兽医办公室│──│ 食品中化学品的使用、进口食品中的农药 │
          管         │                 │   │ 残留、动植物健康等                │
          机         └─────────────────┘   └──────────────────────────────┘
          构
                    ┌─────────────────┐   ┌──────────────────────────────┐
                    │                 │   │ 主要涉及欧盟食品法、食品链生物安全、 │
                    │ 食品链和动物健康 │   │ 食品链毒理安全、食品进口要求和控制、 │
                    │   常设委员会    │──│ 动物营养、转基因食品饲料和环境风险、动│
                    │                 │   │ 物健康和动物福利、植物卫生八个方面    │
                    └─────────────────┘   └──────────────────────────────┘

                    ┌─────────────────┐   ┌──────────────────────────────┐
                    │ 欧洲疾病控制中心│──│ 公布欧盟内部关于传染病的年度流行病学报│
                    │                 │   │ 告以及动物传染病报告              │
                    └─────────────────┘   └──────────────────────────────┘
```

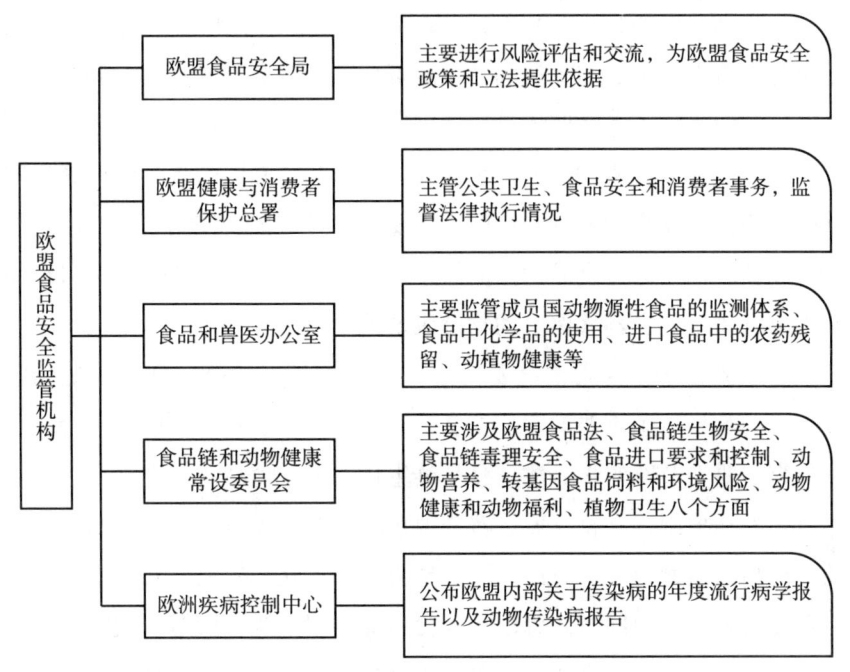

图2-8 欧盟食品安全主要管理机构

欧洲食品安全局（EFSA）：2000年1月发布了欧盟食品安全白皮书，提出成立欧洲食品安全局（EFSA），以协调欧盟各国，建立新的食品法规。经过了两年多的讨论，欧洲食品安全局正式成立。作为一个独立于欧盟委员会、欧洲议会和欧盟各成员国的科学性咨询机构，它对欧盟内部与食品安全有关的具体事务进行统一管理，负责提供有关食品安全的科学建议和技术依据，并对食品安全风险进行分析。EFSA本身不具备制定规章制度的权限，只负责为欧盟委员会、欧洲议会和欧盟成员国提供风险评估结果，并为公众提供风险信息。

欧盟健康与消费者保护总署（DG SANTE）：欧盟健康与消费者保护总署是欧盟食品安全主管部门，其职责是根据欧盟条约和相关法律赋予的权力负责食品安全法律的实施，行使其在公共卫生、食品安全、兽医和植物卫生标准的控制以及动物福利、科技咨询和消费者保护等方面的职责，确保欧盟实现对人身健康和消费者权益的高水平保护。

食品和兽医办公室（FVO）：食品和兽医办公室于1997年成立，是健康与消费者保护总司下属的一个负责食品安全监管的部门。其主要工作对象有两类：一是欧盟成员国的国家机构；二是出口食品到欧盟的第三国的企业和公共机构。目标是督促成员国和第三国的食品生产者遵守欧盟有关食品安全的规则和措施，主要手段是审核、控制与监管。监管涉及成员国动物源性食品的监测体系、食品中化学品的使用、进口食品和水果蔬菜中的农药残留、动物健康及植物卫生等。

食品链和动物健康常设委员会（SCFCAH）：食品链和动物健康常设委员会是另一个重要的食品安全管理机构，下设八个专门委员会，工作内容主要涉及欧盟食品法、食品链生物安全、食品链毒理安全、食品进口要求和控制、动物营养、转基因食品饲料和环境风险、动物健康和动物福利、植物卫生等方面。该委员会有一定立法权限，只有经过该委员会成员有效多数同意才可以采取食品安全相关执行措施。欧盟委员会在进行食品安全相关立法时会向SCFCAH咨询相关建议，如果绝大部分成员国赞成SCFCAH所提出的建议，欧盟委员会则会根据其建议采取相应的措施。

欧洲疾病控制中心（ECDC）：欧洲疾病控制中心是于2005年开始工作，其职能主要是公布欧盟内部关于传染病的年度流行病学报告，也包括动物传染病的报告。ECDC在风险分析方面比EFSA有更积极的作用，它促进了疾病控制的最佳实践方法以及流行病早期预警制度运作情形的交流。另外，它还就风险减缓提供建议，例如，针对接触有疑似禽流感传染病的鸟禽的工作人员提出免疫计划和职业健康保护规程。

（2）进口食品安全监管机构。

欧盟多数农产品进口在欧盟内部进行，成员内部进口量占到了总进口量的75%。欧盟层面负责进口食品安全的主要机构主要有食品与兽医办公室（FVO）、欧盟食品安全局（EFSA）、欧盟食品链及动物健康常设委员会（SCFCAH）。

食品与兽医办公室（FVO）主要负责监督欧盟成员国对欧盟兽医、

植物检疫以及食品卫生相关法规的执行情况，同时负责审核、控制和监管整个食品链中对食品安全和食品卫生相关的遵守情况，以增强欧盟消费者对食品安全的信任。欧盟食品安全局（EFSA）是提供风险评估的机构，其主要职责是：1）负责各类农产品的专业风险评估；2）专业数据的收集及分析；3）科学合作和支助工作。主要是与成员国之间的合作，进行数据的收集，对存在的风险和评估方法的合作与交流。4）对外信息交流工作。包括对媒体的信息发布工作，向公众公布相关信息和相关事件的工作，网络发布等工作。欧盟食品链及动物健康常设委员会（SCFCAH）负责为欧盟委员会制定食品链各个阶段的食品安全措施。一般欧盟委员会在进行食品安全相关立法时会向 SCFCAH 咨询相关建议，如果占绝大部分成员国赞成食品链及动物健康常设委员会所提出的建议，欧盟委员会则将根据其建议实施相应的措施。SCFCAH 覆盖整个食品链，从农场的动物健康到消费者餐桌。其工作内容主要涉及 8 个方面：欧盟通用食品法、食品链生物安全、食品链毒理安全、食品进口要求和控制、动物营养、转基因食品饲料和环境风险、动物健康和动物福利、植物卫生。

2.3.2　欧盟进口农产品监管趋势分析

欧盟食品和饲料快速预警系统（RASFF）设立于 1979 年，旨在及时通报任何关系公众健康的食品安全信息，法律基础是欧盟法令 92/59/EEC。2002 年 1 月欧洲议会和欧盟理事会颁布的法规 178/2002/EC 决定将快速预警系统涵盖的产品种类由食品扩大至食品和饲料，由欧盟委员会管理。RASFF 共有 31 个成员国，包括欧盟 27 国、冰岛、列支敦士登、瑞士、挪威。目前，该系统是全球食品安全最重要的信息交流平台之一，为分析欧洲市场食品安全形势提供了完整的数据支撑。

当 RASFF 成员国发现对公众安全构成直接或间接威胁的食品或饲料信息，该国会将信息通报给 RASFF 系统的管理者欧盟委员会，后者将核实通报内容并立即将其传达给系统的其他成员。RASFF 为成员国递交通报提供了统一的模板，包括了产品信息、发现的风险因素和采取的措施等重要的相关信息。其他成员国便可以利用通报中的信息来判断自己是否受到同样的威胁，并对本国市场上的相关产品进行追踪。此后，其他成员国会将自己的检查结果和采取的措施汇报给 RASFF 系统。①

下文中将利用从 RASFF 数据库中收集到的数据信息进行相关分析。

RASFF 通报依据来源有五种：边境管制，市场官方监管，企业自检，非成员国官方监管和食物中毒。边境管制通报被具体分为如下三类：①如果货物在边境检查中不被允许入境，将被标记为"边境管制—货物扣留"（border control-consignment detained）；②如果货物在边境被抽取样本以供检测，但货物本身未被扣留，而是带着海关封条继续前往目的地，则被标记为"边境管制—海关封条（border control-consignment under customs）"，这些货物在得出检测结果前只能存放于目的地；③如果货物在边境被抽取样本以供检测，但无须等待检测结果即可被放行，则被标记为"边境管制—货物通行"（border control-consignment released），如果事后发现已被放行的货物有安全隐患，则需从市场撤回这些货物。RASFF 系统中每年平均50%的通报在其成员国的边境产生，绝大多数拒绝入境通报的通报依据是边境管制—货物扣留和边境管制—海关封条。

市场官方监管即指来自 RASFF 成员国内部市场监管机构的通报，而非成员国官方监管产生的 RASFF 通报则指：当非成员国在其官方监管中发现在 RASFF 成员国市场上流通的产品有安全风险并将其告知 RASFF 成员，该成员可能会将信息通报给欧盟委员会，从而将其传递至 RASFF 系统中。例如2017年9月至12月，智利曾五次提醒 RASFF 成员国智利出口的货物有安全风险，② 其中四次是关于冷冻鲑鱼片的土

---

① 《问题与解答：食品和饲料快速预警系统（Questions and Answers: Rapid Alert System for Food and Feed (RASFF)）》，欧盟官网，2017年8月10日，https://ec.europa.eu/commission/presscorner/detail/en/MEMO_17_2461。

② 对应的 RASFF 通报编号：2017.1363，2017.1952，2017.CCY，2017.2017，2017，2114。

第2章 全球视角下的食品安全监管与非关税措施变化

霉素残留量超过残留限量,最终通报产品被从欧盟市场上撤回,还有一次是关于罐装蛤蜊生产过程中监管不当导致出现好氧性嗜温菌。

食物中毒在 RASFF 系统中的概念比通常意义上由致病细菌或病毒导致的食物中毒更宽泛,也指由于存在不良的化学成分、食品添加剂的成分、标签的缺陷和可能引起过敏反应的成分等而导致的问题。并且,RASFF 系统通常只通报那些需要多国协作的食品中毒事件。[1]

重点关注的边境管制类型:通过从 RASFF 数据库系统中得到的数据绘制的表2-10显示,2008~2020 年间搜集到的全部 RASFF 通报中,有 95.8% 的通报的依据为边境管制——货物扣留,又有 4.1% 的通报的依据为边境管制——海关封条,由于其他的通报依据而得到通报的案件只占全部的不到 1%。具体来说,在 2008~2020 年 RASFF 数据库中保存的 18678 件通报中,仅有 10 件的通报依据为边境管制—货物通行;仅有 2 件的通报依据为非成员国官方监管;仅有 1 件的通报依据为企业自检、1 件的依据为食物中毒、1 件的依据为市场官方监管。由此可见,欧盟食品和饲料等农产品未准入境的最主要的通报依据为边境管制,而在各类边境管制中,货物扣留又是最常见、使用最频繁的主要通报依据。

表2-10　　　　2008~2020 各年 RASFF 通报依据分布情况

年份	边境管制—货物扣留	边境管制—海关封条	边境管制—货物通行	企业自检	食物中毒	非官方国家监督	市场官方监督
2008	1367	0	0	0	0	0	0
2009	1441	0	0	0	0	0	0
2010	1544	0	0	0	0	0	0
2011	1803	8	0	0	0	0	0
2012	1681	32	0	0	0	0	0

---

[1] 欧洲委员会:《问题与解答:食品和饲料快速预警系统(Questions and Answers: Rapid Alert System for Food and Feed(RASFF))》,欧盟官方网站,2017 年 8 月 10 日,https://ec.europa.eu/commission/presscorner/detail/en/MEMO_17_2461。

续表

年份	边境管制—货物扣留	边境管制—海关封条	边境管制—货物通行	企业自检	食物中毒	非官方国家监督	市场官方监督
2013	1406	32	0	0	0	0	0
2014	1287	70	0	0	0	0	0
2015	1210	164	1	0	0	1	0
2016	1041	116	1	1	0	0	0
2017	1475	88	1	0	0	1	0
2018	1304	78	2	0	1	0	0
2019	1344	131	3	0	0	0	0
2020	993	48	2	0	0	0	1
合计	17896	767	10	1	1	2	1

资料来源：RASFF，https：//webgate.ec.europa.eu/rasff-window/portal/? event = Search Form&cleanSearch = 1。

重点关注的通报国家：在 2008～2020 年所有拒绝入境的通报中，出现次数最多的前十个通报国依次是：英国、意大利、西班牙、荷兰、德国、保加利亚、希腊、法国、波兰和芬兰。其中，排在第一位的英国在这 12 年间通报的拒绝入境次数达到了 3045 次，超过了排在第十位的芬兰 2524 次，是排在第 7 位的希腊的整整三倍。从表 2 – 11 中可以看出，2008～2012 年英国所通报的拒绝入境通报数量呈上升趋势，并且在 2012 年达到最高峰，随后在 2012～2020 年间呈现出从保持在一定水平波动到逐渐下降的趋势。同样的，排在第二位的意大利自 2008～2020 年的拒绝入境通报数量也呈下降趋势，由 2008 年的 257 件下降到了 2020 年的 51 件。与之相反的是，成员国保加利亚通报的拒绝入境通报数目在这 12 年间呈上升趋势。保加利亚在 2008 年的未准入境通报数仅为 20 件，到了 2020 年则增长至 179 件。

表 2-11　　2008~2020 年所有通报拒绝产品入境的通报国

年份	英国	意大利	西班牙	荷兰	德国	保加利亚	希腊	法国	波兰	芬兰
2008	199	257	92	168	193	20	82	52	106	45
2009	154	192	220	161	154	25	120	53	98	84
2010	202	228	262	165	157	23	111	49	89	52
2011	304	269	263	121	149	104	87	89	133	62
2012	359	232	197	93	165	64	40	162	102	50
2013	239	239	166	177	92	48	37	119	36	44
2014	210	245	135	115	116	79	42	88	55	32
2015	251	235	135	129	78	94	49	90	50	17
2016	243	172	109	114	105	87	47	45	34	24
2017	275	166	173	277	173	103	67	74	41	30
2018	193	118	171	221	133	97	119	67	65	29
2019	230	135	170	150	167	107	176	73	82	30
2020	186	51	101	128	124	179	38	45	46	22
合计	3045	2539	2194	2019	1806	1030	1015	1006	937	521

资料来源：RASFF，https：//webgate.ec.europa.eu/rasff-window/portal/? event = SearchForm&cleanSearch = 1。

重点关注的被拒绝入境国家：2008~2020 年间被欧盟拒绝入境的农产品批次最多的前十个国家依次为：中国、土耳其、印度、巴西、美国、阿根廷、伊朗、泰国、埃及和越南（如表 2-12 所示）。其中，仅中国一国就被拒绝了 3041 批次的农产品入境，土耳其紧随其后。而中国、土耳其和印度三国被通报拒绝入境的农产品批次之和，就占据前十个国家全部被通报次数的 61%，由此说明，这三个国家即为最主要的被拒出口国。分析其随时间变化的趋势可以看出：从 2008~2020 年通报数目的变化来看，中国农产品被通报拒绝入境的次数在逐渐下降，由 2008 年的 301 次下降到 2020 年的 89 次，可见中国农产品的品质在该年份期间不断提高，在满足欧盟品质要求方面有明显的进展。而在 2016~

2020年间，取代中国成为欧盟未准入境产品第一位的国家是土耳其，并且相关通报的数目自2013年以来便呈上升趋势。

表2-12　　2008~2020年产品被拒绝入境前十位的国家

年份	中国	土耳其	印度	巴西	美国	阿根廷	伊朗	泰国	埃及	越南
2008	301	216	85	30	98	43	160	36	39	27
2009	191	203	75	62	170	99	55	37	24	54
2010	255	167	182	80	95	124	54	75	25	34
2011	302	268	283	56	69	70	31	54	38	43
2012	362	261	294	76	55	39	18	73	39	26
2013	331	178	194	140	55	51	18	37	44	41
2014	236	184	145	94	75	25	48	46	49	64
2015	257	229	237	72	47	16	52	34	69	41
2016	152	222	166	41	61	27	51	50	47	25
2017	199	256	172	322	60	39	60	48	45	25
2018	169	246	103	92	104	71	30	36	48	19
2019	197	253	93	110	102	68	18	12	44	27
2020	89	299	85	91	89	38	32	16	21	8
合计	3041	2982	2114	1266	1080	710	627	554	532	434

资料来源：RASFF，https：//webgate.ec.europa.eu/rasff-window/portal/?event=SearchForm&cleanSearch=1。

重点关注的产品类型：在RASFF系统中，所有被拒绝入境的农产品可分为三类，分别是食品类、饲料类以及食品接触材料类。其中，仅食品类产品被拒绝入境的批次就占全部未准入境农产品的88.77%，而饲料类和食品接触材料类的拒绝批次各占全部未准入境农产品的5.54%和5.70%。2008~2020年的拒绝入境通报中共有35种产品类别（见附录4）。欧盟未准入境排名前十的产品类别依次是：坚果和坚果制品与种子、蔬菜水果、鱼和鱼制品、草药和香料、食品接触材料、禽肉及禽肉制品、饲料、谷物和面包制品、甲壳类动物及其制品，以及肉类及肉制品（家禽除外）。在上述的所有拒绝入境通报中，被拒批次最多的三类产品是：(i) 坚果、坚果制品和种子；(ii) 蔬菜水果；(iii) 鱼和鱼制品。

坚果、坚果制品和种子类的产品在这12年间被拒绝入境高达5377次，超过排在第二位的蔬菜水果类产品1336次，坚果类被拒绝入境次数占前十类产品被拒通报总数的33.03%。在2008~2013年坚果、坚果制品和种子类的产品通报次数逐年下降；在2013~2018年通报次数呈上升趋势，2019~2020年其通报次数又有所下降。坚果类产品被拒批次数量极高的一个原因是欧盟对花生黄曲霉素的严格检验。1998年7月16日，欧盟委员会通过了1525/98号指令，公布了欧盟国家食品中黄曲霉毒素的最新限量和与之配套的抽样方案，新限量规定人类直接食用或直接用做食品原料的花生、坚果及干果中，黄曲霉毒素B1限量为2微克/千克，总限量（B1 + B2 + G1 + G2）小于4微克/千克；而在需经分类或其他物理方法处理的花生原料中，黄曲霉毒素B1限量为8微克/千克，总限量小于15微克/千克。此项指令于1999年1月1日起在所有欧盟成员国实施。

蔬菜水果类产品的未准入境通报次数在2008~2012年呈明显的上升趋势，从186次上升到479次，在2012~2018年有所下降，在2019年和2020年两年，蔬菜水果类产品通报次数又有所上升，分别为297次和302次。由于蔬果产品常常容易受到病虫危害，为保证作物的产量，在种植过程中经常需要喷洒农药，因此该类产品中极易出现农药残留问题。鱼和鱼制品类产品通报次数在2008~2009年明显增加，在2009~2017年次数下降，从228次下降为82次，并在2017年后保持较稳定的次数。鱼和鱼制品被拒批次较高的一个原因是这是这类制品中常常含有大量蛋白质和不饱和脂肪酸，极易腐败变质，如果运输过程中温度控制不良，微生物大量生长繁殖，产品质量就会劣变。

表 2–13　　2008～2020 年间未准入境产品前十类别分布

年份	坚果、坚果制品和种子	蔬菜水果	鱼和鱼制品	草药和香料	食品接触材料	禽类及其制品	饲料原料	谷物和烘焙产品	甲壳类动物及其产品	肉及肉制品（不含家禽）
2008	671	186	88	40	60	12	0	56	47	13
2009	502	193	228	50	63	10	33	35	79	32
2010	466	243	183	153	88	15	40	52	31	44
2011	420	358	214	118	122	14	132	63	42	50
2012	272	479	164	84	126	53	104	71	36	40
2013	216	401	86	77	152	107	64	42	30	63
2014	249	368	82	52	104	79	55	43	40	53
2015	403	421	67	75	82	59	55	28	26	24
2016	361	272	102	107	61	47	22	16	26	10
2017	449	284	82	77	45	330	40	44	59	39
2018	550	237	107	45	52	86	89	27	32	30
2019	538	297	90	110	76	38	98	44	27	26
2020	280	302	89	103	32	24	48	44	6	2
合计	5377	4041	1582	1091	1063	874	780	565	481	426

资料来源：RASFF，https：//webgate.ec.europa.eu/rasff-window/portal/? event = SearchForm&cleanSearch = 1。

重点关注的风险因素：风险因素（hazard category）即导致通报国在边境检查时对某批产品发出通报的原因。RASFF 数据库将风险因素归类为 29 种（具体见附录 5）。在所有出口国的拒绝入境通报中，出现最多的前十大风险因素是：霉菌毒素、病原微生物、农药残留、监管不当、掺假/欺诈、金属、食品添加剂和调味剂、微生物污染（其他）、感官异常、有害物质迁移，见图 2–9。其中，霉菌毒素、病原微生物和农药残留这三项风险因素在 2008～2020 年间被通报的拒绝入境产品批次中占比最大，占全部前十项风险因素通报数的 65.22%，而以霉菌毒素为风险因素的通报更是多于以病原微生物、农药残留这两因素相加

第 2 章 全球视角下的食品安全监管与非关税措施变化

的总和。《食品安全国家标准食品中农药最大残留限量》中规定，蔬菜中唑虫酰胺的最大残留量为 0.5 微克/千克。欧盟法规没有规定唑虫酰胺残留量的最高限量标准，采取 0.01 微克/千克的"默认标准"进行边境管控。中欧双边对农药残留量限量规定的差异是导致该类危害被通报的原因之一。

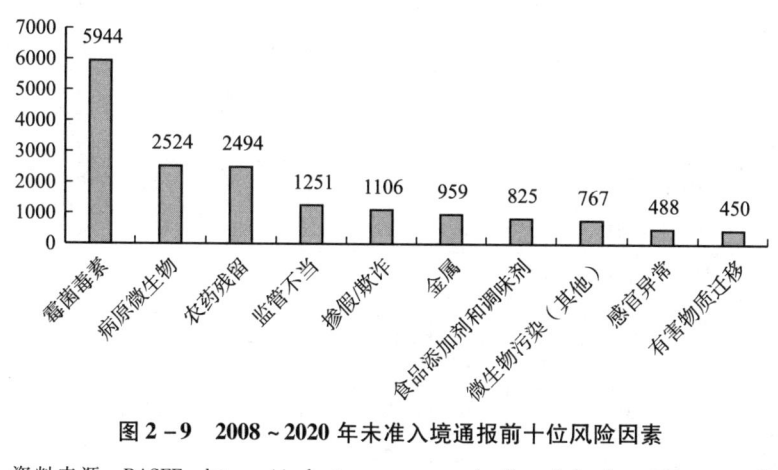

图 2-9 2008~2020 年未准入境通报前十位风险因素

资料来源：RASFF，https：//webgate.ec.europa.eu/rasff-window/portal/？event=SearchForm&cleanSearch=1。

从 2008~2020 各年通报中不同风险因素的分布可以看出，一些风险因素每年导致的拒绝入境通报数目呈缓慢下降趋势，另一些风险因素每年导致的拒绝入境通报数目接近，基本保持稳定，见表 2-14。如 2008~2013 年，霉菌毒素因素导致的拒绝入境通报数目逐渐下降，而自 2013 年至 2018 年又有缓慢回升趋势，但对比 2008 年与 2020 年各自因工艺污染物而拒绝入境的通报数目，不难发现其导致的通报数目有较大程度的减少，由 794 件减少到了 320 件。而以食品添加剂和调味剂为例的一些风险因素，在 2008~2020 年间所导致的拒绝入境通报数，相对而言没有明显的变化。

表2-14　　　　2008~2020各年未准入境通报前十位风险因素分布

	霉菌毒素	病原微生物	农药残留	监管不当	欺诈/掺假	金属	食品添加剂和调味剂	微生物污染（其他）	感官异常	有害物质迁移
2008	794	61	31	49	35	74	73	29	31	26
2009	542	79	52	133	54	86	64	69	66	19
2010	586	90	126	143	62	90	60	76	89	16
2011	513	111	219	174	87	104	63	77	87	63
2012	425	146	320	126	75	107	60	81	54	49
2013	269	218	337	75	92	133	29	94	28	41
2014	280	202	279	50	88	89	70	76	27	39
2015	388	255	290	70	92	78	59	34	27	36
2016	418	148	142	78	109	56	61	39	28	39
2017	462	421	132	98	164	57	72	55	20	21
2018	508	274	154	104	71	28	72	54	11	38
2019	439	353	188	95	98	41	60	66	16	47
2020	320	166	224	56	79	16	82	17	4	16
	5944	2524	2494	1251	1106	959	825	767	488	450

资料来源：RASFF，https://webgate.ec.europa.eu/rasff-window/portal/?event=SearchForm&cleanSearch=1。

第3章 非关税措施的国际规则与管理机制

1995年乌拉圭回合《农业协定》正式生效，WTO成立了农业委员会（COA），主要负责监督各成员方对《农业协定》的执行情况，并给各成员方间分享、讨论与执行协定相关政策信息提供平台。然而，由于不同成员方的食品法规通常存在冲突和矛盾，尤其是关于保存、命名和可接受的食品标准法规在各成员方有很大差异（2019，FAO），为确保各成员方间能够实施合理、适当的食品相关措施和标准来保障和监测食品安全，WTO成立了SPS和TBT委员会。1995年在《农业协定》中达成的《SPS协定》和《TBT协定》为各成员方提供了统一采用适当标准确保国际农产品贸易质量和安全的国际规则框架，它们所发挥的最大作用就是如何在实施合理监管权利（如食品安全或消费者保护）与确保这些监管法规不至于对贸易构成不必要或歧视性壁垒之间达成平衡（FAO/WTO，2018）。

作为非关税措施的重要组成部分，SPS和TBT措施一直被广泛应用于农业贸易领域。尤其是在保护食品安全、人类与动植物健康和生态环境等方面作出了突出贡献，通过提高贸易的效率和透明度，降低了农业贸易成本，使得食品在国际市场中更加顺畅流通。协议中的"基本原则"规定促进了国际贸易的自由化和便利化发展，"管理机制与争端解决机制"规定对于维持和监督相关程序的正常运行、解决国家或地区间的经贸摩擦、最大化国际贸易利得等方面均发挥了显著作用。SPS 和 TBT 措施对农产品贸易的作用机制主要通过数量控制和价格控制两种途径来实现。其中，数量控制机制是指只有符合进口国（地区）SPS 和 TBT 要求的农产品才能流入进口市场，从而产生控制贸易数量的作用；价格控制机制是指为达到进口国（地区）SPS 和 TBT 要求，农产品的出口成本将增加，从而产生控制贸易价格的作用（宋海英和陈志钢，2008；周娟，2005）。但 SPS 和 TBT 措施对农产品贸易的作用方向并不确定，从供给角度看，它增加了出口产品的成本，抬高了产品的出口价格，削弱了产品的国际竞争力；从需求角度看，它是一种产品信息，可以让消费者了解产品，引起消费者偏好的变化，进而影响农产品贸易需求。另外，在面临疫病、疫情等突发公共事件上，SPS 和 TBT 措施也是进口国（地区）保护动植物健康和食品安全的重要政策工具。

由于 SPS 和 TBT 措施具有更大的灵活性和更难以监测，各成员方对其所暗含的贸易保护倾向的担忧也有所增加。本节将从 SPS&TBT 措施的基本原则、措施分类、国际规则及管理机制出发，通过对 WTO - SPS&TBT 通报数据库及特别贸易关注数据库的梳理分析，了解其在农业贸易领域的应用情况，讨论各成员方实施 SPS&TBT 措施可能对农业贸易造成的影响，剖析典型 SPS&TBT 措施争端案件的若干争议点，以此来更加深入理解 SPS 和 TBT 措施对农业贸易的影响及潜在的贸易保护主义。

3.1 《SPS 协定》与《TBT 协定》的诞生背景

《SPS 协定》与《TBT 协定》均起源于 1947 年的《关税及贸易总协定》（General Agreement on Tariffs and Trade，GATT）。在 GATT 时期，各缔约方就已经制定的规则来处理动植物的检验检疫问题，形成了国际动植物卫生检疫的初步框架。同一时期，GATT 对国民待遇、数量限制和一般例外的规定被认为是最早的技术贸易壁垒（杨树明，2007）。但是，由于 GATT 最初的重心在于关税壁垒，对于"技术条例""标准"并没有详细的处理，因此有关于这部分的条款也模糊不清。总体来说，彼时的 SPS 措施和 TBT 措施都缺乏具体的规则，尚未形成独立系统的法律文件。

但由于全球化时代国际竞争加剧，各国（地区）想要规避多边贸易制度的约束，保护本国就业、维持本国在国际分工和国际交换中的地位，于是，国际贸易领域中逐渐形成了一种新的贸易保护倾向，即以技术壁垒为核心的各种非关税壁垒逐渐成为贸易保护的主要手段（杨树明，2007）。在这种倾向的影响下，许多国家（地区）竞相调整其贸易战略与政策，如美国中断在二战后一直奉行的贸易自由化政策，转而实行以配额、许可证等非关税措施为主要手段的贸易政策（郭罂祎，2014）。

在农业贸易方面，SPS 措施被当作一种较隐蔽的技术壁垒措施。长期以来，农业保护主义始终深深植根于发达国家（地区）的农业政策之中，以至于在历轮 GATT 的多边贸易谈判中，尽管农业贸易问题被试图纳入总协定的管理框架，却常常不能如愿以偿（程国强，1995）。在 1964~1967 年，肯尼迪回合把农业贸易问题列为该轮谈判的议题之一，但因美国、欧盟未能达成一致，该轮谈判未能就抑制农业保护主义取得实质性的成果。在这种情况下，发达国家利用 GATT 的体制缺陷，极力推行农业支持和干预政策，一些发达国家甚至利用动植物检疫这种隐蔽性很强的技术壁垒措施，来保护本国（地区）的农畜产品市场，极大地破坏了国际贸易的秩序。

与此同时，技术性贸易壁垒也逐渐成为国际农业贸易领域中最重要的非关税壁垒之一，引起了 GATT 的重视。1970 年，GATT 成立了工作组来评估非关税壁垒对国际贸易的影响，得出"技术性贸易壁垒已成为出口商所面对的影响最大的非关税措施"（Wilson，2003）的结论。GATT 认为有必要采取专门措施，来减少或消除技术性贸易壁垒对国际贸易的负面影响。

1973年，东京回合如期进行，并就减少和消除非关税壁垒展开讨论。1979年，东京回合谈判结束后，GATT的32个缔约方签署了《技术性贸易壁垒（TBT）》诸边协议，也称《GATT/TBT协定》或《标准守则》，是《TBT协定》前身。《标准守则》规定了一系列指导技术性贸易壁垒使用的规则以及争端处理程序，但没有规定实质性的义务（Thorn and Carlson，2000）。同时，由于该协定具有非强制性，使得先后接受该协定的缔约方不足40个，协定的作用受到极大限制。需注意的是，这一时期，卫生与植物卫生措施的相关内容被纳入《GATT/TBT协定》中，尚未形成独立的法律文件。

为解决长期以来农产品贸易方面的国际冲突，以及非关税壁垒对国际贸易的负面影响，1986年，乌拉圭回合谈判将"农产品"和"非关税措施"确定为本轮谈判的中心议题。1993年12月，GATT在乌拉圭回合谈判中签署《乌拉圭回合农业协定》（简称《农业协定》），其中第八部分第14条为"卫生与植物卫生措施"（温珊林，2000），这意味着各成员方同意实施《实施卫生与植物卫生措施协定》。基于这一认同，《SPS协定》在1994年乌拉圭回合的最后文件中，以独立的法律文件出现。《SPS协定》作为动植物检疫工作的产物，适用于农产品和食品贸易领域，对于改善各成员方的人类健康、动物健康和植物卫生状况具有意义。

同时，为了扩大《标准守则》的作用，GATT谈判向各缔约方提交了《标准守则》修正案。随后谈判各方又从内容、结构、准确性和可操作性等方面对其进行了进一步的修改、补充和完善，最终于1994年形成《TBT协定》。与《标准守则》相比，《TBT协定》具有更有效的执行机制，已经成为当今世界国际贸易中的重要行为规范之一（李文敏，2006）。从适用范围来看，相较于《SPS协定》，《TBT协定》涵盖了包括农产品和工业制成品在内的所有产品贸易，管辖范围更加宽泛。

1995年1月，WTO成立，《SPS协定》与《TBT协定》正式实施。

在《SPS 协定》和《TBT 协定》的实施过程中，各条款内容并未发生重大变化，但各成员方可以根据实际需求，在遵从协定的基础上修改完善国内条款。

3.2 SPS & TBT 的基本原则与分类

3.2.1 SPS 协定

1. 基本原则

《SPS 协定》从保护人类及动植物生命健康、促进国际动植物贸易自由化和便利化角度出发，对相关领域国际贸易中应遵守的规则和秩序做出了具体规定。以下是对协定中主要原则的解读。

第一，协调一致原则。协调一致原则是指国家（地区）制定和实施的卫生与植物卫生法规需要与国际标准、指南及建议协调一致，不能违背国际标准。协调一致原则包含两方面要求。一方面，鼓励成员方根据国际标准、准则和建议制定本国（地区）的 SPS 措施。《SPS 协定》明确了三个制定国际标准的国际组织（称为"三姐妹组织"）：食品安全方面是食品法典委员会（Codex Alimentarius Commission，CAC）；动物健康方面是国际兽疫局（Office International Des Epizooties，OIE）；植物保护方面是《国际植物保护公约》（International Plant Protection Convention，IPPC）秘书处。[1] 各成员方制定的 SPS 法规，要符合"三姐妹组织"中的相关标准规定。另一方面，成员方可以选择不依据国际标

---

[1] 《WTO/SPS 协定》，中国 TBT 研究中心，2014 年 8 月 22 日，http：//tbt.testrust.com/library/detail/15290.html。

准，自行制定 SPS 法规，但法规内容不能与国际标准规定相悖，且必须对其制定的 SPS 法规进行恰当的风险评估，并与透明度原则（见下文）的规定相一致（葛志荣，2001）。协调一致原则作为国际贸易中的一把标尺，将各成员方制定的 SPS 措施框定在国际标准的范围内，有助于减少各国（地区）不必要的贸易纠纷与摩擦。

第二，等效原则。等效原则规定，WTO 成员方应当相互接受在保护人类、动物或植物健康方面具有同等效力的措施。《SPS 协定》准许不同国家（地区）用不同的方式来确保食品安全或保护动植物健康。等效原则是为了确保贸易中具有同等效力的 SPS 措施可以被相互承认，以促进贸易更便捷通畅地进行。"相互接受等效的措施"这一共识可以通过谈判达成。在谈判中，出口国（地区）有责任客观地向进口国举证其 SPS 措施能够达到进口国（地区）适当的卫生与植物卫生保护水平，或国内的卫生要求能满足进口国的要求。若出口国的举证材料能证明其措施具有等效保护水平，那么即使这些措施不同于进口国自身的措施，或不同于从事相同产品贸易的其他成员方使用的措施，[①] 进口国也应将出口国的措施作为等效措施予以接受。此外，出口国应给进口国进行检查、检验及适用其他相关程序的机会。在进出口贸易中，各成员方将通过磋商谈判，讨论出双方可接受的关于 SPS 方面的等效措施，以进一步达成双边或多边协定。

第三，风险评估原则。风险评估是指量化评估某一事件或事物带来的影响或损失的可能程度。具体来说，风险评估原则要求成员方遵循风险评估程序，在对实际风险进行评估的基础上，确定自己国家适当的 SPS 保护水平。对实际风险进行评估并确定 SPS 保护水平时，各成员方需要考虑到以下四方面内容。一是技术可行性，包括对有关工序和生产方法，有关检查、抽样和检验方法，以及检疫或其他处理方法的科学评

[①]《SPS 协定全文（中文）》，中华人民共和国商务部，2014 年 9 月 9 日，http://sms.mofcom.gov.cn/article/wtofile/201409/20140900724790.shtml。

估。二是经济因素和替代方案，包括在进口成员方领土内控制或根除病虫害的费用、采用替代方法控制风险的成本和效益等。三是保护水平的一致性，各成员方应采用一致的保护水平，从而避免在不同的情况下产生不合理的差异，以此造成对国际贸易的歧视或变相限制。四是潜在影响，各成员方在进行风险评估时，应考虑到该措施对贸易可能造成的潜在影响，如由于虫害或病害的传入或传播而造成的生产销售损失。

除上述在风险评估之前应考虑到的因素，风险评估原则在实际运用的过程中，也存在例外的情况，即在尚没有充足的科学证据证明一项措施的合理性的紧急情况下，成员方可以根据可获得的有关信息，采用预防性措施，出台紧急禁令。但是，这些紧急措施只是临时性的，政府必须在一个合理的周期内找寻资料进行更客观的风险分析，并对相应措施进行审议。

第四，非疫区原则。非疫区是指的是有科学证据证明某种特定有害生物没有发生，并且在一定时期内该状态可由官方予以维持的区域。例如，地中海实蝇或非洲猪瘟在北京地区没有发生，那么北京就是非疫区。① 非疫区原则要求，进口国不能因为一个国家的部分地区为疫区而禁止整个国家产品的进口。在进出口贸易中，非疫区原则要求出口国承担举证的责任，证明其国内特定地区不存在某种有害生物。同时，出口国必须允许来自进口国的专家对所涉及的地区及该地区所采取的防止有害生物传播的措施进行考察。

第五，透明度原则。透明度原则规定每个 WTO 成员方必须指定一个中央政府机构来通报 SPS 程序的执行情况，以防止成员方之间不公平的贸易。透明度原则对于需要通报的内容做出了明确规定：不存在于国际标准、指南或建议中的 SPS 措施，或拟议中的 SPS 措施的内容与国际标准、指南或建议存在实质上的不同，且对其他成员方的贸易有着重大

---

① 《WTO/SPS 协定》，中国 TBT 研究中心，2014 年 8 月 22 日，http://tbt.testrust.com/library/detail/15290.html。

影响的 SPS 措施。以下情况都视作会对贸易产生重大影响：存在一项或多项 SPS 措施对贸易产生影响；该 SPS 措施会对一种、一类或所有产品产生影响；以及该 SPS 措施会对两个或多个成员方之间的贸易产生影响。

通报的过程需遵循特定的程序，按照 SPS 委员会的建议，常规程序要求在一项法规生效日期的前 60 天交送至 WTO 秘书处，且无歧视地给予其他成员方合理的时间提出书面意见，意见提出后对其进行讨论，并对这些书面意见和讨论的结果予以考虑，[1] 最后提出正式通报。除规范了通知流程外，透明度原则对于通知的语言、格式等方面也做出了具体规定。特别地，当一项法规同时涉及 SPS 和 TBT 领域时，拟通知的法规需要按照 SPS 和 TBT 委员会规定的格式分别向两个委员会进行通报。对于突然出现的有害生物，成员方政府允许采取紧急措施，在这种情况下，通报需要使用特殊的格式，明确采取紧急措施的原因及期限。

第六，特殊、差别待遇和技术援助原则。基于发展中国家成员方施行的食品安全质量标准普遍低于发达国家成员方，为了促进发展中国家成员方向发达国家成员方的食品出口（陈亚芸，2014），SPS 协定做出了相关规定，特别关照发展中国家。发展中国家成员方享有"延期实施影响其进口措施的规定"的特殊待遇。其中，最不发达国家成员方可在《SPS 协定》生效后五年执行协定，其他发展中国家成员方可以延期两年执行。[2] 原因是为了给发展中国家成员方预留出必需时间，以采用国际标准的方式，在科学原则的基础上，发展其 SPS 法规体系。在 SPS 协定尚未执行的延期期限内，这些成员方实施的直接或间接影响国际贸易的 SPS 措施可以不必依据 WTO 的规则修改。

此外，《SPS 协定》还鼓励各成员方为发展中国家成员方提供技术

---

[1]《乌拉圭回合服务贸易谈判经历了哪几个阶段？》，中华人民共和国商务部网站，2020 年 11 月 8 日，http://tradeinservices.mofcom.gov.cn/article/zhishi/jichuzs/201710/3262.html。

[2]《SPS 协定全文（中文）》，中华人民共和国商务部，2014 年 9 月 9 日，http://sms.mofcom.gov.cn/article/wtofile/201409/20140900724790.shtml。

方面的援助。包括：①以双边形式援助。当发展中国家出口成员方为满足进口成员方的 SPS 要求而需要大量投资时，进口成员方应考虑提供一些可使发展中国家成员方维持和扩大市场准入机会的技术援助。②通过适当的国际组织提供援助。这类援助特别针对加工技术、研究和基础设施等领域。例如，OIE 已经为发展中国家成员方提供了消灭口蹄疫方面的技术援助。③提供培训和设备。如 WTO 秘书处与 CAC、OIE 及 IPPC 合作，联合开展以《SPS 协定》为主要内容的培训工作，在亚洲、拉丁美洲和非洲等地举行了许多地区性研讨会，以提高发展中国家成员方在食品安全和动植物保护方面的检疫能力。

综上所述，《SPS 协定》为动物卫生和植物检疫方面的食品安全和要求制定了规则。它承认政府具有采用和执行必要措施以保护人类、动物或植物生命或健康的权利。当有必要为此对贸易加以限制时，所采取的任何相应措施不应具有任意性或歧视性，或对国际贸易构成变相限制。需要注意的是，《SPS 协定》并不强制规定政府应采取的具体一系列健康和食品安全政策。它制定的是一个规则框架，目的是在成员方采取措施确保食品安全的权利与限制此类措施对贸易的不必要影响之间达成平衡。规则要求有关措施应当建立在科学证据的基础之上，而且这些措施的采用应以保护人类、动物或植物生命或健康为限，同时不得在存在类似条件的国家之间采取不正当的歧视。

2. 措施分类

SPS 措施按涵盖范围可以划分为六种类型：①出于卫生和植物检疫原因的进口禁止或限制要求；②某些物质的残留许可限量和使用限制；③产品的标签、标识和包装要求；④与卫生和植物检疫条件有关的清洁卫生要求；⑤杀灭最终产品中动植物虫害和致病生物体的处理手段；⑥与生产或生产后流程相关的其他要求。表 3-1 将从上述几方面详细说明 SPS 措施的具体类别、要求及适用情况举例说明。

表3-1 卫生与动植物检疫（SPS）措施涵盖范围（A1~A9）

序号	SPS措施类型	序号	具体SPS措施	适用情形举例说明
A1	禁止/限制进口	A11	禁止可能构成卫生与动植物检疫原因的进口	如：禁止从受禽流感影响的地区进口家禽或从口蹄疫影响的国家进口牲畜。禁止进口某些可能有毒或有毒的鱼类。这类措施通常是临时性和有时限的
		A12	地域达标限制	如：禁止从卫生条件不合格的国家进口乳制品
		A13	对同一产品采取两种或以上独立的卫生和植物卫生措施相结合的方法	如：某进口方案设定一揽子措施，明确规定具体的无虫害生产地点、所用农药种类、收获技术以及收获后熏蒸处理，并结合入境检验要求
		A14	进口某些产品的卫生与动植物检疫授权要求	要求在进口前，出于卫生与动植物检疫的原因，从有关政府机构收到与货物有关的授权、许可、批准或许可证
		A15	由于卫生和植物检疫原因，对进口商的授权要求	规定进口商（进口公司）须获授权、注册及领取许可证、牌照或任何其他种类的批核，方可经营若干产品的进口业务。如：某种特定食品的进口商需要向卫生部登记
		A19	未列入其他类别的、出于卫生和植物检疫原因的进口禁止或限制	
A2	残留物的容许限度和物质使用限制	A21	特定（非微生物）物质残留或污染的容许限度	杀虫剂、除害剂、重金属及兽药残余的最高残留限量；加工过程中产生的持久性有机污染物和其他化学物质
		A22	食品和饲料及其接触材料中特定物质的使用限制	用于着色、保鲜或甜味剂的食品和饲料添加剂存在某些限制。对于聚氯乙烯塑料制成的食品容器，氯乙烯单体不得超过每公斤1毫克

续表

序号	SPS 措施类型	序号	具体 SPS 措施	适用情形举例说明
A3	标签、标识和包装要求	A31	标签要求	规定应向消费者提供的与食品安全直接有关的信息的措施。标签必须指定存储条件和含有潜在危险成分的标签
		A32	标识要求	如：运输容器外侧必须标明易腐货物的处理、冷藏需求或避免阳光直射等说明
		A33	包装要求	规定必须或不能包装货物的方式或使用与食品安全直接相关的包装材料的措施
A4	卫生要求	A41	最终产品的微生物标准	关于关注微生物和/或其毒素/代谢物及其原因的声明，以及在最终产品中检测和/或量化它们的分析方法
		A42	生产过程中的卫生和植物检疫条件有关的清洁卫生做法	产品制造和加工过程中使用的设施和设备应清洁并符合卫生条件的要求
		A49	未列入其他类别的卫生要求	
A5	杀灭最终产品中动植物虫害和致病生物体的处理手段或禁止处理	A51	冷/热处理	在到达目的国之前或之后，在一定时间内将产品冷却或加热到低于或高于一定温度以杀死目标害虫的要求
		A52	辐照处理	要求用辐射能（电离辐射）杀死或灭活可能存在于食品和饲料产品中的微生物、细菌、病毒或虫类（电离辐射）
		A53	熏蒸处理	在封闭空间内将虫类、真菌孢子或其他生物体暴露在致死强度的某种化学品烟气内一定时间的过程
		A59	未列入其他类别的、杀灭最终产品中动植物虫害和致病生物体的处理手段或禁止处理	

续表

序号	SPS 措施类型	序号	具体 SPS 措施	适用情形举例说明
A6	与生产或生产后过程有关的其他要求	A61	植物种植流程	温度、光照、植株间距、水、氧气、矿物养分等相关条件方面的植物种植要求
		A62	动物饲养或捕获过程	例：不应给牲畜喂食疑似含有牛海绵状脑病病牛脏器的饲料
		A63	食品和饲料加工过程	例：动物饲料厂内或周围的新的饲料处理或加工设备或机器不得含有多氯联苯
		A64	储藏和运输条件	例：特定食品应于干燥处或低于特定温度储藏
		A69	未列入其他类别的其他生产或生产后流程要求	
A8	与 SPS 条件有关的合格评定	A81	产品注册和审批要求	要求产品在进口前必须经过注册或批准。通常，产品必须证明是安全的，才能注册或批准。这类要求一般适用于食品添加剂等产品
		A82	检验要求	要求产品按照规定进行检验，如最高残留限量
		A83	认证要求	进口国要求符合规定的证明，但可以在出口国或进口国签发。如：要求出具接触食品的材料（容器、纸张、塑料等）的合规证书
		A84	检查要求	进口国家要求的产品检验；可由公共或私营实体实施；不包括实验室分析
		A85	可追溯性要求	可用于跟踪某产品的生产、加工和分销环节的信息的披露要求
		A86	隔离要求	要求在动物、植物或其产品到达港口或地方时，在一定时期内予以扣留或隔离，以防止传染病、传染病或污染的传播
		A89	未列入其他类别的与卫生和植物检疫条件有关的合规评定	
A9	其他 SPS 措施			

资料来源：UNCTAD, *International Classification of Non-tariff Measures – 2019 version*, New York, United Nations Publishing, 2019。

3.2.2 TBT 协定

1. 基本原则

虽然《TBT 协定》常常围绕技术规范、标准和合格评定程序三者展开论述，但因为《TBT 协定》并未规定具体的可供遵循的国际标准，只要求成员方采用"相关"国际标准，这导致各成员方采用的标准并不一致，因此本章只从技术规范和合格评定程序两个方面，对各成员方需要遵循的原则进行具体说明（WTO，2003；WTO，2014）。值得注意的是，SPS 和 TBT 虽然都有对技术规范的规定，不同的是，SPS 的技术规范是确保食品安全和防止疾病或虫害传播等的措施（FAO/WTO，2018）；而 TBT 的技术规范是与产品特性、相关工艺和生产方法有关的措施。例如，关于食品的单一条例，SPS 可以规定水果需要进行冷处理以杀灭其中的致病害虫，TBT 则可以规定同一水果的质量和分级要求。根据合格评定程序的定义，SPS 与 TBT 的技术规范不同，那么合格评定程序自然也不同：SPS 的合格评定程序全部与食品安全有关；TBT 的合格评定程序则与技术有关。

由于《SPS 协定》的适用范围倾向于疫病疫情方面，而《TBT 协定》倾向于技术规范方面，二者适用范围差异显著，使得非疫区原则只存在于《SPS 协定》中。除此之外，风险评估原则在《TBT 协定》中也仅仅一笔带过，只对各成员方在进行风险评估时需要考虑的主要因素做出了规定，包括可获得的科技信息、有关的工艺技术或所涉及产品的最终用途等。另外，避免对国际贸易的不必要影响、非歧视原则也是 TBT 所特有的内容。[1] 下面将具体介绍《TBT 协定》中的六项基本原则（葛

---

[1] 《有关贸易技术壁垒的技术信息（Technical Information on Technical barriers to trade）》，WTO 官网，https：//www.wto.org/english/tratop_e/tbt_e/tbt_info_e.htm#agree1。

志荣，2001）。

第一，避免对国际贸易的不必要影响。避免对国际贸易的不必要影响是指各成员方在拟定、通过或实施 TBT 措施时，不应对国际贸易造成不必要的障碍。《TBT 协定》希望能在维护各成员方的合法利益和避免对国际贸易的不必要障碍之间取得平衡。这一原则贯穿于《TBT 协定》的方方面面。在《SPS 协定》中，虽然也有同样的要求，却未形成具体的规定。必须强调的是，《TBT 协定》并不是要消除所有贸易壁垒，只是消除那些限制贸易的、不必要的壁垒。

第二，非歧视原则。各成员方政府必须确保所使用的 TBT 措施不歧视外国产品，也不歧视外国生产商。非歧视原则包括最惠国待遇原则和国民待遇原则。最惠国待遇原则是指从任何成员方领土进口的产品应享有与来自其他成员方的同类产品同等的待遇，国民待遇原则是指从任何成员方领土进口的产品享有不低于本国（地区）同类产品的待遇。非歧视原则能尽量避免成员方任意制定 TBT 措施，并确保成员方制定的 TBT 措施不被用来保护国内生产者免受外国竞争，从而确保各成员方既能实现其合规目标，又能受益于开放、平等的国际贸易环境。

第三，透明度原则。透明度原则要求成员方在制定、通过或实施 TBT 措施的过程中，尽可能早地将所作计划的所有相关信息通知到组织及其他成员方，并考虑其他成员方对计划的意见，使这个过程透明化。透明度原则是世贸组织的重要原则，在《SPS 协定》和《TBT 协定》中要求并无二致，对于实现公平贸易和竞争都至关重要。

在提供所作计划的基本信息时，透明度原则要求成员方：首先，要尽早公布相关信息。在适宜的情况下，成员方应当尽早公布所有有关当前计划的信息，发出的通知需要简要介绍草案的内容，以使有关各方熟悉相关信息。根据协定要求，成员方还应该迅速向国际标准化组织成员方提供草案的文本，以使其能尽快制定特定的标准。发出通知后，要为所有成员方提出意见留出至少 60 天，在出现威胁安全、健康或环境等紧急问题的情况下，可以缩短这一期限。接收到成员方们的意见后，发出通知的成员方在进一步修正计划时，要将成员方们的意见考虑在内，并且在每一次修正后及时公布新的草案。在发布草案后到草案生效前要有合理的时间间隔，这一时间间隔至少是 6 个月。其次，透明度原则要求成员方们定期发布工作计划，其中包含有关当前正在准备和采用的标准的信息。最后，透明度原则还要求成员方们设置咨询点，以便收集关于各国国内措施的意见，并在监管机构与受监管影响的第三方之间建立联系。

第四，等效和相互认可原则。等效原则是指把其他成员方的技术规范视作与本国技术规范等效，并加以接受。《TBT 协定》规定，只要其他成员方的技术规范能够实现与本国（地区）技术规范相同的目标，成员方就应该将其作为等效的技术规范加以接受。SPS 和 TBT 协定中都有关于这一原则的详细规定且并无差别，二者所要达成的目的均是使国际贸易更加自由便捷。相互认可是指，对于不同成员方间可能不同的合格评定程序，成员方之间应相互认可其合格评定程序或其结果。除此之外，成员方之间也可以选择彼此都认可的多边监管机构，从而便利贸易。

第五，协调一致原则。协调一致原则希望各成员方在 TBT 措施制定、通过或实施过程中能尽可能采用"相关"[①] 国际标准。由于各国的偏好和情况各不相同，根据国际标准进行协调可能并不适用所有情况。因此，根据《TBT 协定》2.5 条，如果一项技术条例是根据"相关"国际标准拟订的，则可以推定该条例不会对国际贸易造成不必要的障碍。并且，如果标准对于成员方所追求的合规目标无效或不适当，成员方可以在一定范围内偏离国际标准，或决定不使用该标准。同时《TBT 协定》还确认，发展中国家成员方可以不使用不适合其发展需要的国际标准。

[①] 《TBT 协定》没有给出国际标准的具体定义，也没有公布国际标准化机构清单，只要求成员方使用"相关国际标准"作为其国家条例和标准的基础。

第六，特殊、差别待遇和技术援助原则。虽然 TBT 与 SPS 协定都有这一原则，但在特殊、差别待遇方面，《SPS 协定》与《TBT 协定》对于发展中国家成员方享有某些特殊权利的规定不同。《TBT 协定》对发展中国家成员方实施的特殊、差别待遇包括三方面。首先，因为实施和执行国际标准可能超出发展中国家成员方能力范围，所以《TBT 协定》减轻了其履行某些不符合其发展需要的规定的义务。其次，鉴于发展中国家成员方特殊的技术条件和社会经济条件，《TBT 协定》允许发展中国家采用与其发展需求相适应的本土技术、技术规范、标准和合格评定程序。最后，《TBT 协定》希望发达国家成员方能够给予发展中国家成员方比 WTO 其他成员方更有利的待遇，还希望各成员方能够优先考虑最不发达国家成员方的需要。为了使各成员方能更好地贯彻这一原则，WTO 在《TBT 协定》实施情况第四次三年期审查会议上，鼓励发达国家成员方披露有关其向发展中国家成员方提供特殊和差别待遇的信息，同时也鼓励发展中国家成员方自行评估特殊和差别待遇的效用和好处。

技术援助原则是指发达国家成员方对其他成员方，尤其是对发展中国家成员方应尽可能进行技术上或其他方面的援助。《TBT 协定》第 11 条要求成员方向其他成员方，特别是发展中国家成员方提供咨询和技术援助。这包括协助它们建立国家标准化机构或合格评定机构，并协助建立法律框架，从而使发展中国家成员方能够履行参与国际或区域合格评估制度的义务，还要求各成员方对其他方面提供咨询意见，如技术条例的编制及如何最好地实施等。除成员方外，WTO 等其他国际组织也可以提供技术援助。WTO 秘书处援助的形式是举办区域、次区域和国家研讨会以及关于具体专题的专门课程、贸易政策课程和讲习班。国际电工委员会、国际标准化组织和联合国工业发展组织等也提供了援助。

综上所述，《SPS 协定》适用于针对一系列定义严格的与健康有关风险的措施，而《TBT 协定》则涵盖由政府通过的范围更广的产品标准，既包括农产品也包括工业制成品，且适用三类措施：技术法规、标准和一致性评估程序。目的是实现一系列公共政策目标,例如保护人类健康和安全或保护环境,向消费者提供信息以及确保产品质量等。根据《TBT 协定》,成员体可以为实现这些目标而自行选择对产品的监管方式,但不得对贸易伙伴采取歧视性作法,也不得对这些产品的贸易施加不必要的限制。

2. 措施分类

TBT 的措施可分为:①进口商和某些进口产品必须获得进口授权和许可;②规定某些物质的残留许可限量和使用限制;③规定产品的标签、标识和包装要求;④生产或生产后流程的要求;⑤产品属性、质量、安全和性能要求;⑥与 TBT 有关的合规评估等六类。

表 3-2 技术性贸易壁垒(TBT)措施涵盖范围(B1~B9)

序号	TBT 措施类型	序号	具体 TBT 措施	适用情况举例说明
B1	进口授权/许可	B14	进口某些产品的授权要求	根据这些要求,必须在进口之前从相关的政府机构收到与发货有关的授权、许可、批准或许可证,以便遵守相关的技术规范或合规评定程序
		B15	对进口商的授权要求	要求进口商(例如,进口公司)应获得从事某些产品的进口业务的授权、登记、获得许可、许可证或任何其他种类的批准,以符合相关技术规范或合规评定程序
		B19	未列入其他类别的、与技术性贸易壁垒有关的进口授权/许可	
B2	物质的残留许可限量和使用限制	B21	特定物质残留或污染的许可限量	规定有关物质的最大含量或残留许可限量的措施,这些物质在生产过程中使用,但并不是产品的原定成分
		B22	特定物质的使用限制	限制将特定物质用作成分或材料以防因此产生危险的规定

续表

序号	TBT 措施类型	序号	具体 TBT 措施	适用情况举例说明
B3	标签、标记和包装要求	B31	标签要求	规范包装和标签上印刷内容种类、颜色和尺寸的措施,以及确定应向消费者提供哪些信息的措施
		B32	标识要求	界定货物运输或分销包装应附带的、与卫生和植物检疫条件直接相关的运输和海关信息的措施
		B33	包装要求	规范必须使用或不得采用哪种货物包装方式、规定所用与食品安全直接相关的包装材料的措施
B4	生产或生产后要求	B41	生产流程相关贸易法规的技术壁垒	未归入卫生与植物检疫措施一章的关于生产流程的要求。如,必须遵守伊斯兰法律规定的动物屠宰要求
		B42	运输和储藏相关贸易法规的技术壁垒	关于产品储藏和/或运输的特定条件要求。如,药物应在一定温度以下储藏
		B49	未列入其他类别的生产或生产后要求	
B6	产品属性要求			将产品归入特定类别所需达到的条件,包括生物或有机标签。如,只有可可含量为 30% 以上的产品才属于"巧克力"
B7	产品的质量、安全或性能要求			最终产品要求涉及安全性(例如,耐火性)、性能(达到预期或声称的结果的有效性)、质量(例如,规定成分的含量和耐久性)或与其他措施未涵盖的技术性贸易壁垒有关的其他原因。例:能抵御的高温不得低于特定温度。三岁以下儿童的玩具不得含有小于一定尺寸的物品
B8	与 TBT 有关的合规评估	B81	产品注册和审批要求	要求产品在进口前必须经过注册或批准。通常,产品必须证明是安全的,才能注册或批准。这类要求一般适用于敏感产品,如新型药物或医疗设备
		B82	检验要求	关于产品须经检验以检查是否符合特定规格的要求,例如性能水平。此项措施包括抽样要求

续表

序号	TBT 措施类型	序号	具体 TBT 措施	适用情况举例说明
B8	与 TBT 有关的合规评估	B83	认证要求	符合某一规定的认证。进口国要求这一认证，但出口国或进口国都可出具这一认证
		B84	检查要求	进口国的产品检查要求。可由公共或私营实体实施检查；实验室分析不包括在内
		B85	可跟踪性要求	可用于跟踪某一产品的生产、加工和分销环节的信息的披露要求。此项措施包括记录保存要求
		B89		未列入其他类别的、与技术性贸易壁垒相关的合规评估
B9	其他 TBT 措施			

资料来源：UNCTAD, *International Classification of Non-tariff Measures – 2019 version*, New York, United Nations Publishing, 2019。

3.3　SPS&TBT 的管理与争端解决机制

3.3.1　管理机制

1. SPS 与 TBT 委员会

SPS 委员会和 TBT 委员会作为核心机构，履行为促进各协定下目标实现所必需的职能，管理监督措施的实施和执行情况。依据协定的规定，委员会的主要职能可大致分为召开会议、讨论特别贸易关注、执行种种任务。

首先，委员会需定时召开会议。SPS 委员会每年在 WTO 日内瓦总部举行 3 次会议，称为"年度例会"。例会由各成员从常驻日内瓦使团派员参加或从首都派员参加，相关国际组织以及正在申请加入 WTO 的国家（地区）也以观察员（详见下文）的身份参会。会议主要讨论在《SPS 协定》实施过程中存在的问题，并从透明度、采纳国际标准、为发展中国家提供技术援助等方面展开。在会议进程中，各成员就各自采取的 SPS 措施交流信息，并就彼此间的贸易纠纷进行磋商，相关国际组织也会向大会汇报近期工作的进展。同时，在每次会前，各成员需要召开一个非正式的专题研讨会，来交流在 SPS 工作中各方面的执行经验。除年度例会外，SPS 委员会还需要召开审议会。《SPS 协定》对于审议有如下两方面的要求：其一，委员会应在《WTO 协定》生效之日起 3 年后，并在此后有需要时，对协定的运用和实施情况进行审议；其二，委员会应在《协定》生效之日起 1 年内召开会议，并在此后每年召开一次会议，除非缔约方另有议定。特别地，SPS 委员会应在协定生效当年的首次会议上制定其职权范围，并可在之后视需要对其进行修改。基于此规定，《SPS 协定》在 1995 年 1 月正式实施后，在 3 月 29 日至 30 日的会议上通过了 SPS 委员会的相关工作程序。

与 SPS 委员会相似，TBT 委员会也被要求召开年度例会和审议会。TBT 年度例会中的种种规定与 SPS 协定下的规定基本相同，在此不再赘述；但在审议会方面的规定与 SPS 相去甚远。在审查审议活动方面，TBT 委员会要进行年度审查和三年期审查。对于年度审查，TBT 委员会需要每年审查协定的执行和实施情况，包括 TBT 通报、技术援助活动以及与 TBT 相关的纠纷。举例来说，委员会应定期审查协定规定的、在国家和国际两级给予发展中国家成员的特殊和差别待遇，并通过审查避免在本协定下的工作与其他技术机构中政府的工作之间不必要的重复等。对于三年期审查，TBT 委员会应在协定生效之日起第三年年底之前及其后每三年结束时，审查协定的执行情况，以便在必要时建议调整该协定的权利和义务。这一审查旨在确保成员间相互经济优势和权利与义务的平衡。

其次，委员会需要讨论特别贸易关注（Specific Trade Concern，

STC）问题。STC 讨论是世贸组织成员应对 SPS/TBT 措施所出现的问题并进行审查的一种重要形式，成员们提出 STC，借以了解彼此 SPS/TBT 法规的实施情况，并为各成员方代表团提供了说明潜在问题的机会。讨论 SPS/TBT 特别贸易关注是一种磋商手段，是指在 SPS/TBT 委员会例会上，成员就其他成员正在实施的或者新修订的对本国地区的农产品、食品等出口品有不合理影响的法律法规等措施提出合理质疑，被质疑方向质疑方的问题作出解释、答复，从而防止成员以 SPS/TBT 措施为由对贸易进行限制，增加不必要的贸易壁垒。

最后，委员会还需要履行各种为促进协定执行的任务。其一，委员会是进行讨论、交流信息及解决纠纷的论坛，它通过主办技术磋商和研究，鼓励和便利各成员之间就特定的 SPS/TBT 问题进行不定期的磋商或谈判，并鼓励所有成员使用国际标准、指南及建议，以提高各成员方措施的协调性和一致性。[①] 其二，委员会执行的一大重点任务是监督透明度原则的实施。委员会也被要求执行一些特殊的任务，如制定一个程序来监督国际标准、指南及建议的采用情况，与 SPS/TBT 领域的国际组织进行联络与协调以避免不必要的重复工作、对协定给出修正建议等。

2. 观察员

观察员是 SPS 与 TBT 委员会会议中的成员之一，它们在会议讨论中深入了解《SPS 协定》和《TBT 协定》、提出相关意见，促进协定的完善与发展。观察员制度是许多国际组织间进行合作的主要方式之一，它发端于联合国的实践，随后被许多国际组织广泛运用并衍生出各具特色的制度安排（李露，2006）。观察员可以是各国政府，也可以是政府间国际组织。成为 WTO 的观察员后，能够更好地了解 WTO 及其活动，

[①]《SPS 协定全文（中文）》，中华人民共和国商务部，2014 年 9 月 9 日，http://sms.mofcom.gov.cn/article/wtofile/201409/20140900724790.shtml。

并就它们直接关心的问题进行讨论。观察员应可查阅世贸组织一系列主要文件。它们还可要求秘书处提供有关世贸组织体系运作以及加入世贸组织协定谈判方面的技术援助。观察员可应邀在其通常是观察员的机构的会议上发言。

《SPS 协定》和《TBT 协定》作为 WTO 法律框架中的重要协定之一,都有着属于自己的观察员制度。对此,《SPS 协定》有如下规定:"三姐妹组织"以及其他在该领域内起作用的国际组织,都被接纳为观察员,包括世界卫生组织、联合国粮农组织、联合国贸易及发展大会、国际贸易中心和国际标准组织。TBT 协定虽然没有详细列举相关国际组织的观察员清单,但和 SPS 协定对于观察员的要求相同,除了一些国际性组织可以作为观察员外,正在申请加入 WTO 的国家也可作为观察员,参加会议。

3. WTO 秘书处

WTO 秘书处,在 SPS 和 TBT 的监管过程中发挥着三个主要作用,分别是作为各成员之间的"中转站"、提供两协定的解读和实施技术援助。其主要职责包括向 WTO 各理事会、委员会等下属机构提供技术和专业服务、向发展中成员提供技术援助、监测和分析世界贸易发展状况、向公众和媒体发布信息、组织部长级会议等。

首先,WTO 秘书处在管理各成员执行两协定透明度原则的过程中,扮演"中转站"的角色。即各成员方在履行透明度原则时,需先将 SPS 和 TBT 通知提交至 WTO 秘书处,秘书处再迅速向所有成员和有利害关系的国际组织分发通知的副本。其次,WTO 秘书处还起着"解释"的作用。秘书处编写的许多丛书,对 WTO 的各个协定进行了详尽的解读,其中包括《SPS 协定》和《TBT 协定》,这使得各成员能尽快了解《SPS 协定》和《TBT 协定》的作用,推动协定的实施。最后,在《SPS 协定》和《TBT 协定》中,WTO 秘书处还具有实施技术援助的义务。WTO 秘书处技术援助的形式是举办区域、次区域和国家研讨会、在日内瓦举行活动以及关于具体专题的专门课程、贸易政策课程和讲习班。WTO 秘书处通过技术援助活动，帮助发展中成员更好地了解《SPS 协定》和《TBT 协定》的规定、透明度程序的运作以及 SPS 和 TBT 委员会的工作。此外，WTO 秘书处还通过加入 TBT 委员会等途径，帮助成员方利用《TBT 协定》谋求其贸易利益。

4. 标准化机构

标准化机构是制定和批准有关标准、规定技术规范的特性、制定技术规范的指南及规则的公认的机构。标准是与产品、产品的相关生产过程和生产方法有关的非强制性规定。它可能包括或仅涉及适用于产品、生产过程或生产方法的术语、符号、包装、标记或标签要求等。标准和技术规范最大的区别在于成员对标准的遵守不是强制性的，即成员可以自行选择遵守或不遵守标准。《SPS 协定》和《TBT 协定》中均强调遵循"国际标准"的重要性，而"国际标准"是由标准化机构制定，成员间产生争端时，有时也需要参考某些标准化机构的建议。

5. 成员方义务

除官方机构参与《SPS 协定》和《TBT 协定》的管理过程外，各成员方在执行两协定的过程中也被要求履行相应的义务，主要是与通知通报有关的义务，以记录各成员在实施《SPS 协定》和《TBT 协定》时的动向，便于及时管理各成员对于两协定的执行情况。

各成员需要履行通知通报义务。在《SPS 协定》中，成员方必须通过 WTO 秘书处，就新制定的或修订过的、将对贸易产生影响且不同于国际标准的国家卫生和植物卫生法规向 WTO 秘书处和贸易方进行通知通报。在《TBT 协定》中，每个成员均应在协定生效后，立即将为确保协定的执行和管理已采取或将采取的措施通知 TBT 委员会，此后此类措施的任何变更也应通知 TBT 委员会。为保证履行通报义务，世贸组织的每一个成员都要设立咨询点。在《SPS 协定》与《TBT 协定》

中，成员方政府必须设立国家咨询点，在贸易方对与协定相关的问题进行咨询时提供服务，并且能够提供已向 WTO 通报过的最新或修订过的法规及其它相关文件。

除了设立国家咨询点外，各成员还应设立通报机构。以中国为例，中国的 WTO/SPS 通报机构设在商务部，WTO/SPS 通报咨询点设在国家质检总局。中国国家质检总局的 SPS 通报咨询中心负责 SPS 通报材料的收集；卫生部、农业部、食品药品监督管理局、林业局等多个部门合作，对成员方通报进行评议以及答复成员方对我国通报的评议意见；中国疾病预防控制中心和营养与食品安全所则作为《SPS 协定》与 SPS 措施通报评议的科研技术支撑单位，负责卫生部 WTO/SPS 通报评议工作（毛雪丹和樊永祥，2005）。在《TBT 协定》中，为了保证透明度原则的实施，TBT 协定要求 WTO 各成员必须建立通报咨询机构。通报咨询机构的主要任务是向 WTO 总部统一通报对中央政府和地方政府制定的技术规范、标准和合格评定程序等与贸易有关的规定，并根据各成员的咨询对通报的内容进行解答。但是，如果出于法律或行政原因，通报程序的责任由两个或多个中央政府主管部门分担，则有关成员应向其他成员提供有关这些主管部门各自职责范围的确切信息。

3.3.2 争端解决机制

争端解决机制是指在成员方遇到贸易争端时，用以解决争端问题的一种机制。《SPS 协定》规定下的争端解决机制除了包括 WTO 的争端解决机制外，还提供了其他的争端解决方式，而由《TBT 协定》产生的争端，则统一适用 WTO 的争端解决机制（蔡伟，2000）。WTO 体制下的争端解决流程包含三个阶段，分别是双边磋商、专家组或上诉机构的裁决、裁决的执行，包括在败诉方未执行裁决的情况下采取的可能对策（WTO，2017）。图 3-1 是对争端解决流程的直观展示，下文则是对流程中各阶段的详细阐述。

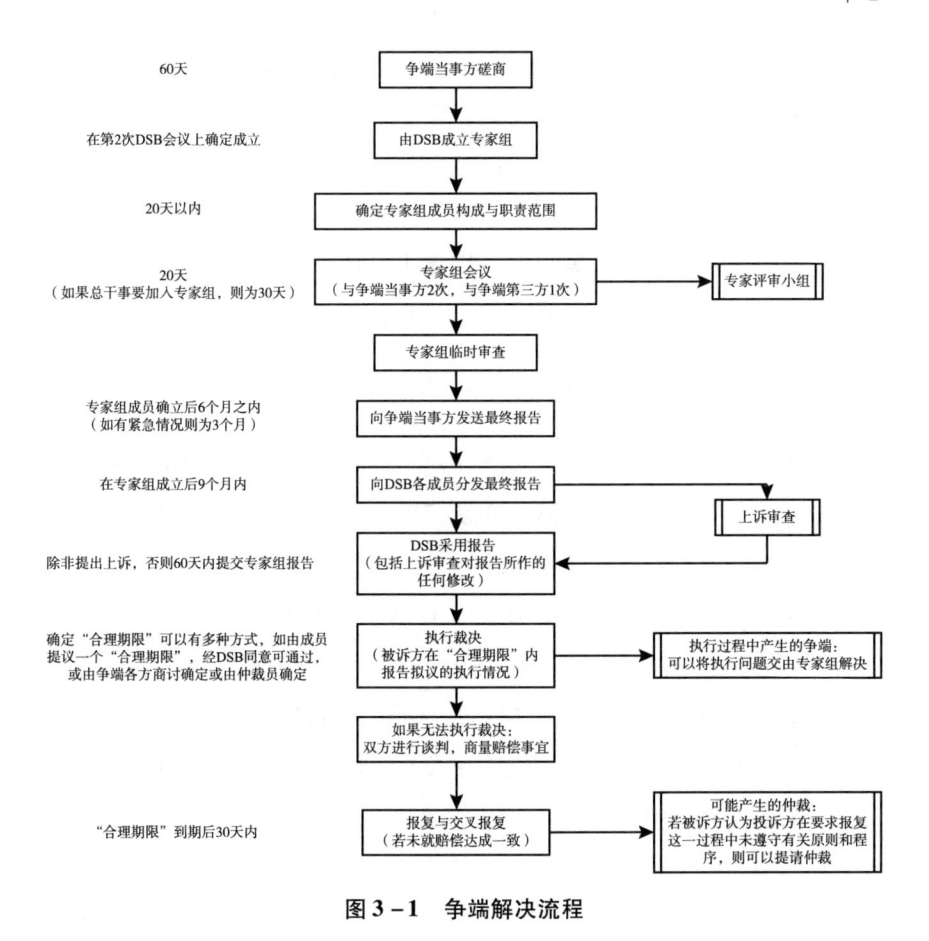

第3章 非关税措施的国际规则与管理机制

时间节点	流程	
60天	争端当事方磋商	
在第2次DSB会议上确定成立	由DSB成立专家组	
20天以内	确定专家组成员构成与职责范围	
20天（如果总干事要加入专家组，则为30天）	专家组会议（与争端当事方2次，与争端第三方1次）	专家评审小组
	专家组临时审查	
专家组成员确立后6个月之内（如有紧急情况则为3个月）	向争端当事方发送最终报告	
在专家组成立后9个月内	向DSB各成员分发最终报告	上诉审查
除非提出上诉，否则60天内提交专家组报告	DSB采用报告（包括上诉审查对报告所作的任何修改）	
确定"合理期限"可以有多种方式，如由成员提议一个"合理期限"，经DSB同意可通过，或由争端各方商讨确定或由仲裁员确定	执行裁决（被诉方在"合理期限"内报告拟议的执行情况）	执行过程中产生的争端：可以将执行问题交由专家组解决
	如果无法执行裁决：双方进行谈判，商量赔偿事宜	
"合理期限"到期后30天内	报复与交叉报复（若未就赔偿达成一致）	可能产生的仲裁：若被诉方认为投诉方在要求报复这一过程中未遵守有关原则和程序，则可以提请仲裁

图3－1　争端解决流程

资料来源：WTO, *A Handbook on the WTO Dispute Settlement System*, *Second Edition*, Geneva: Cambridge University Press, 2017.

1. 双边磋商

双边磋商是争端解决机制的首要必经程序。在这一阶段中，当事方自行就贸易中产生的问题进行磋商讨论，并尝试提出适当的调整方案，以达成双边共识来解决争端。需要注意的是，即使当事方在双边磋商阶段中未能解决争端，在之后的每个阶段中，只要双方达成了共同商定的解决方案，就可以中止或终止诉讼。在争端发生后，要求磋商的一方，其提出磋商的申请应通知WTO争端解决机构（Dispute Settlement Body,

DSB)及有关的理事会和委员会，接到磋商申请的成员方应自收到申请之日起10日内作出答复，并在30日内进行磋商，60日内解决争端。特别地，在紧急情况下应在10天内进行磋商，20天内解决争端。若接收申请的一方未在上述规定期限内作出答复或进行协商，或协商未果，则申请磋商方可要求成立专家小组，进入下一阶段；如果在磋商过程中，双方都认定不可能通过磋商解决争端，也可以更早地进入下一阶段。

2. 专家组和适用情况下上诉机构的裁决

若磋商未能解决争端，争端原告方可要求成立专家组对争端进行裁决，即进入争端解决程序的第二阶段：裁决阶段。裁决阶段旨在解决法律纠纷，争端原被告双方必须接受一切具有约束力的裁决。

首先，争端原告方以书面形式向DSB主席提出成立专家组的要求（panel request），并向争端被告方发送一份副本。世贸组织秘书处随后将这一要求传阅给世贸组织全体成员。DSB在接到成立专家组申请后的第一次会议上应决定是否需要成立专家组，此时争端被告方可阻止其成立；若决定成立，则将此列入DSB的既定日程（built-in agenda）。第二次DSB会议通常在首次会议的一个月后召开，在此次会议上将成立专家组，除非DSB通过协商一致决定不成立。在专家组成立后的20天内，其人员组成（composition）与职责范围（terms of reference）将被确定下来。专家组的成员由争端双方共同选择，如有不同意见，则由总理事在30天内选定。专家组的工作方式和职责范围根据双方的要求或WTO规则确定。

专家组成立后，通常会与争端双方进行2次会议，与争端第三方（third parties）进行1次会议。在该争端中具有"重大利益"的成员可以通过专家小组将其利益通知DSB，并作为第三方加入会议。第三方被授予某些有限的权利，包括向专家组提出书面意见、专家组听取其意见以及接受当事方对专家组第一次会议的意见的权利。在涉及复杂技术或科学问题的纠纷中，专家小组还可以根据恰当合理的方式广泛征求来自技术专家组或相关国际组织的意见。关于是否请专家审议小组（expert review groups）进行技术审议，完全由专家小组自行决定，但争议双方可以提出进行技术审议的要求。

当专家组完成对争端的各个事项的评估后，应向争端当事双方递交报告。按递交时间先后分别为：一份描述性报告（descriptive part of report）、一份临时报告（interim report）和一份最终报告（final panel report），前两份报告的相关工作在专家组临时审查阶段完成。专家小组首先将描述性报告分发给争议各方，对事实和双方的观点进行阐述，若双方认为其与事实有出入，可以向秘书处澄清，并对该报告进行评论。此后，专家小组公布临时报告。临时报告作为机密文件印发，其中包括：描述性部分，其应与争端当事方所提意见相符；专家组的实质性调查结果，即对有关条文的适用性的调查结果及其基本理据；结论和建议。争端当事方有权对临时报告发表评论，也可以要求举行小组会议，进一步论证就临时报告提出的具体观点。争端各方与专家组间的交流必须通过书面的形式且经由秘书处传达。各方的书面意见作为副本附在报告之后。

专家小组的最终讨论成果要以最终报告的形式发布，定稿后的最终报告将包括：描述性部分；争端当事方对临时报告的评论以及专家组对其评论的答复；对上述评论的进一步修正以及对此提出的相应结论和建议。应注意，最后报告仅发给争端当事各方。提出裁决报告的期限一般是6个月，可以延长但无论如何不能超过9个月，在紧急情况下需将此期限将缩短至3个月。专家小组形成的最终报告应以三种工作语言，即英语、法语、西班牙语分发给各成员方，20天后，才可在DSB会议上审议通过。在争端解决的进程中，若某一当事方向DSB正式通知其将进行上诉，则启动上诉程序。上诉的范围仅限于专家小组报告所涉及的法律问题及由该专家小组所作的法律解释。上诉机构有60天的时间处理上诉事宜，该期限可以延长但无论如何不得超过90天。上诉机构的报告应在发出后30天内经DSB通过，经协商一致后才可通过。

3. 裁决执行

在 DSB 通过专家组或上诉机构的裁决报告或建议后，当事各方应予执行，至此，争端解决进入执行阶段。当事各方必须将 DSB 最终通过的裁决报告视为"争端的最后解决办法"并执行。执行过程中，当事各方可以任意选择一种或几种合法的方式执行裁决报告，只要最终结果与裁决报告相符即可。在报告通过后，当事方应向 DSB 说明其履行裁决报告或建议的意愿和改正其违规做法的具体措施及期限。若不能在收到报告后立即执行，也可以要求在一段"合理期限"内执行。确定"合理期限"可以有多种方式，如由成员提议"合理期限"，经 DSB 同意可通过；由争端各方商讨确定或由仲裁员确定"合理期限"。若 DSB 及争端各方对"合理期限"都未能达成协议，则可通过仲裁确定。如果在合理期限内，被诉方不能改正其违法做法，申诉方可在此合理期限届满前与被诉方开始谈判，以求得双方都能接受的补偿办法。若争议各方就补偿问题无法达成一致，申诉方可请求 DSB 授权其对被诉方进行报复或交叉报复。

为强制各方执行裁决，WTO 下争端解决机制规定了报复和交叉报复的程序。该程序实际上是迫不得已的措施，因此也被称之为最后的救济手段，实施的目的并不是为了弥补申诉方的损失，而是为了迫使被诉方能如期按约定执行 WTO 争端解决机构的裁决（张军旗，2002）。报复与交叉报复阶段的具体规定如下：如果被诉方没有在"合理期限"内执行裁决，或争端各方没有就补偿问题达成协议，投诉方可向 DSB 申请，批准其对被诉方中止依照所适用协定应承担的减让或其他义务，取消给予其最惠国待遇，开始实施报复。DSB 应在合理期限届满后 30 天内，批准授权，除非 DSB 拒绝该项请求。若被诉方对申诉方的报复措施表示反对，或认为申诉方在要求报复这一过程中未遵守有关原则和程序，则可以提请仲裁。在情况非常严重时，申诉方可以实施交叉报复，即跨协定报复——针对 WTO 的另外一个协定进行报复。比如，投诉方在补贴问题上受到损害时,可以在知识产权领域进行报复。交叉报复是有效率的处罚,但只能作为临时性的处罚措施,因为争端解决机制的目标是解决争端,迫使被诉方改正其不合法的做法,而不是为了处罚哪个国家。

除了遵循 WTO 的争端解决机制,《SPS 协定》还提供了另外两种争端解决的方式。其一,是利用 SPS 领域的一些国际标准化机构提供的程序来解决彼此的贸易争端。如前文中 IPPC,制定了自己的争端解决方案。其二,援用其他国际组织或根据任何国际协定设立的斡旋或争端解决机制。例如北美自由贸易协定（North American Free Trade Agreement,NAFTA）等区域性组织的成员可以选用该组织提供的争端解决机制处理贸易争端。

3.4 农业贸易中的 SPS&TBT 措施

3.4.1 SPS&TBT 措施发展趋势分析

在 WTO 的 SPS 委员会和 TBT 委员会,成员体对食品安全和其他与食品相关的措施对贸易的影响进行监测。同时,它们还就 SPS 协定和 TBT 协定实施的经验和最佳实践开展讨论并制定程序和指南用于向成员体提供帮助。这凸显了协调统一和以科学为基础的食品标准在便利贸易方面的重要意义。在这一框架下,成员体采用通报的方式来表达引进新措施或修订措施的意愿。[①] 许多发达成员方在 SPS 委员会和 TBT 委员会的工作中表现相当积极,发展中成员体的参与度也逐渐增加,但最不发

[①] 尽管对于与国际标准大体相同的法规没有向 SPS 通报的义务,但 2008 年 SPS 委员会建议成员体仍然进行通报,因为这一信息可能对贸易伙伴有用。因此,当成员体就一项引食典标准为参照的措施进行通报时,可以补充说明该措施是否符合有关标准。

达国家成员体大多参与度较低。发展中成员体在 SPS 协定和 TBT 协定项下的通报水平稳步提高。这一组别成员体每年提交的通报数量已经在很大程度上超过了发达成员体。

1. SPS 措施发展趋势

SPS 通报是了解国际食品安全、动植物健康领域技术规范和标准变化最权威和最及时的途径。SPS 通报一般有四个合规目标:① 一是保护食品安全,即用于保护人类和动物的生命或健康免受食品中添加剂、污染物、毒素或致病生物所引起的风险的措施;二是保护人类免受传入动植物的疫病侵害;三是保护动植物免受传入疫病侵害,即保护动物或植物生命不受有害生物、病害或致病生物的危害;四是保护国家免受物种入侵,即防止或限制有害生物的传入、定居或传播对国家造成危害。本节将根据 SPS 的合规目标,从通报国家(地区)和年份两个维度对农产品领域 SPS 通报情况进行分析。由于某些合规目标涉及的国家(地区)数量众多,因此取通报数量排名前十的国家(地区),剩余国家(地区)通报均纳入其他。②

首先是对 SPS 通报总体情况的分析。截至 2020 年底,在涉农贸易中,以"保护动植物免受传入疫病侵害"为目标的 SPS 通报数量最多,为 6686 条,占比达 40%,如图 3-2 所示;其次为"保护食品安全"为目标的通报,最后为"保护人类免受传入动植物疫病侵害"为目标的通报,以"保护国家免受物种入侵危害"为目标的通报相对最少,仅占 9%。这一占比情况充分体现了成员方对于本国动植物保护以及国民生命健康安全的重视。

---

① 合规目标是各成员希望达成的合法政策目标。
② 如果有多个国家(地区)通报数量排名并列第十,则只展示前九个国家。特别地,由于各目标下的通报有所重合,即一起案件可能同时涉及多个目标,因此会产生数据重合问题。

第 3 章　非关税措施的国际规则与管理机制

食品安全，36%
动植物免受传入疫病侵害，40%
人类免受传入动植物疫病侵害，15%
国家免受物种入侵，9%

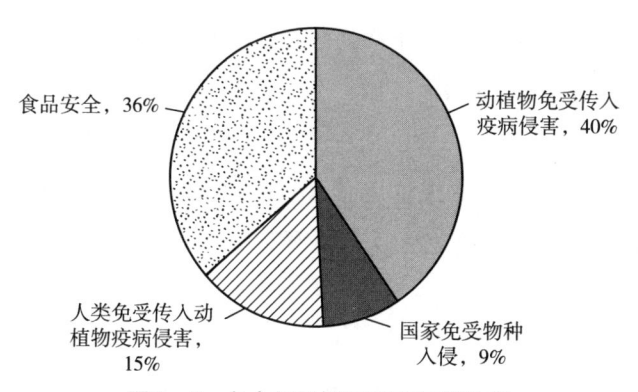

图 3 – 2　各合规目标下 SPS 通报比例

资料来源：http://spsims.wto.org/en/Notifications/Search。

（1）保障食品安全。

在食品安全领域内，通报数量排名前 3 位的国家或组织分别是巴西、日本和欧盟，见表 3 – 3。其中，巴西作为农产品大国，在食品安全领域的通报数量最多。在巴西向国际通报的 726 条记录中，几乎每一条通报都涉及"农药""最大残留量"等关键词，一定程度上体现了巴西对农药登记和农药残留监管要求的严格程度。除了巴西，日本作为发达国家在保护食品安全领域的通报数量也较高。日本十分重视食品安全，且非常注重食品安全教育在国民中的普及。同时，日本也尤为关注与农用化学品限量有关的标准。欧盟的通报数量排名第三。欧盟作为欧洲最具代表性的组织，在食品安全领域的限量标准一般比国际食品法典（codex）更为严格（戚亚梅和郭林宇，2015 年），这是欧盟在食品安全目标方面的通报数量较多的一个原因。

从通报时间来看，2007 年以前涉及保护食品安全的 SPS 通报数量十分少，随着时间推移，SPS 通报数量总体上呈上升趋势并于 2020 年达到峰值。这与食品贸易领域不断发生食品安全恶性事件以及各国食品安全意识的提高密不可分。2008 年，爱尔兰政府通报表示，爱尔兰安全局在一次例行检查中发现被宰杀的生猪遭到二噁英污染，被污染的食品可能已出口到包括美国和中国在内的 25 个国家和地区；2013 年，新西兰乳业巨头恒天然旗下工厂生产的浓缩乳清蛋白粉检测出可能含有肉毒杆菌毒素。因此，各国和地区加大了对进口食品的检疫强度，造成近些年来以保护食品安全为目标的通报数量显著增加。到 2020 年，为防止 COVID-19、高致病性禽流感病毒 HPAI 等传染性强的病毒蔓延，各国进一步加大对进口食品的检疫力度，导致 2020 年通报数量高达 822 条，如图 3-3 所示。

表 3-3　　以保护人类免受传入动植物疫病侵害为目标的
SPS 通报比例（按国家/地区分类）

国家（地区）	通报数量（条）	占比（%）
阿尔巴尼亚	168	7.02
巴西	166	6.94
阿联酋	165	6.90
墨西哥	126	5.27
哥伦比亚共和国	124	5.18
欧盟	117	4.89
俄罗斯	101	4.22
美国	92	3.85
沙特阿拉伯	76	3.18
哥斯达黎加	69	2.88
其他	1188	49.61
合计	2392	100

资料来源：http://spsims.wto.org/en/Notifications/Search。

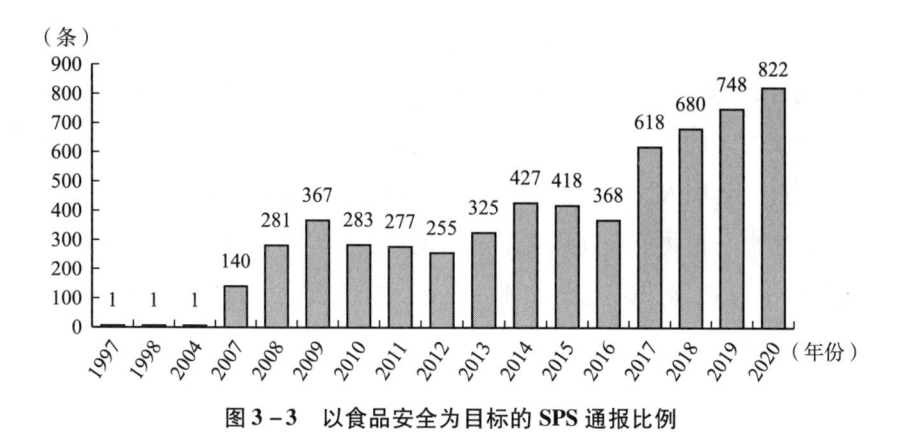

图 3-3 以食品安全为目标的 SPS 通报比例

资料来源：http://spsims.wto.org/en/Notifications/Search。

（2）保护人类和动植物健康。

从保护人类免受传入动植物疫病侵害维度来看，通报数量较多的国家有阿尔巴尼亚、巴西和阿联酋，如图 3-4 所示。阿联酋大部分国土处于沙漠地区，气候炎热，土壤贫瘠，严重缺水，不利于农业的发展，可用耕地面积仅占国土面积的 5%，大部分农产品都依赖进口（杨东群等，2006）。其主要通报文件大部分与食品、杀虫剂和其他农用化工用品相关，与食品安全领域存在重合的情况。巴西在以保护人类免受传入动植物疫病侵害为目标的 SPS 通报中，主要的通报文件类型为常规补遗和定期通知，其通报关键词与食品安全领域的通报有所重合，多是关于人类健康、农药、最大残留限量（MRL）的问题。

从通报时间来看，在 2007 年之前，不存在以保护人类免受传入动植物疫病侵害为目标的 SPS 通报记录。这可能有两大原因：其一，成员方政府通报的动力不足，甚至完全不愿意通报；其二，SPS 措施实施前期，成员方也并不明确何种类型措施需要通报（隋军，2013）。2008 年全球性金融危机爆发导致全球经济迅速滑落，各国经济出现严重衰退甚至危机，实体经济遭受到了巨大冲击。为了应对日渐严重的金融危机，保护国内市场和就业，各国政府在运用财政金融政策应对挑战的同时，纷纷采取贸易保护政策加以配合，包括非关税壁垒、出口补贴等（盛斌和李德轩，2010），因此 2008 年通报数量突增，达到最高值 276 条。在金融危机带来的负面影响逐渐退去后，通报数量有所回落。随着社会经济的发展，各国人民的生活水平不断提高，对于生活环境的要求也越来越高，畜禽、植物疫病的危害渐渐得到更多国家的重视。同时，随着科学技术的发展，动植物检疫技术水平也大幅度提高，这体现为 SPS 通报数量的增多。

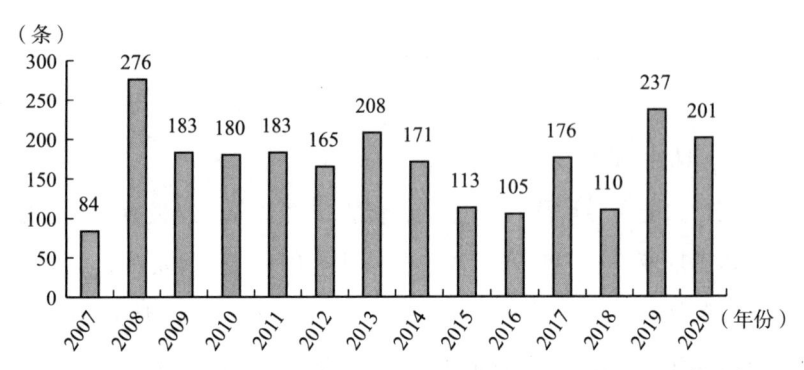

图 3-4　以保护人类免受传入动植物疫病侵害为目标的 SPS 通报比例

资料来源：http://spsims.wto.org/en/Notifications/Search。

从保护动植物免受传入疫病侵害角度来看，秘鲁的通报数量最多，为 828 条，占比 12.38%（见表 3-4）。其中，涉及动物方面的通报主要包含动物疾病、动物饲料、口蹄疫等关键词，植物方面的通报包括植物病害、种子、害虫等关键词。除秘鲁外，巴西、智利、美国的通报数量也较多。巴西和美国作为世界上重要的农产品生产和出口大国，在涉及农产品领域的动植物检疫方面，有着较为系统的规定。从通报时间来看，2007 年之后才有以保护动植物免受传入疫病侵害为目标的 SPS 通报记录。直至 2019 年，各年份通报数量都维持在较高水平但起伏不大，平均年通报量在 480 条左右，这很大程度上是因为"人与自然和谐相处""生态平衡"等理念已深入人心。

第 3 章 非关税措施的国际规则与管理机制

表 3-4　以保护动植物免受传入疫病侵害为目标的 SPS 通报数量（按国家/地区分类）

国家（地区）	通报数量（条）	占比（%）
秘鲁	828	12.38
巴西	544	8.14
智利	488	7.30
美国	483	7.22
菲律宾	299	4.47
澳大利亚	251	3.75
欧盟	237	3.54
新西兰	232	3.47
阿联酋	205	3.07
中国台北	202	3.02
其他	2917	43.47
合计	6686	100

资料来源：http：//spsims.wto.org/en/Notifications/Search。

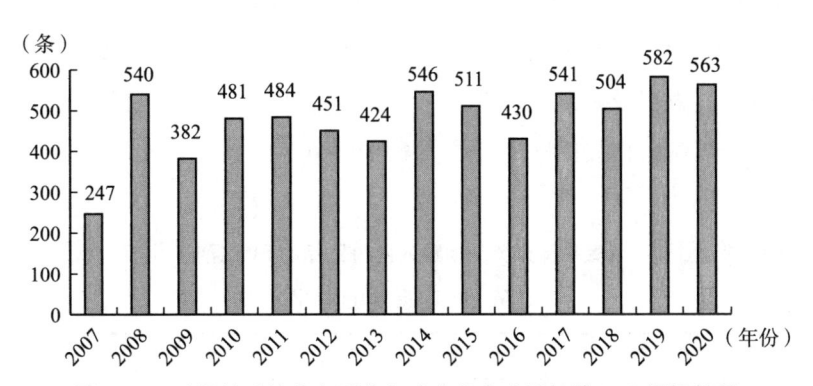

图 3-5　以保护动植物免受传入疫病侵害为目标的 SPS 通报数量

（条）2007: 247；2008: 540；2009: 382；2010: 481；2011: 484；2012: 451；2013: 424；2014: 546；2015: 511；2016: 430；2017: 541；2018: 504；2019: 582；2020: 563

资料来源：http：//spsims.wto.org/en/Notifications/Search。

（3）保护国家免受物种入侵。

以保护国家免受物种入侵为目标的 SPS 通报数量在巴西最多，共

301条，占比超过20%，如表3-5所示。在巴西的301记录中，有很大一部分的通报与"保护动植物免受传入疫病侵害"相重合，说明进口动植物作为外来物种，不仅可能携带疫病，对进口国家的动植物安全带来隐患，还可能给进口国家的环境和经济等带来威胁。在这一合规目标项下通报数量排名第二的是墨西哥，占比14.23%。2009年墨西哥发现有人类感染甲型H1N1猪流感病毒的病例，此后病毒迅速蔓延到美国和欧亚等地区，造成全球性突发公共卫生事件。这一事件引起墨西哥对保护国家免受物种入侵的重视。

2009年甲型H1N1流感病毒、2012年中东呼吸综合征、2014年埃博拉疫情等公共卫生事件的相继爆发使世界各国意识到物种入侵的危害性，并采取相关措施。这导致2014年、2015年通报数量上升，分别达到145条、146条，其他年份的分布较均匀。进入二十一世纪以来，随着保护生态环境意识的觉醒，物种入侵问题逐渐得到关注。美国生态学家斯托尔格林曾说："外来物种入侵是21世纪最大的环境威胁，它比全球气候变暖的问题更大。"当巴西龟、曼陀罗等物种远涉重洋，在新的栖息地疯狂繁衍，"本地生物"纷纷灭绝时，全球生态、经济和公共卫生健康无不面临着严峻的挑战。为应对物种入侵对国家带来的诸多损失，各成员方积极实施SPS措施，对于贸易中含有的外来物种、可能的有害生物等做出相关检疫及通报，见图3-6。

表3-5　　　　以保护国家免受物种入侵为目标的SPS通报
数量（按国家/地区分类）

国家（地区）	通报数量（条）	占比（%）
巴西	301	21.09
墨西哥	203	14.23
厄瓜多尔	169	11.84
哥斯达黎加	85	5.96
智利	75	5.26

第3章 非关税措施的国际规则与管理机制

续表

国家（地区）	通报数量（条）	占比（%）
新西兰	50	3.50
印度	43	3.01
欧盟	36	2.52
印度尼西亚	36	2.52
其他	429	30.03
合计	1427	100

资料来源：http：//spsims.wto.org/en/Notifications/Search。

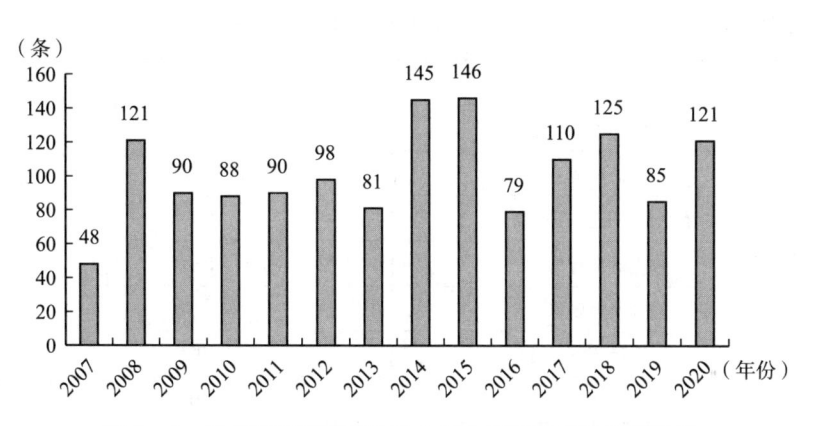

图3-6 以保护国家免受物种入侵为目标的SPS通报数量

资料来源：http：//spsims.wto.org/en/Notifications/Search。

2. TBT措施发展趋势

与《SPS协定》不同，《TBT协定》因为需要确保成员有一定监管自主权，所以合规目标涉及的领域更广。《TBT协定》的合规目标分为以下六个方面：一是保护人类安全或健康，这是制定技术规范和标准的首要目标；二是保护动植物生命或健康，主要包括避免动植物因水、空气以及土壤污染而灭绝的法规；三是保护环境；四是防止欺诈行为，主要通过对标签做出要求来向消费者提供一定的信息，以保护消费者的合

· 131 ·

法权益；五是质量要求，如对蔬菜和水果的大小做出规定；六是国家安全要求，[1] 意在不阻止任何国家采取必要措施保护其基本安全利益。[2]

从1995年《TBT协定》正式实施到2020年底，在农产品贸易中，以"保护人类安全与健康"为目标的TBT通报数量最多，共1741条，占36%；其次为"防止欺诈行为"目标的通报，再次为"质量要求"的目标通报，以"国家安全要求"为目标的通报最少，只有2条，仅占不到1%，如表3－6所示。这一占比情况充分体现了成员方对于保护人类健康和消费者权益的重视。

表3－6　　　　各合规目标下各成员方TBT通报数量

合规目标	数量（条）
保护动植物生命与健康	83
保护环境	60
保护人类安全与健康	1741
防止欺诈行为	1016
国家安全要求	2
质量要求	995
其他	918

资料来源：http：//tbtims.wto.org/en/Notifications/Search。

（1）保护人类安全与健康。

在"保护人类安全与健康"这一合规目标下，通报数量前5名的成员分别为乌干达、巴西、厄瓜多尔、以色列和肯尼亚，如表3－7所示。即使同为前十名的成员，彼此之间的通报数量仍存在较大差别，比

---

[1] 截至2020年，"国家安全要求"这一合规目标的通报总数仅有2条：南非和布隆迪两国分别在2017年和2020年通报了1条。另外，"其他"项下的通报总数也超过900条。
[2] 事实上，《TBT协定》的合规目标可以简单分为"指明"和"未指明"两类，"指明"的合规目标即上述六类，"未指明"的合规目标包括协调一致、节省成本并提高生产力、消费者信息与标签、减少贸易壁垒并促进贸易等，但《TBT协定》中并未明确"指明"与"未指明"合规目标的法律依据和判断方法（彭美英，2014）。

如，第二名巴西与第一名乌干达就相差了188条通报。

从通报时间来看，2008年到2020年，得益于《TBT协定》的推广，以"保护人类安全与健康"为合规目标的通报数量整体呈现上升的趋势，但在2012年和2015年数量较低。2019年，非洲猪瘟在全世界范围内爆发。许多国家以猪肉作为主要食用肉类，猪肉的安全情况直接影响到了人类的安全与健康。同时，出于对大肠杆菌污染、甲型肝炎爆发等威胁人类安全与健康的食品安全事件的考量，TBT通报数量在该年激增。2020年发生了疫情，通报数量与2019年相近，如图3-7所示。

表3-7　　2020年以保护人类安全与健康为目标的TBT通报数量及占比
（按国家/地区分类）

国家/地区	通报数量（条）	占比（%）
乌干达	392	22.52
巴西	204	11.72
厄瓜多尔	159	9.13
以色列	133	7.64
肯尼亚	104	5.97
沙特阿拉伯	89	5.11
坦桑尼亚	84	4.82
美国	82	4.71
南非	64	3.68
其他	430	24.69
合计	1741	100

资料来源：http://tbtims.wto.org/en/Notifications/Search。

(条)
400 ┤   371 350
350 ┤
300 ┤
250 ┤
200 ┤   194
150 ┤   109   118   109 127
100 ┤   6   88   89   81
 50 ┤   53   46
  0 ┴──
     2008 2009 2010 2011 2012 2013 2014 2015 2016 2017 2018 2019 2020 (年份)

图 3-7　以保护人类安全与健康为目标的 TBT 通报数量

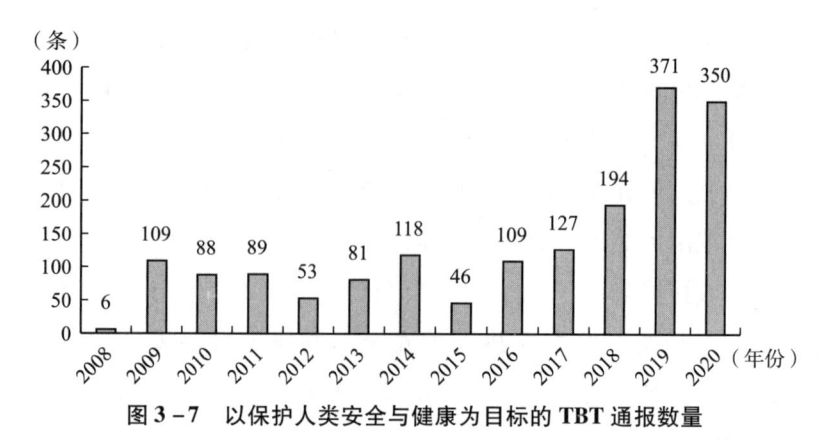

资料来源：http://tbtims.wto.org/en/Notifications/Search。

（2）保护动植物生命与健康。

"保护动植物生命与健康"这一合规目标的通报总数是 83 条。在该目标下，乌干达的通报数量仍旧最多，共 22 条，其次是巴西，共通报了 19 条，其他成员都在 5 条或 5 条以下，见表 3-8。从通报时间来看，从 2009 年到 2020 年，以"保护动植物生命与健康"为合规目标的通报数量整体呈现有涨有跌、缓慢上升的趋势。由于猪瘟等动物疫病的不断发生以及沙氏杆菌、李斯特菌等蔓延，通报数量在 2019 年达到最高点。但 2020 年一改之前上升的趋势，一整年仅 15 条通报，如图 3-8 所示。

表 3-8　以保护动植物生命与健康为目标的 TBT 通报数量
（按国家/地区分类）

国家/地区	通报数量（条）	占比（%）
乌干达	22	26.51
巴西	19	22.89
哥伦比亚	5	6.02
肯尼亚	4	4.82

续表

国家/地区	通报数量（条）	占比（%）
布隆迪	3	3.61
日本	3	3.61
墨西哥	3	3.61
坦桑尼亚	3	3.61
美国	3	3.61
其他	18	21.65
合计	83	100

资料来源：http://tbtims.wto.org/en/Notifications/Search。

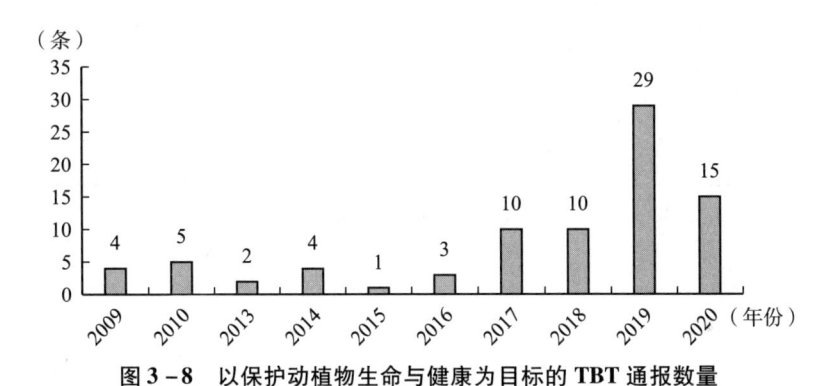

图3-8 以保护动植物生命与健康为目标的TBT通报数量

资料来源：http://tbtims.wto.org/en/Notifications/Search。

（3）保护环境。

"保护环境"这一合规目标的通报总数为60条。这一目标下，美国和乌干达通报数量都较多，在所有成员通报数量中均占26.67%；其次是中国，占比8.33%，其他成员都在3条及以下，见表3-9。从年份上来看，2009年到2020年，以"保护环境"为合规目标的通报数量整体呈现波动上升的趋势。随着人们保护环境的意识在近年来不断增强，通报数量自2015年起通报数量逐年攀升，见图3-9。

表3-9 以保护环境为目标的TBT通报数量及占比（按国家/地区分类）

国家/地区	通报数量（条）	占比（%）
乌干达	16	26.67
美国	16	26.67
中国	5	8.33
秘鲁	3	5.00
坦桑尼亚	3	5.00
加拿大	2	3.33
哥伦比亚	2	3.33
德国	2	3.33
肯尼亚	2	3.33
墨西哥	2	3.33
卢旺达	2	3.33
其他	5	8.35
合计	60	100

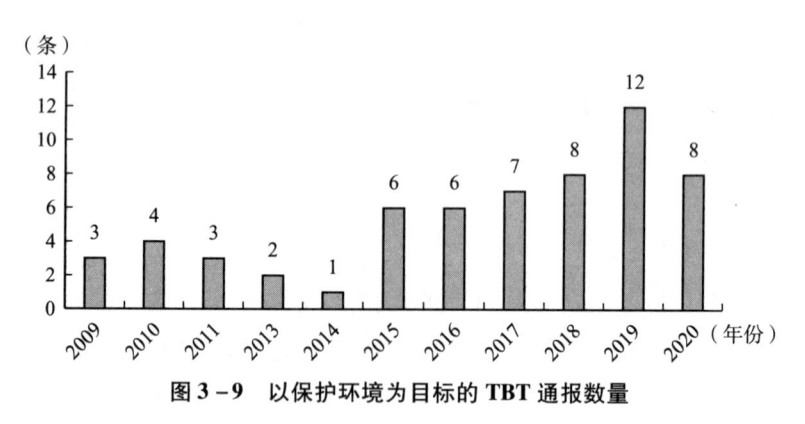

资料来源：http://tbtims.wto.org/en/Notifications/Search。

图3-9 以保护环境为目标的TBT通报数量

资料来源：http://tbtims.wto.org/en/Notifications/Search。

(4) 防止欺诈行为。

"防止欺诈行为"这一合规目标下,乌干达通报数量最多达394条,占所有成员通报数量的38.78%,紧随其后的是厄瓜多尔和美国,各通报了151条和97条,占比14.86%和9.55%,见表3-10。从通报时间来看,从2008年到2020年,以"防止欺诈行为"为合规目标的通报数量变化趋势有起有伏,整体而言呈现上升趋势,2019年拔升到了267条,比2018年多了153条,而2020年又跌回177条,如图3-10所示。

表3-10　以防止欺诈行为为目标的TBT通报数量及占比(按国家/地区分类)

国家/地区	通报数量(条)	占比(%)
乌干达	394	38.78
厄瓜多尔	151	14.86
美国	97	9.55
巴西	72	7.09
沙特阿拉伯	59	5.81
南非	32	3.15
马拉维	29	2.85
阿根廷	19	1.87
中国	19	1.87
肯尼亚	18	1.77
其他	126	12.46
合计	1016	100

资料来源:http://tbtims.wto.org/en/Notifications/Search。

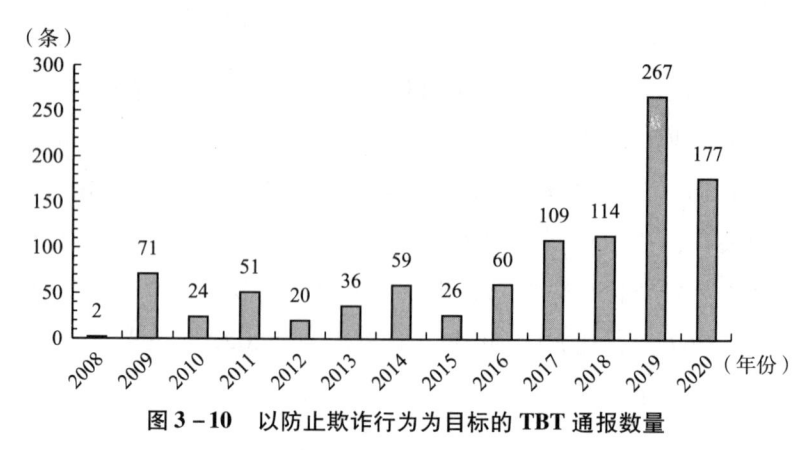

图 3－10　以防止欺诈行为为目标的 TBT 通报数量

资料来源：http://tbtims.wto.org/en/Notifications/Search。

（5）质量要求。

"质量要求"这一合规目标下，乌干达通报数量最多，达416条，占所有成员通报数量的41.81%，其次是巴西和肯尼亚，各通报了135条和107条，占比13.57%和10.75%，见表3－11。乌干达地势较高，有众多河流湖泊，雨量充沛，植物繁茂，工业基础薄弱，农业在国民经济中占有重要地位，其外汇收入几乎全部来自农产品。随着乌干达参与国际贸易的程度逐渐深入，该国越来越重视农业标准化的发展和参与国际组织的相关活动。乌干达制定了大量的农产品质量和等级规格标准，以适应国际农产品贸易的要求。另外，2009年到2020年，以"质量要求"为合规目标的通报数量先降后升，见图3－11，2009年到2011年逐年下降，2011年之后呈上升趋势，其中，2019年的通报数量是2018年的两倍，增长幅度最大。2020年相较于2019年略有下降。

表3－11　以质量要求为目标的 TBT 通报数量及占比（按国家/地区分类）

国家/地区	通报数量（条）	占比（%）
乌干达	416	41.81
巴西	135	13.57

续表

国家/地区	通报数量（条）	占比（%）
肯尼亚	107	10.75
沙特阿拉伯	63	6.33
坦桑尼亚	60	6.03
布隆迪	29	2.91
马拉维	29	2.91
阿根廷	20	2.01
美国	17	1.71
其他	119	11.95
合计	995	100

资料来源：http://tbtims.wto.org/en/Notifications/Search。

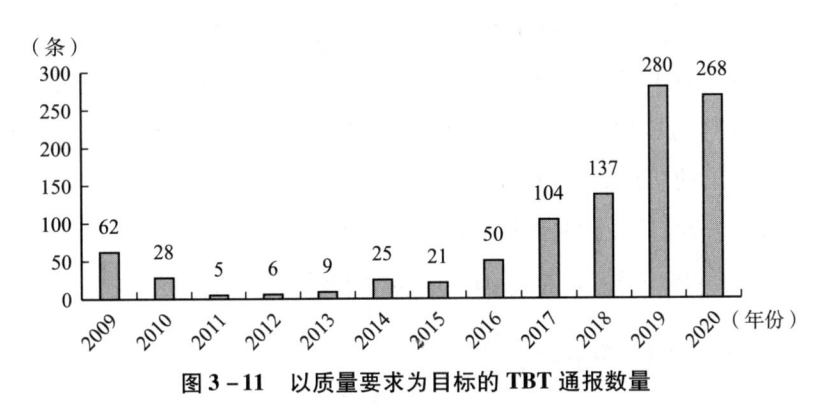

图3-11 以质量要求为目标的TBT通报数量

资料来源：http://tbtims.wto.org/en/Notifications/Search。

3.4.2 STC发展趋势分析

在SPS委员会和TBT委员会会议上，WTO成员体围绕WTO某成员体就限制另一成员体出口而采取的某项具体措施所涉及的贸易问题（如市场准入）进行讨论（FAO/WTO，2018），称之为特别贸易关注（STCs）。如果某个国家在出口市场遭遇涉及食品标准的市场准入壁垒，

TBT委员会和SPS委员会的例会就能够提供解决这些问题的成本低廉和便捷有效的机制。对特别贸易关注的讨论是一项实用工具,能够帮助出口商重获市场准入,而不必诉诸于往往较为冗长的争端解决程序。利用委员会提出特殊贸易关切也可以成为寻找同盟的途径。WTO成员体常常面临类似的市场准入问题,委员会上的讨论有助于建立有关政府之间的同盟,有助于缓解贸易摩擦和避免争端发生。

WTO/TBT委员会及SPS委员会每年分别会召开三次例会,海关在会议前期向企业征集生产销售中遭遇的国外技术性贸易措施问题,并组织向大会提交"特别贸易关注"对其他成员已实施或拟实施的,不符合TBT、SPS协定原则、对贸易造成不必要障碍的措施和做法提出质疑,并敦促其他成员澄清、修改、废止、推迟实施等,在多边场合促进双边问题的解决,助力企业和产品走出去,维护企业利益及相关WTO成员共同利益。WTO的STC-IMS数据库包含了一系列丰富的出口国(地区)提出的STC信息,包括某项STC被提出及解决的年份、受影响的具体产品、STC的提出国(地区)和指向国(地区)、STC被提出的总次数、STC的持续时间及其他详细信息。这一节我们主要关注农业部门的SPS&TBT措施所提起的特别贸易关注,因此本书的数据范围为1995~2020年HS01-24的STC案例库。

1. SPS-STC发展趋势

截至2020年底,WTO下设的SPS委员会共记录了505项特别贸易关注,其中与农产品相关的贸易关注有346项。在本节中,我们将从时间、国家(地区)、参与程度、产品关键词、解决状态、提出次数等维度上对这346项特别贸易关注进行分析,以反映其现状及发展趋势。

1995~2020年期间提出的STC和仅与农产品相关的STC的变化波动较大。由图3-12可见,除2009~2014年、2020年外,这两类STC的变化趋势大致相同,可见与农产品相关的特别贸易关注是SPS领域内WTO成员关注的重点。2009~2014年因为金融危机带来的影响,世界贸易大幅度下降，因此总的 STC 数目减少，世界贸易下降导致主要农产品供求偏紧的格局有所缓解，农产品贸易量减少，STC 数目降低。2020年由于冠状病毒的巨大挑战，约 1/3 的全球农业及粮食出口都是在全球价值链内进行流动，且至少跨境贸易两次，全球价值链崛起的背后是收入增长、贸易壁垒减少和技术进步，这三大驱动因素转变了市场和贸易流程，各地区及国家的农民由此实现了与贸易商和消费者的对接（FAO，2020）。因此农业 STC 数目减少。

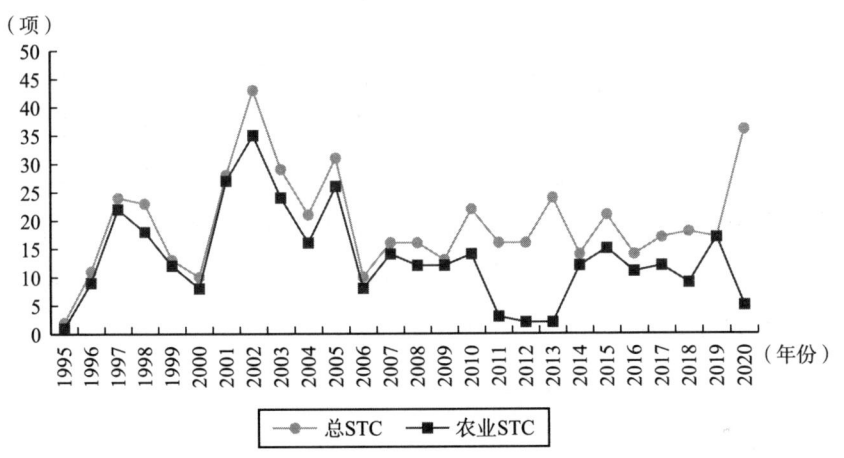

图 3-12　1995~2020 年 WTO 成员方提出的 SPS 特别贸易关注

资料来源：http://spsims.wto.org/en/SpecificTradeConcerns/Search。

特别关注的提出国（地区）与通报国（地区）：1995~2020 年共有包括欧盟、美国、巴西和中国等在内的 70 个国家（地区）参与提出了 STC，提出关注数量前 10 的国家（地区）分别为：欧盟、美国、加拿大、澳大利亚、新西兰、巴西、阿根廷、智利、中国、厄瓜多尔，见图 3-13。发展中国家（地区）的参与程度较低可能是因为发展中国家（地区）经济发展水平较低、更多地依赖于外国援助，或者与被诉讼国（地区）签订了优惠贸易协定而非自由贸易。因此对他们而言，缺乏参与并非是缺少必要的能力，而是参与所能获得的经济和商业利益都较低。1995~2020年间共有欧盟、美国、日本、澳大利亚和中国等在内的57个国家（地区）被提出关注，被关注议题数量前10的国家（地区）分别为欧盟、美国、日本、中国、澳大利亚、俄罗斯、巴西、印度尼西亚、韩国和墨西哥。

目前发展中成员体每年在SPS委员会和TBT委员会中提出或支持的特殊贸易关切的数量已超过发达成员体。尽管发展中成员体提出的问题数量不断增长是参与委员会工作的积极信号，但平均来看每个发展中成员体提出的问题仍少于每个发达成员体。对许多发展中成员体来说，食品和农产品出口在国民经济中发挥着重要作用，而SPS协定和TBT协定以及委员会机制是获得和维持市场准入的手段。鉴于发展中国家和最不发达国家的生产者和中小企业在开展食品出口方面适应新要求和克服市场准入挑战能力往往最低，这些成员体能够从战略性参与委员会工作中获得很大益处。所有经济体不论大小在委员会中都有同等发言权，因此具有提出和解决问题的同等机会，较小和较脆弱成员体的参与显得更加意义非凡。

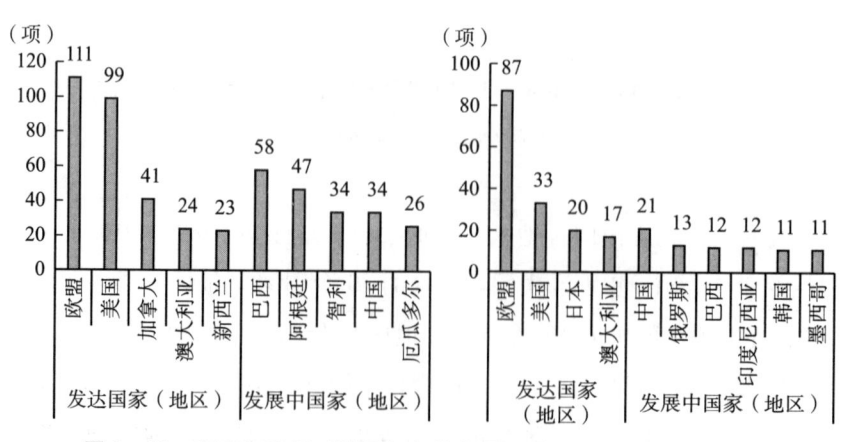

图 3-13 STC 提出国（地区）与指向国（地区）分析（前十位）

资料来源：http：//spsims.wto.org/en/SpecificTradeConcerns/Search。

特别关注的产品类型：关于 STC 所涉产品的类别，我们按照其 HS

编码前两位对其进行分类。由图 3-14 可知，共有 128 项特别贸易关注涉及 HS02 肉类，涉案数量远超其他类别产品。其次是 HS08 水果及坚果，有 75 项特别贸易关注，第三是 HS01 活动物，共有 47 项。肉类是受 SPS 贸易关注措施影响最大的行业。这是由于 20 世纪以来，疯牛病、禽流感、二噁英等动物疾病和食品安全问题接连不断，肉类问题尤为严重，使各国加强 SPS 的防火墙作用。[①] 比如，我国是养猪大国，猪肉产量占世界总产量的 44%，生产成本相对于欧、美、日等国家（地区）具有优势，但全部出口猪肉却只占总产量的 1%。这种不正常现象的原因仅仅在于中国被发达国家认为是疫区，因为我国在疫病防治、有害物质的残留指标等方面达不到某些发达国家的要求，通过不了有关国家的 SPS 标准。

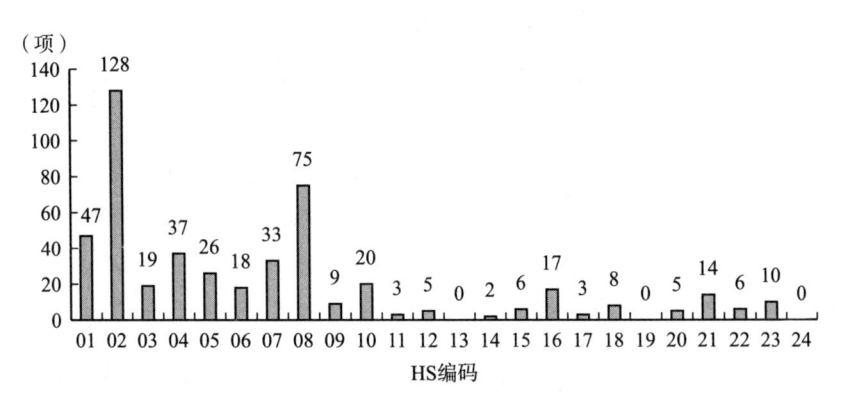

图 3-14 不同类别产品（按 HS 编码分类）所涉 STC 次数统计

资料来源：http://spsims.wto.org/en/SpecificTradeConcerns/Search。

特别关注的主题：对于选取出的这 346 份 STC 会议报告，我们分析了其关键词，一共有 52 个关键词出现。图 3-15 展示了出现频率超过 60 次的关键词，我们发现，这些关键词大致可以分为两类，一类是

[①] 史喜菊, 马贵平, 李冰玲, 刘旭辉, 李炎鑫. 疯牛病引发的食品安全问题 [J]. 中国动物检疫, 2005 (9): 45-47.

"人类健康""人畜共患病""动物健康""食品安全"等与人类、动物、植物健康直接相关的话题；而另一类，则是与 SPS 协定相关的标准、程序问题。随着关税的降低，对"人类健康""动物健康"的担忧成为阻碍了大多数产品出口的原因（Orefice，2017），这一观点在侧面上也能与"人类健康""动物健康"成为提出次数最多的话题相互印证。

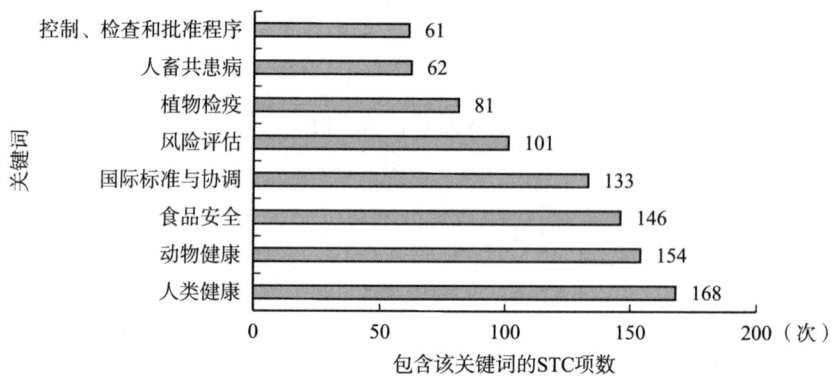

关键词	包含该关键词的STC项数
控制、检查和批准程序	61
人畜共患病	62
植物检疫	81
风险评估	101
国际标准与协调	133
食品安全	146
动物健康	154
人类健康	168

图 3-15　出现较多的关键词及其出现的次数（≥60）

资料来源：http://spsims.wto.org/en/SpecificTradeConcerns/Search。

2. TBT-STC 发展趋势

1995~2020 年，TBT 委员会总共收到了 38 份与农业贸易相关的特别贸易关注，在本节中，我们将在时间、国家（地区）、国际关注度、类型、产品等维度上进行分析，以反映其现状及发展趋势。截至 2020 年底，WTO 下设的 TBT 委员会总共记录了 662 项特别贸易关注，其中仅有 38 项特别贸易关注与农产品相关，见图 3-16。2010 年以前，仅有 1 项与农产品有关的 TBT 特别贸易关注，可见在早期农产品贸易中 TBT 协定的适用率极低。近 10 年来，TBT 例会上提出特别贸易关注的数量增多，间接证明了 TBT 例会已成为解决农产品贸易争端的一个重要平台。

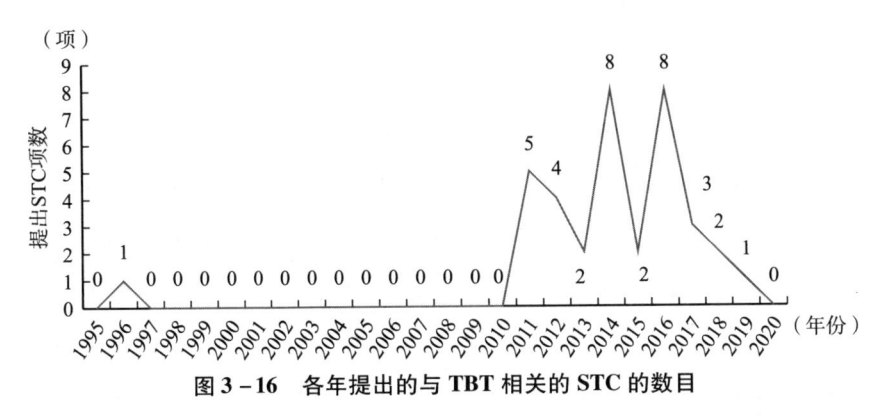

第3章 非关税措施的国际规则与管理机制

图 3-16 各年提出的与 TBT 相关的 STC 的数目

资料来源：http://spsims.wto.org/en/SpecificTradeConcerns/Search。

特别关注的提出国（地区）与通报国（地区）：1995~2020 年间，一共有 39 个国家或地区提出了与农产品相关的 TBT-STC。其中，欧盟和美国提出的特别贸易关注最多，见图 3-17，对其他成员方实施的 TBT 措施分别提出了 19 项和 18 项关注。共有 22 个国家或地区在其与农产品贸易相关的 TBT 措施上被提出关注，受关注最多的地区为欧盟，共受到 7 次关注，其次为巴西、墨西哥、泰国均受到了 3 次关注。

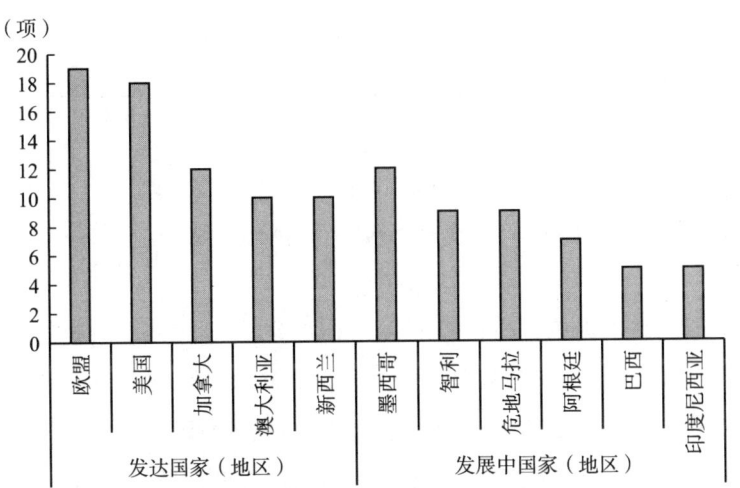

图 3-17 提出与农产品贸易有关的 TBT-STC 的国家（地区）及次数（≥5）

资料来源：http://spsims.wto.org/en/SpecificTradeConcerns/Search。

特别关注的产品类型：关于STC所涉产品的类别，我们按照其HS编码前两位对其进行分类，由图3-18可知，与农产品相关的TBT-STC中，所涉产品最多的是HS22的饮料、酒精和醋，共有22项特别贸易关注谈到该产品；其次是HS04的乳品；蛋品；天然蜂蜜；其他食用动物产品；再其次是HS17的糖及糖食和HS20的蔬菜、水果、坚果或植物其他部分的制品；最后是HS19的谷物、粮食粉、淀粉或乳的制品，糕饼点心以及HS24的烟草、烟草及烟草代用品的制品以及HS15的动物或植物脂肪和油及其产品；制用的食用脂肪；动物或植物蜡。这说明与这些产品相关的TBT措施在国际上是颇具争议的。

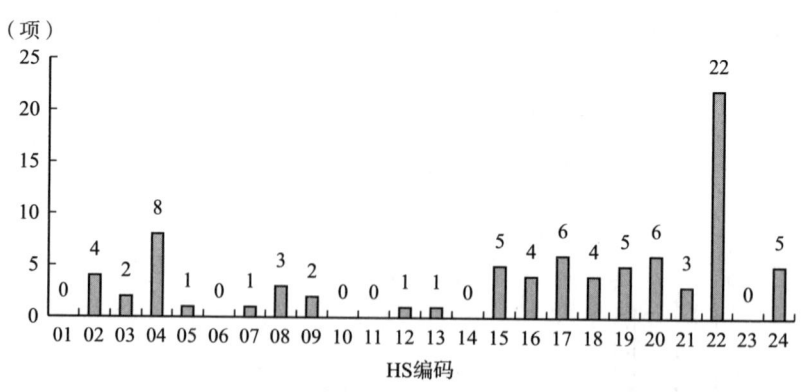

图3-18 不同类别产品所涉STC次数统计

资料来源：http://spsims.wto.org/en/SpecificTradeConcerns/Search。

特别关注的原因分析：按照提出国（地区）的诉求可将特别贸易关注分为10类。从议题被关注类型上看，16%的议题包含"不必要的贸易壁垒"的内容，有关"进一步提供信息、澄清""透明度""合法性"也都超过了13%，属于特别常见的关注类型，见图3-19。

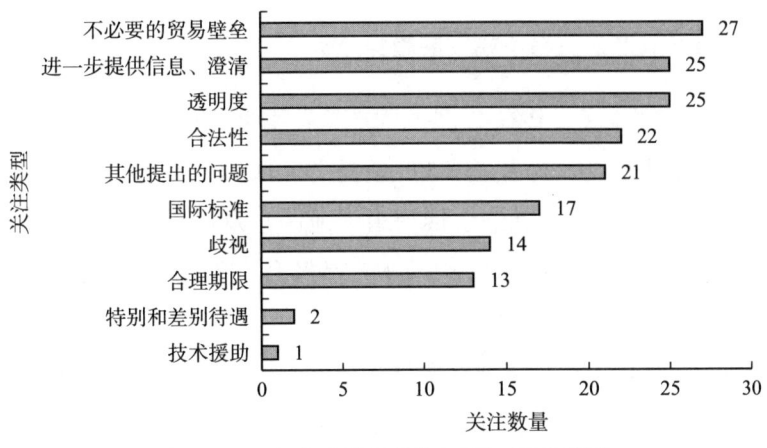

第3章 非关税措施的国际规则与管理机制

关注类型	关注数量
不必要的贸易壁垒	27
进一步提供信息、澄清	25
透明度	25
合法性	22
其他提出的问题	21
国际标准	17
歧视	14
合理期限	13
特别和差别待遇	2
技术援助	1

图 3-19 与农产品相关的 TBT-STC 类型

资料来源：http://spsims.wto.org/en/SpecificTradeConcerns/Search。

3.4.3 全球 SPS&TBT 国际贸易争端梳理

SPS 委员会和 TBT 委员会在 STC 方面的工作有助于化解涉及 SPS 或 TBT 领域国家（地区）政策的潜在贸易摩擦，解决成员之间在该领域对于措施实施的分歧。从法律意义上讲，STC 并非正式争端，它们并不是争端解决的必经程序。因此，当一个成员方认为另一个国家（地区）违反了它在世贸组织中达成的协议或承诺时，可能不经特别贸易关注程序便直接向 WTO 争端解决机构及有关的理事会和委员会提起诉讼。截至 2020 年底，WTO 成员方之间引发的争端将近 600 件，比 GATT 期间更多，这是因为 WTO 争端解决机制已经建立了更加有效和可靠的制度。但这并不是诉讼大大增加的原因，反而为 WTO 成员通过对话和谈判解决问题提供了可能。与 SPS/TBT 委员会相比，争端解决机构可以解决更具有争议性的贸易争端。在上一小节中，我们研究了有关 SPS&TBT 的特别贸易关注（STC）。在这一小节中我们将继续研究有关 SPS&TBT 的贸易争端问题。

1. SPS 农产品贸易争端发展趋势分析

截至 2020 年底，共有 47 件与农产品有关的 SPS 措施争议案提交到 WTO 争端解决机制，约占全部 598 项提交案的 8%。在本节中，我们将从新增争端案件及解决状态、诉讼国（地区）及被诉讼国（地区）状况、第三方国家或地区状况、涉案农产品概况等维度上进行分析，以反映其现状，推测其发展趋势。

1995~2020 年，每年新增案件数维持在较低水平，且无明显趋势。1995 年，新增 SPS 农产品相关争端案件数为 5 件，之后稍有回落，在 2003 年再次达到峰值为 6 件，而后每年新增案件数维持在 3 件及以下，数量较少，见图 3-20。

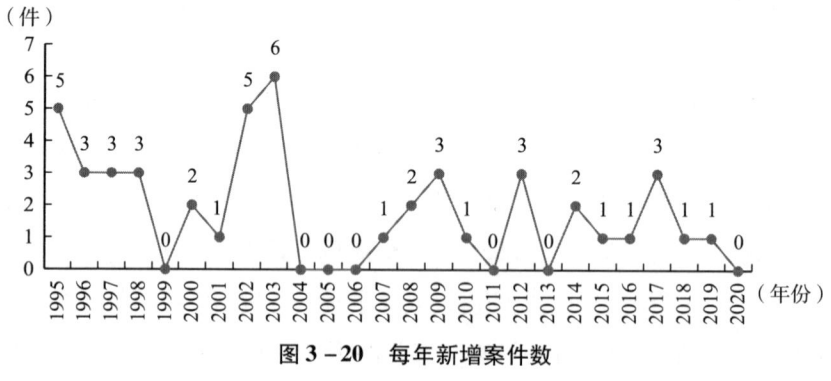

图 3-20 每年新增案件数

资料来源：https://www.wto.org/english/tratop_e/dispu_e/dispu_agreements_index_e.htm?id=A19。

近年各国因 SPS 协定引起的争端案件数总体较少。这可能是因为全球范围内各类自由贸易协定陆续达成，降低了成员方之间的非关税贸易壁垒，从而避免了较大争端的产生。如，近几年欧盟与亚洲多国（如韩国、日本、新加坡、越南等）签订自由贸易协定；2020 年 11 月，亚太 15 国签订了《区域全面经济伙伴关系协定》（RCEP），取得 20 年来东亚经济一体化建设最重要的成果。这些协定的签署，促进了成员方之间

第3章 非关税措施的国际规则与管理机制

的贸易自由化、便利化；各国之间 SPS 协议可能有部分互通或被双方接受，这进一步降低了农产品国际贸易与 SPS 措施相关摩擦发生的几率。

自 1995 年以来发生的 SPS 农产品相关争端案件中，36% 的案件仍处于磋商中，40% 的案件分别散布于磋商之后的多个程序，24% 的案件处于已解决或终止状态。可见，磋商中的案件占最大比重。由于磋商是 WTO 争端解决机制的第一步程序，通常耗时最久，因此我们可以推测，大多数争端并未进行进一步有效程序，或在磋商过程中双方至今未达成一致，见图 3-21。

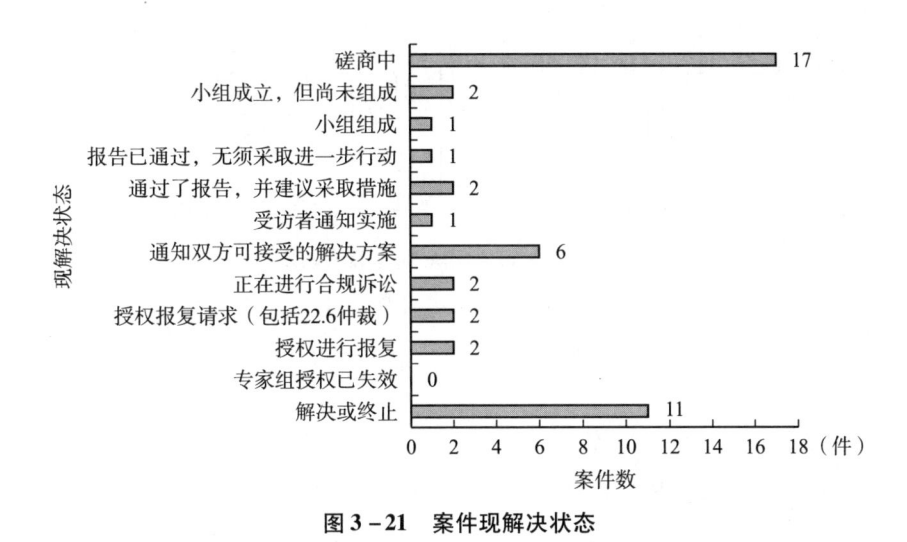

图 3-21 案件现解决状态

资料来源：https：//www.wto.org/english/tratop_e/dispu_e/dispu_agreements_index_e.htm?id=A19。

争端诉讼国（地区）与被诉讼国（地区）：在诉讼国（地区）方面，发达国家与发展中国家发起诉讼次数有明显差异。由图 3-22 可知，发达国家为主要诉讼国，其中美国作为诉讼国参与争端案的次数最多，为 11 次；其次是加拿大，略低于美国，为 8 次。发展中国家平均参与次数较少。在被诉讼国方面，各国（地区）作为被诉讼国（地区）参与 SPS 农产品相关争端的次数差异较大。与诉讼国参与程度相似的

农业贸易成本与非关税措施

是，发达国家仍为主要的被诉讼国，并且美国仍为参与次数最多的国家，有9次参与。紧随其后的是韩国和澳大利亚，有6次参与，发展中国家参与程度仍较低。

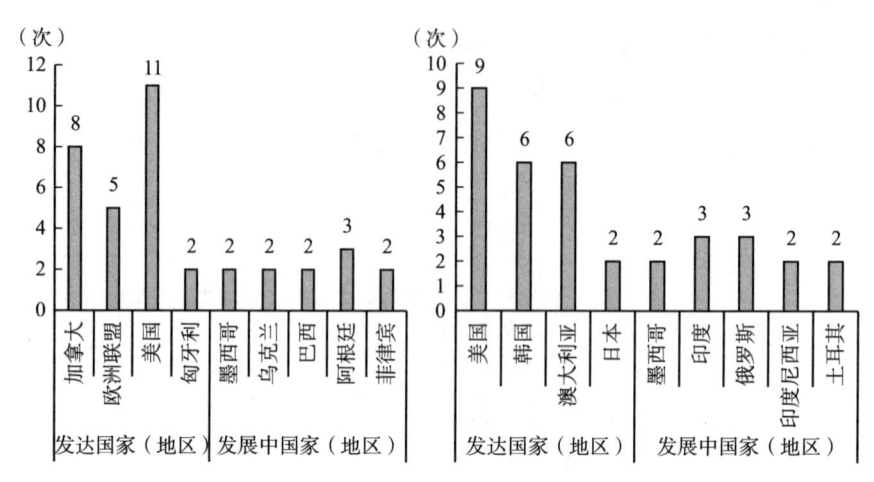

图3-22 主要诉讼与被诉讼国家/地区及参与次数（≥2次）

资料来源：https：//www.wto.org/english/tratop_e/dispu_e/dispu_agreements_index_e.htm?id=A19。

综上所述，发达国家是引起SPS农产品相关国际争端与纠纷的主要经济体。对于发达国家而言，尤其是美国、加拿大、欧盟等农产品出口大国或国际组织，其SPS相关措施多向保护国内或区域内农产品倾斜，并且制定一系列复杂的监管、审核流程来限制其他国家（地区）的进口。如美国动植物及其制品的进口要求有美国农业部动植物检疫局（APHIS）的进口许可。一个产品能否进口，很大程度上取决于APHIS根据国际兽医局（OIE）等制定的原则进行的产品进口风险评估。美国农业部食品安全检查局（FSIS）会评估国外肉禽管理计划以保证其符合美国的要求，同时在边境上进行再次抽样检查。美国作为一些国家的主要出口市场，其部分争议政策可能直接导致了与农产品相关的国际贸易争端；或极大限制了其他国家，特别是发展中国家的农产品出口环境，进而导致争端；或激化已有矛盾，引发各国贸易保护主义趋势，加大其他国家（地区）的出口难度，引发一系列纠纷。事实上，欧盟、日本等发达经济体也借机推出一系列类似的农产品进出口保护措施。这些国家（地区）的举措极易对其余各国（地区），以至于这些国家（地区）彼此之间的国际贸易环境造成具有广泛争议性的影响。因此，发达国家成为争端的主要诉讼与被诉讼国也就不足为奇了。

争端第三方参与情况：我们对有第三方国家或地区参与的争端案件数进行了统计。从图 3-23 中数据及与上文进行对比，可以得出：第一，发达国家中，欧盟作为第三方的次数最多，为 17 次。第二，发展中国家中，中国的参与次数最多，为 30 次。与诉讼国、被诉讼国参与情况不同的是，主要发展中国家（图中为印度、中国、巴西）的参与程度较高。第三，总体而言，第三方国家或地区的总参与次数远高于诉讼、被诉讼国（地区）的总参与次数，并且发达国家参与 66 次，发展中国家参与 81 次。显然，不少争端案存在较多第三方国家或地区的参与，发展中国家的参与程度明显提高。

近年来，第三方制度被认为是 WTO 争端解决机制发挥作用的关键，因为这一制度可以有效防止争端双方做出歧视其他 WTO 成员的双边解决方案，破坏多边平衡。然而，由于第三方的影响力（可能是其带来的政治、经济压力等），WTO 司法机构在裁决案件时需仔细权衡第三方证词，这使得第三方偏好的方向更可能影响判决结果。因此，从第三方参与次数远高于诉讼、被诉讼国（地区）参与次数这一结论出发，我们可以推测，不少国家（尤其是某些争端案件涉及自身贸易利益的国家）会通过这一机制去干预争端解决过程，使结果更有利于本国利益。另一个结论是，主要发展中国家的参与程度显著提高。近年来，发展中国家的进出口贸易量在全球总国际贸易量的占比不断增大；发展中国家自身经济实力与日俱增，但仍部分受制于发达国家。因此，这些国家多以第三方的角色去介入国际争端，从而争取贸易主动权或扩大影响力。

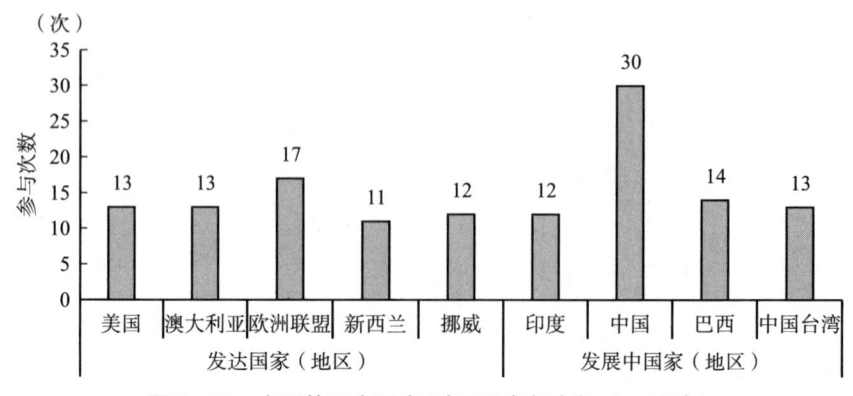

图 3-23 主要第三方国家/地区及参与次数（≥10 次）

资料来源：https://www.wto.org/english/tratop_e/dispu_e/dispu_agreements_index_e.htm?id=A19。

争端的产品类型：根据农产品贸易争端产品的统计分析，争端发生频率较高的都是争端国出口贸易竞争力较强的产品。如美国的玉米、小麦、牛肉等土地密集型产品，加拿大的林产品，澳大利亚、新西兰的畜牧产品等。关于 SPS 农产品相关争端案件所涉产品的类别，我们按照其 HS 编码前两位进行分类统计，所得结果如图 3-24 所示。可以看出，HS02 肉类和食用杂碎所涉争端案件数明显多于其余类别产品，为 18 件；其次，涉及案件数相近且相对较多的类别为 HS01 活的动物，HS16 肉、鱼，或甲壳类动物、软体动物，或其他水生无脊椎动物及其制剂，分别涉及了 13 件和 11 件争端案。

从产品类别来看，动物、肉类及水产品是主要的争端产品。由上述分析已知，发达国家为目前参与争端的主要经济体，由于发达国家为主要的动物、肉类及水产品进出口国，需求量较大，且相关 SPS 措施较为严格，各有侧重点，因此彼此之间易存在该类产品经济利益或质检规范等的冲突。对于发展中国家，其在动物、肉类、水产品质量安全检验检疫体系的完善水平较弱，这很大程度上增加了进出口受制于 SPS 措施的风险，从而易引发争端。

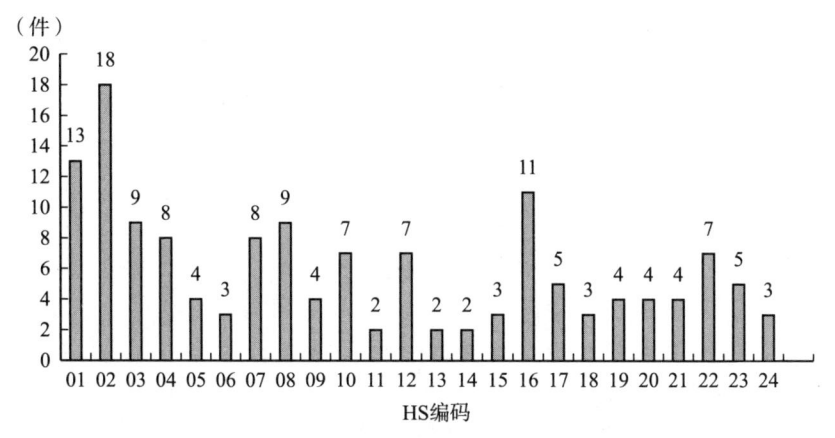

图 3-24　农产品 HS 编码及所涉案件数

资料来源：https://www.wto.org/english/tratop_e/dispu_e/dispu_agreements_index_e.htm?id=A19。

2. TBT 农产品贸易争端发展趋势分析

1995~2020 年，共有 43 件与农产品有关的 TBT 措施争端案提交到 WTO 争端解决机制，约占全部 598 项提交案的 7%。在本节中，我们将从新增争端案及解决状态、诉讼国（地区）及被诉讼国（地区）状况、第三方国家或地区状况、涉案农产品概况等维度上进行分析，以反映其现状，推测其发展趋势。WTO 成立当年，新增案件数为 6 件。2013 年以来，每年新增案件数均在 2 件及以下，部分原因是 WTO 对全球贸易进行规范后的成果，未来的争端纠纷也许仍会维持在较低的水平，见图 3-25。

1995~2020 年间，WTO 委员会收到的 43 份与农业贸易相关的争端纠纷中，有 14 件争端正在磋商中，见图 3-26。磋商是争端解决机制的首要必经程序，它是争端当事方自行解决争端的一种方法，也是 WTO 成员解决贸易争端的主要办法。有 29 件争端成立了专家组。专家组程序是争端解决机制的核心程序，是争端解决司法化的重要标志。当协商、斡旋、调解、仲裁不能解决争端时，争端中的一方向 DSB 提交设立专家组申请，即进入该程序。专家组的职责是对将要处理案件的事实、法律的适用及一致性作出客观地评估，并向 DSB 提出调查结果报告及圆满解决争端的建议。有 10 件争端已解决或终止（撤回投诉，或双方已商定解决方案），共占所有争端的 23%，这说明只有约 1/4 的争端案已结束。

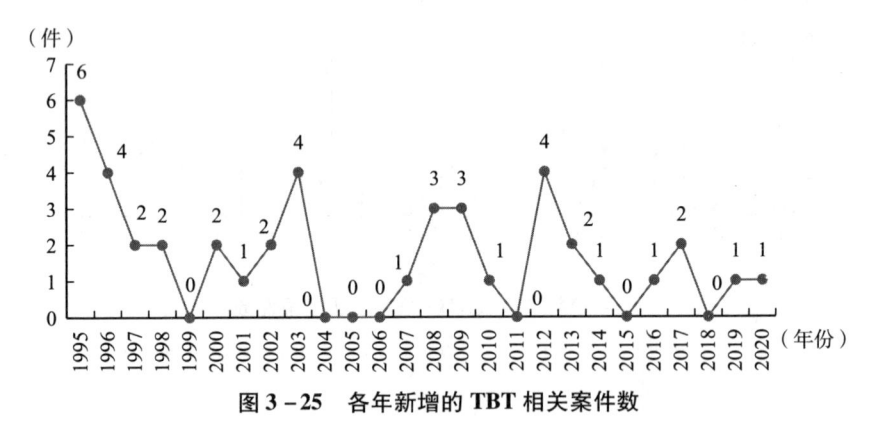

图 3-25　各年新增的 TBT 相关案件数

资料来源：https：//www.wto.org/english/tratop_e/dispu_e/dispu_agreements_index_e.htm?id = A19。

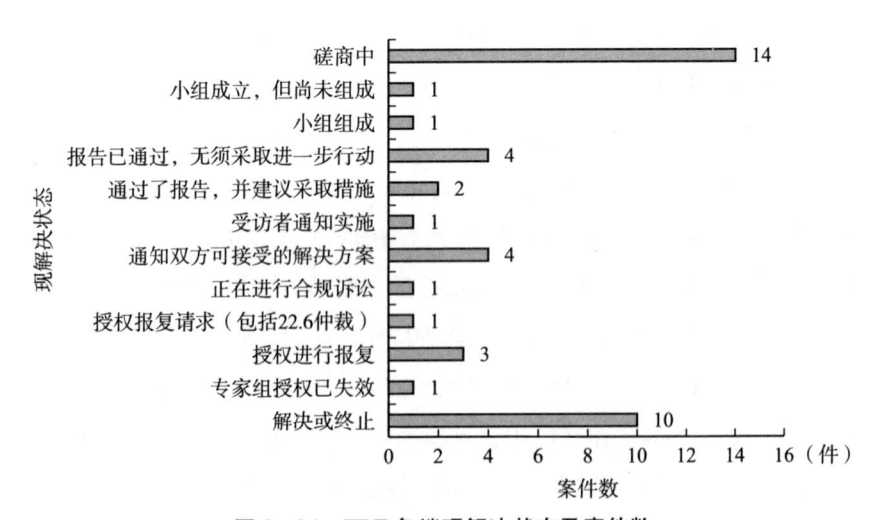

图 3-26　TBT 争端现解决状态及案件数

资料来源：https：//www.wto.org/english/tratop_e/dispu_e/dispu_agreements_index_e.htm?id = A19。

争端的诉讼国（地区）与被诉讼国（地区）：1995~2020 年间，一共有 21 个国家作为诉讼国（地区）提出了与农产品相关的 TBT 争端，其中有9个国家担任诉讼国（地区）两次以上（含两次）。图3-27列出了各国作为TBT诉讼国的次数。值得注意的是，作为诉讼国次数最多的美国和加拿大均为发达国家，且发达国家作为诉讼国次数总数大于发展中国家。这说明大多数争端由发达国家提出。发达国家国力强盛，遇到对自身不利的贸易争端有足够的实力去提出诉讼。而发展中国家经济实力一般都不强，因此在一些具有共同利益的问题上，应尽量相互团结和合作，发挥集体的力量以求最佳的解决方式。

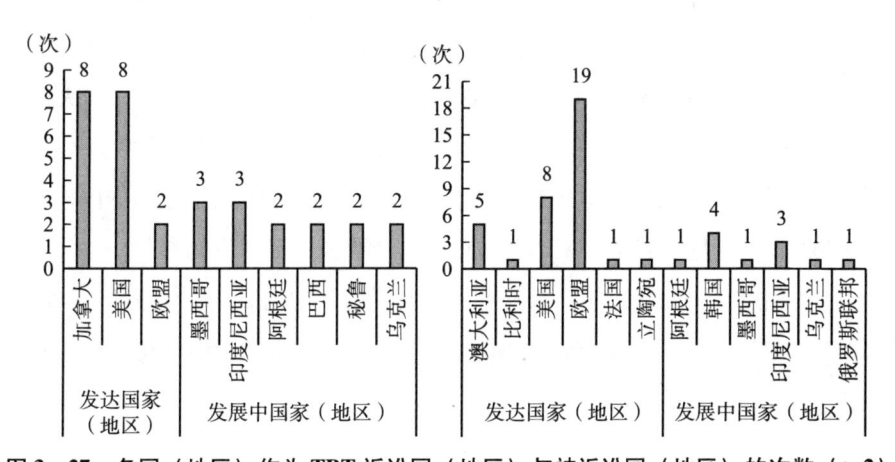

图3-27　各国（地区）作为TBT诉讼国（地区）与被诉讼国（地区）的次数（≥2）

资料来源：https://www.wto.org/english/tratop_e/dispu_e/dispu_agreements_index_e.htm?id=A19。

1995~2020年间，共有12个国家（地区）作为被诉讼国（地区），其中有6个发达国家（地区）被提起诉讼，且发达国家（地区）被诉讼次数占总次数的75%。可见与诉讼国相同，大多数被诉讼国也是发达国家。同时，欧盟作为被诉讼国（地区）次数远高于其他国家。出现这种情况的原因在于，一是美欧发达国家贸易保护主义思想抬头，以美国为首的部分发达国家为了维护本国或本地区的贸易利益，不断寻找规避WTO条款的手段和WTO协议的漏洞，以达到保护本土产业，维护自身贸易利益的目的。二是随着经济不断发展，各国增强了对环境保护的意识，可持续发展理念逐渐被认可。所以美国、欧盟等发达国家和地区凭借其雄厚经济实力和先进技术优势，不断提高农产品的技术标准，以达到绿色环保、节能减排等目的，这成为美欧发达国家对中国等发展中国家实施制约的新方式（李春顶，2005）。

争端的第三方参与情况：我们对有第三方国家/地区参与的争端案件数进行了统计。从图3-28中的数据及与上文进行对比，可以得出：第一，发达国家中，美国作为第三方的次数最多，为19次。第二，发展中国家中，中国的参与次数最多为18次。并且与诉讼国、被诉讼国参与情况不同的是，主要发展中国家（图中为中国、巴西、阿根廷、墨西哥）的参与程度较高。第三，部分争端的第三方数量往往以相当大的幅度超过主要当事方国家，使得第三方国家/地区的总参与次数远高于诉讼、被诉讼国的总参与次数，其中发达国家参与115次，发展中国家参与263次，可见发展中国家的参与程度有所提高。第三方的参与并非微不足道。相反，人们越来越认为这种参与对世贸组织的职能至关重要，同时第三方参与表明了大部分成员的偏好，从而间接影响了WTO司法机构在作出法律裁决时的战略行为。

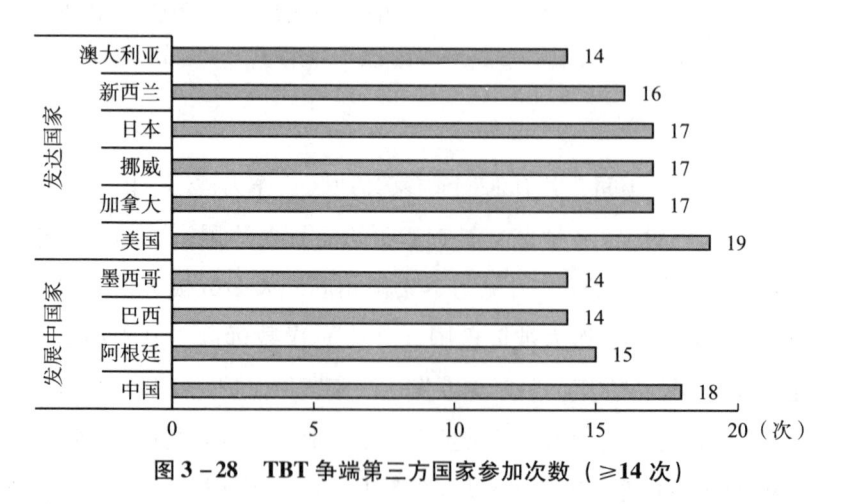

图3-28 TBT争端第三方国家参加次数（≥14次）

资料来源：https://www.wto.org/english/tratop_e/dispu_e/dispu_agreements_index_e.htm?id=A19。

第3章 非关税措施的国际规则与管理机制

争端的农产品类型：对43起农产品相关的TBT争端所涉及的产品按照其HS编码前两位进行分类，发现肉及食用肉内脏（HS02）远超其他类别产品，共有15项争端案涉及该产品，其次是H01活的动物和HS16肉、鱼，或甲壳类动物、软体动物，或其他水生无脊椎动物及其制剂，分别为12项和11项。这些类别相较其他农产品相关的争端更多，原因可能是肉类、鱼类和谷物在人类所需食物中占较高比例，这些产品在农产品国际贸易中占比较大。图3-29中，所属类别尚未明确的一些产品如在香港地区生产的产品归类为"其他"。

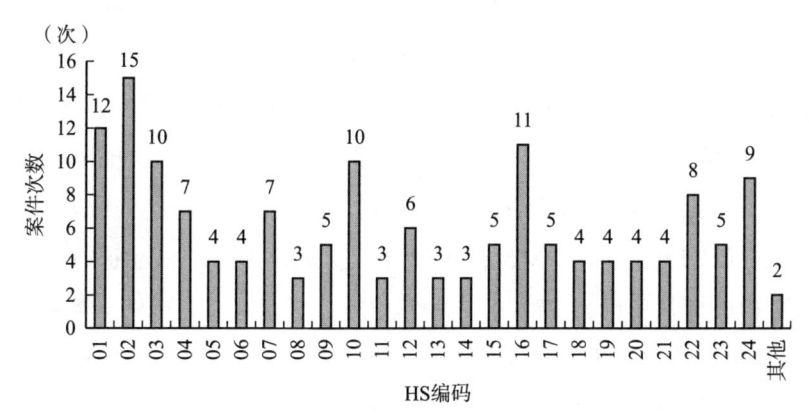

图3-29　TBT争端涉及农产品HS编码及涉及次数

资料来源：https://www.wto.org/english/tratop_e/dispu_e/dispu_agreements_index_e.htm?id=A19。

3. 农产品贸易争端典型案例分析

（1）美国/加拿大诉欧共体荷尔蒙牛肉案（食品安全）（DS26、DS48）。[1][2]

争端发生背景和起诉原因：美国和加拿大与欧盟就欧盟自1980年

---

[1] 美国诉欧共体荷尔蒙牛肉案，DS26：https://www.wto.orglenglish/tratop_e/dispu_e/cases_e/dszb_e.htm。
[2] 加拿大诉欧共体荷尔蒙牛肉案，DS48：https://www.wto.org/english/tratop_e/dispu_e/cases_e/ds48_e.htm。

以来禁止激素牛肉进口的决定，展开了长期而激烈的贸易争端。从1970年开始，欧洲消费者开始关注在牲畜身上使用生长激素可能产生的影响。针对这种担忧，1981年欧共体理事会颁布了一项禁令，禁止生产和进口含有促生长激素的肉类及其制品。然而，该禁令直到1989年1月1日才全面生效，欧共体理事会全面禁止向动物注射六种荷尔蒙，同时禁止注射过荷尔蒙的肉类和肉类制品进入欧洲市场，而这些生长促进剂已在美国获准使用。2003年，欧盟委员会修改了该政策，永久禁止雌二醇—17b的使用，暂停禁止其他五种激素的使用，同时继续寻求更完整的科学信息。这些禁令有效地限制了经常使用这些激素促进动物生长的国家的肉类和肉制品贸易，切断了美、加含荷尔蒙牛肉在欧盟的销售道路，造成了相关产业的巨大损失，遭到美国和加拿大的坚决反对。美国在1987年3月的东京回合多边贸易谈判中首次提出了这个问题，认为这些限制违反了《TBT协定》，然而欧盟拒绝修改其禁令，于是美国从1989年开始对价值9300万美元的欧盟进口商品征收报复性关税（100%从价税），暂停了与欧盟的贸易优惠。直到1995年1月世界贸易组织成立，争端仍未解决。1996年，美国和加拿大与欧洲共同体都要求世贸组织进行磋商，试图解决争端。

争端解决过程：欧共体荷尔蒙牛肉涉及SPS案件DS26和DS48，上诉国家分别为美国和加拿大。鉴于两个案件解决过程几乎完全一致，下文将叙述DS26美国诉欧共体荷尔蒙牛肉案，代表两案件的解决过程。

1996年1月26日，美国要求与欧洲共同体进行磋商，声称欧共体理事会禁止在畜牧业中使用某些具有荷尔蒙作用的物质的措施，限制或禁止了从美国进口肉类和肉类产品。1996年7月2日，专家组组成。专家组的报告于1997年8月18日分发给会员。专家组认为，欧共体禁止进口经六种特定激素之一处理过的肉类和肉制品措施，与《SPS协定》第3.1、5.1和5.5条不符。

欧共体和美国分别于1997年10月对专家组提出的某些法律问题和

法律解释提出上诉，同时欧共体将此案与 DS48（加拿大诉欧共体荷尔蒙牛肉案）一起进行审查并上诉。上诉报告于 1998 年 1 月 16 日分发给各成员，上诉机构发现欧盟的禁令确实违反 SPS 协定第 5.1 条，但也推翻了专家小组对欧共体违反 SPS 协定的第 3.3 条结论，即上诉机构支持欧盟建立超越"国际标准"的权利。这在一定程度上意味着上诉机构已经裁定欧盟可以继续实施该高标准的禁令，只要他们能够提供关于促生长激素风险的科学证据。

世贸组织的一个仲裁小组随后裁定，自决定之日起 15 个月（即 1999 年 5 月 13 日）是欧盟进行评估的合理时间。在截止日期之前，欧盟尚未完成其科学审查，并决定进一步审查之前不取消该禁令。为此，1999 年 7 月，美国对来自欧盟的价值 1.168 亿美元的猪肉、牛肉、鹅肝、奶酪和芥末等食品征收 100% 的报复性惩罚关税，加拿大对欧盟实施了价值为 1130 万加元的制裁。

作为回应，欧盟进行了各种研究和审查。在每一次审查后，欧盟都重申其立场，认为根据现有的科学数据，激素处理的肉类可能对人类健康有风险。欧盟声称它遵守了世贸组织的义务，并质疑美国维持对欧盟产品的禁止性进口关税。美国质疑欧盟是否进行了充分的风险评估来支持其立场，并认为全世界有明确的科学共识支持消费者食用经激素处理的肉类的安全性。2004 年 11 月，欧盟要求世贸组织进行磋商，声称美国应取消其报复措施，因为欧盟已经取消了在最初案件中被认定为违反世贸组织协定的措施。2005 年，欧盟对美国和加拿大发起了新的世贸组织争端解决程序。由于争议及其他行政和程序事项的复杂性，专家组的最终报告被推迟到 2008 年。

2008 年 10 月，世贸组织发布了一项混合裁决，允许美国继续其贸易制裁，允许欧盟维持其禁令。2008 年 12 月 22 日，欧洲共同体要求根据 DSU 第 21.5 条进行磋商，澳大利亚、加拿大和新西兰参加磋商。2009 年 1 月，美国贸易代表（USTR）宣布，它打算对根据该争端增加关税的欧盟产品清单进行修改，并对一些产品征收更高的关税。

2009年5月，经过一系列谈判，此争端达成协议，美国和欧盟签署了一项谅解备忘录，将在未来几年内分阶段实施一些变革，包括欧盟给予美国出口的牛肉新的市场准入，要求这些牛肉是在不使用促生长剂的情况下养殖的；美国也暂停了对某些欧盟产品的报复性关税。2009年9月25日，欧共体和美国向DSB通报了一项谅解备忘录。

调查结果摘要：①关于SPS协定第三条第一款：SPS协定第3.1条规定"为在尽可能广泛的基础上协调卫生与植物卫生措施，各成员的卫生与植物卫生措施应根据现有的国际标准、指南或建议制定，除非本协定、特别是第3款中另有规定"。上诉机构驳回了专家组的解释，并表示第3.1条要求SPS"根据"国际标准、指南或建议，并不意味着SPS措施必须"符合"这些标准。②关于SPS协定第三条第一、二、三款之间的协调：专家组认为欧洲共同体在没有第3.3条规定的正当理由的情况下，维持不基于现有国际标准的卫生和植物检疫措施，不符合《卫生和植物检疫措施协定》第3.1条。上诉机构修改了专家组对《SPS协定》第3.1、3.2和3.3条之间关系的解释，推翻了专家组的这一裁决。③关于SPS协定第五条第一款：SPS协定第5.1条指出"各成员应保证其卫生与植物卫生措施的制定以对人类、动物或植物的生命或健康所进行的、适合有关情况的风险评估为基础，同时考虑有关国际组织制定的风险评估技术"。专家组认为，欧共体的措施违反了SPS协定第5.1条款，因为它没有"根据"风险评估。上诉机构支持专家组的最终结论。④关于SPS协定的第五条第五款：判断成员方违反第5.5条的三个标准是：1）使用适当的卫生与植物卫生保护水平的概念不具有一致性；2）该保护水平在不同情况下存在任意的或者不合理的差异；3）避免此类差异导致国际贸易歧视或变相限制。专家组认为尽管该案件不完全符合这三个判别标准，但其保护程度差异之大，加上任意性，已足以认定造成歧视或对贸易的限制。但上诉机构推翻了专家组的裁定：有证据表明确实存在对激素安全性的担忧；且该条款的必要性是建立在共同的牛肉国内市场上。

案例总结：美国、加拿大和欧盟关于荷尔蒙牛肉的争端持续了近 30 年的时间，作为 WTO 争端解决机构处理的《SPS 协议》项下的第一个案件，该案件备受关注。在本案中，欧盟、美国和加拿大的纠纷根源在于是否利用 SPS 措施对贸易进行了限制。对实施 SPS 措施的原因、根据和方式等问题上的认识差异产生了分歧，使本案更加复杂化。

（2）加拿大/美国诉澳大利亚鲑鱼案（动物健康）（DS18 和 DS21）。①②

争端发生背景和起诉原因：本案涉及的背景是澳大利亚禁止鲑鱼进口的一系列措施，影响了北美国家鲑鱼的出口贸易，从而引发了一系列争端。1975 年澳大利亚根据 1908 年检疫法颁布了 86A 检疫公告，宣称为了保护动物健康，禁止进口可能造成病菌感染的鲑鱼。从 1983 年 9 月到 1996 年 1 月，澳大利亚公布了一系列通知，限制各种不同方式加工的鲑鱼进口，同时规定了允许进口的条件。1996 年 12 月的澳大利亚鲑鱼进口风险分析报告（以下简称"最终报告"）指出从美国和加拿大进口的未经烹饪的成年、野生和海洋捕捞的太平洋鲑鱼可能包含 24 种使鲑鱼感染疾病的病菌，这些病菌对人体无害，但可能感染养殖的鱼类。为此，澳大利亚检疫局长决定继续执行禁止鲑鱼进口的措施。

加拿大是世界上主要的鲑鱼出口国，1969 年加拿大的鲑鱼出口量为 30653 吨，1996 年增长至 66234 吨。③ 在 20 世纪 60 年代之前，澳大利亚的食用鲑鱼主要依靠进口。而自从 1975 年澳大利亚颁布了

---

① 加拿大诉澳大利亚鲑鱼案，DS18：https：//www.wto.org/english/tratop_e/dispu_e/cases_e/ds18e.htm。
② 美国诉澳大利亚鲑鱼案，DS21：https：//www.wto.org/english/tratop_e/dispu_e/ds21_e.htm。
③ 资料来源：《WT/DS18/R 澳大利亚影响鲑鱼进口的措施（Australia - Measures Affecting Importation of Salmon）》，WTO 官网，1998 年 6 月 12 日，https：//docs.wto.org/dol2fe/Pages/FE_Search/FE_S_S009 - DP.aspx? language = E&CatalogueIdList = 11819，29437&CurrentCatalogueIdIndex = 1&FullTextHash = &HasEnglishRecord = True&HasFrenchRecord = True&HasSpanishRecord = True。

86A 检疫公告，澳大利亚实施了长达 20 年的禁止从北美进口未煮鲑鱼的检疫措施，对加拿大鲑鱼的出口贸易造成了巨大的影响（孟冬和林伟，2004）。

加拿大认为，澳大利亚禁止鲑鱼进口的某些措施违反了 WTO 相关协定，构成了贸易壁垒，损害了自身根据 WTO 协定应得的利益。1995 年加拿大、美国认为其违反 GATT 和 SPS 等协定要求与澳大利亚磋商。

争端解决过程：诉澳大利亚鲑鱼的案件 DS18 和 DS21，上诉国家分别为加拿大和美国。鉴于加拿大最先对澳大利亚提起诉讼，且案件解决过程记录更详尽，下文将叙述 DS18 加拿大诉澳大利亚鲑鱼案，代表两个案件的解决过程。

1995 年 10 月 5 日，加拿大要求就基于检疫法规的澳大利亚禁止从加拿大进口鲑鱼问题与澳大利亚进行磋商。加拿大声称，该禁令与《1994 年关贸总协定》第十一条和第十三条以及《SPS 协定》不符。1995 年 11 月双方进行了磋商，但未能达成一致意见。1996 年 12 月，澳大利亚政府根据最终报告作出决定，继续采取禁止进口的措施。

双方未请求继续磋商，加拿大申请成立专家组，于 1997 年 4 月 10 日的会议上成立。欧共体，印度，挪威和美国保留了其第三方权利。专家组报告于 1998 年 6 月 12 日分发给成员。专家组认为，澳大利亚被投诉的措施与《SPS 协定》第 2.2、2.3、5.1、5.5 和 5.6 条不符，并且根据《SPS 协定》，澳大利亚的措施损害了加拿大应得的利益。

澳大利亚在专家组报告中败诉，1998 年 7 月 22 日，澳大利亚通知对专家组提出的某些法律问题和法律解释提出上诉，随后 DSB 通过了上诉机构报告和经上诉机构报告修改的专家组报告。上诉机构认为澳大利亚的禁令违反了《SPS 协定》第 2.2、2.3、5.1 和 5.5 条，但是认为证据不足不能认定澳大利亚违反第 5.6 条。总之，上诉机构认为澳大利亚未对病菌进入、疾病扩散的可能性以及疾病可能引发的潜在后果进行评估，即禁令的颁布不符合风险评估的程序，要求澳大利亚修改（漆彤，2003）。DSB 仲裁后确定 8 个月内澳大利亚需取消其禁令。

澳大利亚在执行期内并未履行上述约定，加拿大请求 DSB 授权暂停对澳大利亚的优惠，并向 DSB 请求授权贸易报复。澳大利亚政府迫于贸易报复的压力，在 2000 年 5 月 18 日的 DSB 会议上，宣布已与加拿大达成一项解决这一长期争端的协议，且同意自 2000 年 5 月起解除对加拿大鲑鱼进口的禁令。

调查结果摘要：①关于 SPS 协定的第五条第一款：SPS 协议第 5.1 条规定："各成员应保证其卫生与植物卫生措施的制定以对人类、动物或植物的生命或健康所进行的、适合有关情况的风险评估为基础，同时考虑有关国际组织制定的风险评估技术。"专家组指出，本案澳大利亚提出的唯一支持其采取的措施的风险评估是 1996 年最终报告。该报告指明了两种检疫选择方案和五种可能的检疫政策选择方案，澳大利亚承认当前采取的措施与其中一种（允许经热处理的产品进口）最相近。但专家组注意到报告并未对与热处理有关的风险或风险降低进行实质性的评估，而根据加拿大提供的证据，有些病菌经热处理后不仅能够生存还能生长。因此，专家组认为 1996 年最终报告（唯一风险评估）不能提供合理的依据支持澳大利亚采取的检疫措施，从而违反 SPS 协议第五条第一款。[①] 但上诉机构决定推翻专家组的分析和裁定，认为专家组不应审查其热处理是否以风险评估为基础，应审查澳大利亚的进口措施是否以风险评估为基础。

②关于 SPS 协定的第五条第五款：SPS 协议第 5.5 条规定："为实现在防止对人类生命或健康、动物和植物的生命或健康的风险方面运用适当的卫生与植物卫生保护水平的一致性，每一成员应避免其认为适当的保护水平在不同的情况下存在任意或不合理的差异，如此类差

[①]《WT/DS18 1995 年加拿大诉澳大利亚——限制鲑鱼进口措施案》，中华人民共和国商务部官网，2003 年 12 月 16 日，http://sms.mofcom.gov.cn/article/wangzhanjianjie/tansuosikao/200406/20040600230689.shtml。

异造成对国际贸易的歧视或变相限制。"专家组认为澳大利亚的鲑鱼进口禁令，相比其他进口鱼和鱼产品，如鲱鱼和长须鲸，澳大利亚的鲑鱼进口禁令为不合理的保护，造成对国际贸易的歧视或变相限制（WTO，2019）。

③关于SPS协定的第五条第六款：SPS协议第5条6款规定："在制定或维持卫生与植物检疫措施以实现适当的卫生与植物卫生保护水平时，各成员应保证此类措施对贸易的限制不超过为达到适当的卫生与植物卫生保护水平所要求的限度，同时考虑其技术和经济可行性。"澳大利亚在1996年的年终报告材料中，就提出了热处理方法在内的5种措施，但最终选择的是禁止进口这一措施，而其他选择如热处理也可能达到保护动物安全的目的，且对国际贸易产生的影响较小，专家组对其他四种措施予以分析，认为其他措施可满足SPS协议第5条6款规定，故原措施（热处理）违反SPS协定的第5条第6款。

④上诉机构推翻了专家组关于热处理违反第5.6条的裁决，即热处理"比要求的更具贸易限制性"，因为热处理是错误的措施，上诉机构认为专家组应讨论目前已采取的措施是否"比所要求的贸易限制更多"。① 然而，由于专家组的事实调查不足，上诉机构表明无法完成对这一问题的判定，但很有可能澳方的做法对贸易的限制程度大大超过了实现适当的卫生保护水平的要求。

案例总结：加拿大诉澳大利亚鲑鱼案是WTO成立后第一个涉及SPS协定的争端，同时为受广泛关注的有关动物安全的案例，它的成功解决对SPS协议有关条款的解释及所作裁定对我们理解有关条款具有重要意义。该案件同时警示我们，涉及SPS措施是否真正以保护动植物健康为目的具有很大的主观性。

---

① 《DS 18：澳大利亚——影响鲑鱼进口的措施》，WTO官网，https：//www.wto.org/english/tratop_e/dispu_e/cases_e/ds18_e.htm。

第3章　非关税措施的国际规则与管理机制

（3）美国诉日本农产品检测方法案（植物健康）（DS76）。[①]

争端发生背景和起诉原因：本案涉及的背景是日本以检疫为由，对部分农产品实行进口限制。1950年6月30日，日本农业部发布植物法实施条例，禁止从某些国家（如美国）进口8种可能带有苹果蠹蛾的农产品，[②] 但是如果出口国能够提供替代性检验措施，并且能够证明经过处理的水果可以达到禁令保护的相同措施，进口禁令便可以取消。1987年日本农林渔业部公布了两项试行检测指南，分别是"产品进口限制解除指南——熏蒸"，以及"昆虫死亡率品种比较检查指南——蒸熏"，后者规定了批准额外种类产品进口的测试标准。美国在本案中投诉的是日本该指南中的"品种测试要求"，要求对产品中的每一品种进行测试，以确认检验措施的有效性，按照该要求获得不同品种的水果进入日本市场的批准程序会长达几年（张汉林和董丽丽，2002）。美国认为日本采取的品种测试要求给出口国带来了沉重的负担，美国对该程序的合理性表示质疑，并向WTO争端解决机构提起诉讼，认为它不符合SPS协议的规定。

争端解决的过程：1997年4月7日，美国要求日本就日本在检疫措施下禁止某些农产品的进口与日本进行磋商。美国声称，日本已禁止对需要检疫处理的产品进行进口，直到对该产品进行了检疫处理为止，尽管该检疫处理方法已被证明对同一产品的其他品种有效。美国认为该措施违反了SPS协议第2条（基本权利和义务）、第5条（风险评估和适当的卫生与动植物卫生保护水平的确定）、第8条（控制、检查和批准程序），以及GATT第11条（数量限制的一般取消）和《农业协议》第4条（市场准入）的规定，损害了美国的利益。

两国进行多次磋商仍未能解决争议，美国于1997年10月要求成立专家组。欧共体（European Community），匈牙利和巴西保留了其第三

[①] 美国诉日本农产品检测方法案，DS76：https://www.wto.org/english/tratop_e/dispu_e/cases_e/ds76_e.htm。
[②] 分别为苹果、樱桃、桃子（包括油桃）、核桃、杏、梨、李子和榅桲。

· 165 ·

方权利。专家组的报告于 1998 年 10 月 27 日分发给各成员。专家组认为，日本的水果检疫措施欠缺足够的科学依据，造成了贸易限制，同时这些措施也不具有透明性，分别违反了《SPS 协定》第 2.2、5.6 条、附件 B 和《SPS 协定》第 7 条。

1998 年 11 月 24 日，日本通知将对专家组提出的某些法律问题和法律解释提出上诉。上诉机构的报告于 1999 年 2 月 22 日分发给会员。上诉机构维持了以下基本结论：日本对苹果、樱桃、油桃和核桃进行的品种测试与《SPS 协定》的要求不一致。

日本于 1999 年 12 月 31 日取消了实施 50 年之久的水果检疫措施，即专家组报告（WT/DS76/R）中所述的"品种测试要求"，以及《昆虫死亡率品种比较试验指南——熏蒸法》。2001 年 8 月 23 日，日本和美国通知 DSB，它们在解除对争端中涉及的水果和坚果的进口禁令的条件方面达成了双方满意的解决方案。①

调查结果摘要：①关于 SPS 协定的第二条第二款：SPS 协定第 2.2 条规定，WTO 成员方要实行植物检疫措施，应当有"充分的科学依据"并且要"以科学原则为基础"。专家组认为 SPS 协定的第 2.2 条必须与第 5.1 条结合起来进行解释。专家组引用了欧盟荷尔蒙牛肉案的上诉机构的意见，认为要想证明存在第 2.2 条规定的"充分的科学依据"，则必须证明实施的措施与提出的科学依据之间有"客观的或合理的联系"。因此，根据所有已提交的证据和技术专家的意见，专家组得出结论，品种测试方法与科学证据之间并不存在"客观的或合理的联系"。上诉机构支持专家组的结论，即日本的品种测试要求是在没有充分的科学证据的情况下维持的，违反了第 2.2 条（穆忠和，2003）。

②关于 SPS 协定的第五条第七款：SPS 第 5.7 条规定"在有关科学证据不充分的情况下，成员可根据可获得的有关信息，包括来自有关国

---

① 《DS 76：日本——影响农产品的措施》，WTO 官网，https：//www.wto.org/english/tratop_e/dispu_e/cases_e/ds76_e.htm。

际组织以及其他成员实施的卫生与植物卫生措施的信息,临时采用卫生与植物卫生措施。在此种情况下,各成员应寻求获得更加客观地进行风险评估所必需的额外信息,并在合理期限内据此审议卫生与植物卫生措施。"上诉机构支持专家组的裁定,即根据第5.7条,品种测试要求不合理,因为日本没有满足第5.7条规定的采用和维持临时卫生和植物检疫措施的所有要求。

③关于SPS协定的第五条第六款:美国提出日本的品种测试法不符合SPS协定第五条第六款,原因是该措施对贸易的限制程度大大超过了实现适当的卫生保护水平的要求。根据第五条第六款及其注释指出,如果存在能同时满足三个条件的代替措施,那么争议措施的"贸易限制程度",都将被视为"超出需要",并且将违反第五条第六款,这三个条件是:a. 在考虑技术和经济可行的前提下,代替措施可合理获得。b. 该代替措施可以实现适当的卫生与植物保护水平。c. 该代替措施较涉案措施可显著降低对贸易的限制程度。由此,专家组得出结论,日本实施的品种测试法违反SPS协定第5.6条的规定,因为其措施并非实现理想健康保护水平的贸易限制最少的现有合理措施,但上诉机构推翻了这一裁定。

案例总结:本案中日本对同一种水果的不同品种提出要逐一检测的要求,但是却没有证据证明这样做的合理性,这是日本败诉的主要原因。因为没有一个应诉方能够证明其SPS措施与风险评估之间存在"合理的关系"。

(4) 秘鲁诉欧共体沙丁鱼案(DS231)。①

《TBT协定》作为WTO"一揽子"协议的一部分,旨在确保承认各成员方有权采取技术法规、标准与合格评定程序以实现其正当目标的同时,不对国际贸易造成不必要的壁垒。自《TBT协定》生效以来,DSB

---

① 资料来源:秘鲁诉欧共体沙丁鱼案,DS231:https://www.wto.org/english/tratop_e/dispu_e/cases_e/ds231_e.htm。

审理的案件中，争议点主要集中在"技术法规""不低于待遇""不必要贸易限制"以及"发展中国家特殊和有差别待遇"的问题上（隋军，2013）。

截至2020年底，涉及《TBT协定》的共有56个案件提交至WTO争端解决机构，但大部分均由成员方和解或撤诉解决，DSB很少根据TBT协定作出裁定。2001年秘鲁诉欧共体沙丁鱼案是依据TBT协定判决的，所以下文选取秘鲁诉欧共体沙丁鱼案作为TBT协定的典型案件。

争端发生背景和起诉原因：本案涉及的背景是欧共体理事会规定了在欧共体销售沙丁鱼罐头的销售标准，该法规限制了秘鲁沙丁鱼出口欧共体。1989年6月21日，欧共体颁布第2136/89号理事会法规（EEC）。该法规规定了在欧共体销售沙丁鱼罐头的销售标准，其中法规的第2条规定：只有用pilchardus沙丁鱼制成的罐头，才能冠以沙丁鱼罐头的商品名称进行销售。由于秘鲁盛产sagax沙丁鱼，而按照欧共体的规定只有pilchardus沙丁鱼制成的鱼罐头可称之为沙丁鱼罐头，这无疑对秘鲁的sagax沙丁鱼罐头出口欧盟造成直接影响。早在1978年，食品法典委员会就已经颁布了关于沙丁鱼和沙丁鱼类产品罐头的标准Codex Stan 94，该标准的规定既包括pilchardus沙丁鱼又包括sagax沙丁鱼。因此，秘鲁认为EEC违反了TBT协定第2条第4款，没有以国际标准Codex Stan 94作为制定技术法规的基础。2001年3月20日，秘鲁对欧共体的规定表示质疑，向其提出磋商请求。

争端解决过程：2001年3月20日，秘鲁要求就法规（EEC）2136/89与欧盟进行磋商，该法规阻止秘鲁出口商继续在其产品中使用商品名称"沙丁鱼"。秘鲁认为，根据相关食品法典标准（STAN 94-181 rev.1995），可将"sardinops sagax"物种列为可作为"沙丁鱼"进行交易的物种。因此，秘鲁认为上述法规构成了不合理的贸易壁垒，因此违反了《TBT协定》第2条和第12条以及《1994年关贸总协定》中第Ⅺ第1款：1条。此外，秘鲁认为该法规不符合"不歧视"的原则，因此违反了《1994年关贸总协定》的第Ⅰ条和第Ⅲ条。

第3章 非关税措施的国际规则与管理机制

应秘鲁的要求，DSB 在 2001 年 7 月 24 日的会议上成立了一个专家组。加拿大，智利，哥伦比亚，厄瓜多尔，委内瑞拉和美国保留其第三方权利。2002 年 5 月 29 日专家组报告分发给成员，专家组报告认为欧共体法规与《TBT 协议》第 2.4 条不一致。

2002 年 6 月 28 日，欧洲委员会通知将对专家组提出的某些法律问题和法律解释提出上诉。DSB 于 2002 年 10 月 23 日通过了由上诉机构报告修改的上诉机构报告和专家组报告。上诉机构基本上支持专家组的决定，但推翻了某些方法上的观点。主要对于举证责任的分配问题上诉机构采取了与专家组截然不同的立场。在 2002 年 11 月 11 日的 DSB 会议上，欧共体表示正在努力以与 WTO 规则、特别是《TBT 协议》第 2.4 条所规定的义务相一致的方式来执行 DSB 的裁决和建议。同年 12 月，秘鲁和欧共体通知 DSB 同意欧共体实施 DSB 的建议和裁决的合理期限于 2003 年 7 月 1 日到期。2003 年 7 月 25 日，欧洲共同体和秘鲁通知 DSB，他们已经按照 DSU 第 3.6 条达成了共同商定的解决方案。

调查结果摘要：1) 关于 TBT 附件第一条第一款：专家组和上诉机构一致认定欧盟法规是符合附件 1.1 含义要求的"技术法规"，因为它满足了上诉机构在《欧盟——石棉》报告中规定的"技术法规"的三个标准：a. 适用于可识别产品或产品组的文件；b. 规定一项或多项产品特性；c. 必须符合产品特性。

2) 关于 TBT 第二条第四款：TBT 第 2.4 条表明"如需制定技术法规，而有关国际标准已经存在或即将拟就，则各成员应使用这些国际标准或其中的相关部分作为其技术法规的基础。除非这些国际标准或其中的相关部分对达到其追求的合法目标无效或不适当，例如由于基本气候因素或地理因素或基本技术问题。"[①] 专家组和上诉机构一致认定"国

[①]《TBT 协定全文（中文）》，中华人民共和国商务部，2014 年 9 月 9 日，http://sms.mofcom.gov.cn/article/wtofile/201409/20140900724769.shtml。

际标准"的定义不要求是"公认机关"一致通过采取的标准。即 TBT 协定第 2 条第 4 款适用于 1995 年 1 月 1 日前批准，但一直未停止使用的措施，所以 EEC 法规适用于 TBT 第二条第四款（WTO，2019）。

3）上诉机构推翻了专家组的另一裁决，即欧洲共同体有责任根据第 2.4 条证明相关国际标准无效和不适当，相反，认定秘鲁有责任证明该标准对于实现欧洲共同体通过《欧共体条例》追求的合法目标是有效和适当的。上诉机构支持专家组的另一项裁定，即秘鲁已举出足够的证据和法律论据，证明国际标准对于实现欧洲共同体追求的合法目标（市场透明度、消费者保护和公平竞争）为有效的，因为尚未确定欧洲共同体大多数成员方的大多数消费者总是将"沙丁鱼"这一共同名称总与"sardina pilchardus walbaum"联系在一起。

案例总结：秘鲁诉欧共体沙丁鱼案是目前关于 TBT 协定最重要的案例。首先，从形式上，秘鲁诉欧共体沙丁鱼案经历了双方磋商、专家组审查、上诉机构审查等从外交解决到司法审查的各个阶段。其次，从内容上，本案是专家组和上诉机构首次对 TBT 具体条款的适用做出司法解释的案例。它阐明了"技术法规""相关国际标准""合法目的"等重要概念，为人们对 TBT 协定的理解提供了法律依据。[1]

---

[1] 《从秘鲁诉欧盟关于沙丁鱼商品名称案看 TBT 协定的运用》，2020 年 3 月 4 日，中华人民共和国商务部，参见：http://chinawto.mofcom.gov.cn/article/jsbl/alzs/202003/20200302941928.shtml。

第4章 非关税措施的理论评估框架与贸易保护主义的判别

产品标准的崛起,引发了公众对国际贸易和经济发展影响的热烈辩论。针对上述两种维度,存在两种论据。第一种论据是:标准是(非关税)贸易壁垒。随着国际贸易协定的签订,全球关税进一步降低,各国已转向以非关税壁垒为代表的新工具,来保护国内市场免受外国竞争(Anderson et al., 2004; Augier et al., 2005; Brenton and Manchin, 2003; Fischer and Serra, 2000; Sturm, 2006)。第二种论据是:即使发展中国家和新兴国家能够遵守新的标准,在这些国家内部也会有再分配效应,不利于穷人。更具体地说,有人认为标准导致小型、信息贫乏和资本薄弱的生产者无法参与这些"高标准价值链"。此外,即使小生产商能够参与,价值链被大型跨国公司所控制,这些跨国公司也会通过其在链内的高级议价能力攫取全部剩余(Reardon and Berdegue, 2002; Unnevehr, 2000; Warning and Key, 2002)。

然而,关于标准负面影响论据的有效性存在着相当大的不确定性和争议(Swinnen, 2007)。

首先,关于标准的贸易保护主义效应,有些学者认为,"标准即保护主义"的论点忽视了标准在消费者福利方面的社会效益,例如减少信息的不对称性或社会的外部性。标准的其他作用使其对贸易和福利的负面影响不那么明显(Beghin et al., 2012; Beghin et al., 2013; Sheldon, 2012; Swinnen and Vandemoortele, 2012)。此外，尽管质量和安全标准确实使生产成本上升，但也降低了贸易中的交易成本，成为贸易的"催化剂"（Henson and Jaffee, 2007; Maertens and Swinnen, 2007）。有些属性的证实对消费者来说是困难的、昂贵的，但标准的存在化解了大部分难题，从而降低了交易成本（Roe and Sheldon, 2007）。事实上，尽管标准数量快速增长、严格程度不断加深，全球贸易在过去30年里仍实现了大幅增长。即使对发展中国家来说，在标准变得越来越严格和越来越普遍的情况下，其贸易增长也依旧强劲。例如，在亚洲和拉丁美洲，高价值食品如水果、蔬菜、海鲜、鱼、肉和乳制品的出口从20世纪80年代占农业出口的20%增加到近年来的40%，总体出口大幅增长。非洲的情况与此类似，尽管增长进程缓慢（Swinnen and Maertens, 2014）。

其次，关于标准对发展中国家内部不平等和贫困的影响，尽管质量和安全标准确实使生产成本更高，但它们同时增加了产品的价值，提高了产品的利润（Maertens et al., 2012; Reardon and Farina, 2001; Swinnen and Vandeplas, 2009）。实证研究表明，标准的引入导致产业组织的价值链发生巨大变化，进而对生产技术、资本和当地供应商的关键投入产生重要影响（Dries et al., 2009; Gow and Swinnen, 1998）。同时，现有研究发现，小农对高标准全球价值链的参与度比最初预测的高（Reardon et al., 2009; Swinnen, 2007）。

最后，关于这些价值链内的租金分配，实证研究显示了与预期截然不同的效果。早期的经验研究主要集中在排斥问题上（例如，贫穷的生产者是否因为标准的引入而被边缘化）。现今的研究才真正衡量标准对福利、收入或贫困的影响。这些研究发现：标准对发展中国家的贫困家庭产生了积极影响，这些家庭可能以小农生产者的形式参与或通过有薪就业的方式参与大型农业公司（Anderson et al., 2015; Colen et al., 2012; Minten et al., 2009; Rao and Qaim, 2011; Rao et al., 2012）。值得注意的是，尽管国际贸易是由垄断性出口企业控制的，但在一些情况下，这些益处仍然存在。

本章我们将政治均衡与社会最优进行比较，以得出公共标准在何时可以被视为"保护主义"政策。[①] 我们发现政治最优的公共标准与社会最优相比，可能太高（标准化过度）也可能太低（标准化不足）；然而，与通常的假设相反，我们认为标准化过高不一定是保护主义，并且标准化过低也可能是伪装的保护主义。

4.1 理论分析

标准和价值链对贸易和发展的影响一直受到各个经济部门的广泛讨论。相关例子有：纺织品（Barrientos et al., 2011; Czubal et al., 2009; Evgeniev and Gereffi, 2008; Frederick and Gereffi, 2011）、手工艺品（Leclair, 2002）、林业产品（Stringer, 2006; Marx et al., 2012）、汽车工业（Sturgeon et al., 2006; 2009）、化学品（Ackerman et al., 2008）、纳米技术（Dillemuth et al., 2011）和农业食品部门（Reardon et al., 2003）。

本书聚焦于农业食品行业，因为针对该行业已有大量的实证研究并且这些领域的争论已经尤为激烈（Dolan and Humphrey, 2000; Reardon et al., 1999）。其中一个原因是，发达国家的食品安全和质量标准，在过去十年中都大幅收紧，严重影响着这些商品的国际贸易和全球价值链（Jaffee and Henson, 2005）。第二个原因与这种演变的发展含义有关。世界上许多穷人从事农业，农产品出口被视为穷人增收的一个重要来源

[①] 如上节所述，我们的方法与公共法规和国际贸易中保护主义干预的政治经济学的大量文献有关。政治经济学和游说的许多研究集中于贸易政策监管和保护领域（Bhagwati, 1982; Grossman and Helpman, 1994; Hillman, 1982; Hillman and Ursprung, 1988; Krueger, 1974）。这些文献综述包括加万德和克里希纳（Gawande and Khrishna, 2003）、格罗斯曼和赫尔普曼（Grossman and Helpman, 2001）、罗德里克（Rodrik, 1995），并且，适用于国际农业和粮食政策（Anderson et al., 2013; Swinnen, 2008）。

(World Bank，2008)。第三个原因是，很多人作为食品消费者也受到了影响（Beghin et al.，2015；Reardon and Timmer，2012）。但是，如前所述，我们试图使模型尽可能一般化，并详细解释与特定部门或条件有关的假设。

4.1.1 模型标准

一个关键问题是如何为标准建模。标准通常会影响效率和公平——这是本节的一个重要观点，因此社会中的不同群体可能会因受到的影响不同而产生不同的偏好。大量文献研究了标准作为次优工具，如何将收入从一个群体转移到另一个群体。最初，这些文献主要关注最低质量标准的竞争和福利效应，如博克斯特尔（Bockstael，1984）、克朗普和霍兰德（Crampes and Hollander，1995）、利兰（Leland，1979）、罗恩（Ronnen，1991）、瓦莱蒂（Valletti，2000）、温弗里和麦克罗斯基（Winfree and McCluskey，2005）。近年对于其他类型的标准如标签（Fulton and Giannakas，2004；Roe and Sheldon，2007）或环境标准（Schleich，1999）的分析也不断增加。

1. 标准与市场失灵

为标准建模的选择与标准试图纠正的信息不对称或各种外部性导致的市场失灵有关。具体来说：

（1）标准可以解决与生产或消费外部性有关的市场失灵问题（Roberts et al.，1999；Schleich，1999；Tongeren et al.，2009）。当一个经济主体的行为对其他经济主体有直接影响时外部性就出现了，而这些影响没有被计入市场价格体系。例如，上游企业的河道污染给下游企业带来了负外部性，下游企业若需使用河水作为生产投入则可能需要安装昂贵的净化设备，而上游企业对此并不予赔偿。这种负外部性可通过规定上游企业最低排放标准来降低。

旨在纠正生产或消费外部性的标准可以在消费者的效用函数、生产者的利润函数或社会福利函数中插入一个外部性成分来建模，这取决于所分析的外部性类型（Fischer and Serra，2000；Marette and Beghin，2010；Schleich，1999；Sturm，2006；Tian，2003；Tongeren et al.，2009）。

（2）标准可以解决网络外部性造成的市场失灵问题。在电信和消费电子等工业部门，不同产品之间能否相互兼容是一个重要问题。提高有关不同产品间兼容性的标准可能会对竞争和福利产生相当大的影响（Farrell and Saloner，1986；Jeanneret and Verdier，1996；Katz and Shapiro，1985）。

（3）标准可以减少或解决信息不对称造成的市场失灵问题和道德风险（Gardner，2003；Thilmany and Barrett，1997）。一般来说，产品特征可分为三类：搜索特征、经验特征和信任特征（Darby and Karni，1973；Nelson，1970）。搜索特征可以在购买之前就确定（如苹果的颜色），经验特征只有在购买并使用该产品后才能知道（如苹果的味道），信任特征即使在购买后也很难确认（如苹果上的农药残留情况）。消费者通常无法直接观察到初次购买的产品的经验或信任特征（Roe and Sheldon，2007），这可能导致与信息不对称相关的问题（Darby and Karni，1973）。标准规定了生产过程或最终产品必须符合的要求，这可以向消费者传递经验和信任特征均为正面的信号而非负面的。因此，即使经验和信任特征很难被观察到，但当标准存在时，市场均衡可能会得到改善。然而，它们的有效性显然取决于标准的可信性。标准的可信性可以通过特定的机构来提高，例如政府控制或第三方的验证（Baltzer，2011）。

解决信息不对称的标准可以通过两种方式建模。第一种方法是通过纵向差异化，消费者效用建模的纵向差异化方法是假设所有消费者都重视经验或信任特征，但他们为这个属性付费的意愿不同。换句话说，如果有标准和没有标准的产品价格相同，那么所有的消费者都会购买有标准的产品。穆萨和卢森（Mussa and Rosen，1978）、斯彭斯（Spence，1975）和梯若尔（Tirole，1988）将纵向差异框架引入到经济学中，并且已经被学术界广泛运用：巴尔策（Baltzer，2011）、博姆（Boom，1995）、克朗普和霍兰德（Crampes and Hollander，1995）、富尔顿和吉安娜卡斯（Fulton and Giannakas，2004）、吉安娜卡斯和亚纳卡（Giannakas and Yiannaka，2008）、让纳雷和维迪尔（Jeanneret and Verdier，1996）、拉潘和莫斯基尼（Lapan and Moschini，2007）、马克斯韦尔（Maxwell，1998）、莫斯基尼（Moschini，2008）、罗伊和谢尔顿（Roe and Sheldon，2007）、罗恩（Ronnen，1991）、维西耶尔（Veyssiere，2007）和瓦莱蒂（Valletti，2000）。

第二种方法是通过在消费者的效用函数中包含一个偏好参数而不指定特定的函数形式来解决信息不对称。如拉潘和莫斯基尼（Lapan and Moschini，2004）、利兰（Leland，1979）、斯温嫩和范德莫雷特勒（Swinnen and Vandemoortele，2008）、温弗里和麦克罗斯基（Winfree and McCluskey，2005）。

2. 标准与合规成本

通常假定标准涉及生产者的一些合规成本。这个假设背后的思考是：所有的标准都可以被定义为禁止使用成本更低的技术。例如禁止一项现有技术（例如童工）或一项尚未使用但有可能降低成本的技术（例如基因改造技术）。

合规成本以不同的方式建模。一些学者假设标准增加了固定的实施成本，例如利兰（Leland，1979）、马克斯韦尔（Maxwell，1998）、莫斯基尼等（Moschini et al.，2008）、莫塔（Motta，1993）、罗伊和谢尔顿（Roe and Sheldon，2007）、罗恩（Ronnen，1991）、瓦莱蒂（Valletti，2000）。另一些学者假设标准增加了可变的生产成本，例如克朗普和霍兰德（Crampes and Hollander，1995）、菲舍尔和塞拉（Fischer and Serra，2000）、富尔顿和吉安娜卡斯（Fulton and Giannakas，2004）、吉

安娜卡斯和亚纳卡（Giannakas and Yiannaka, 2008）、拉潘和莫斯基尼（Lapan and Moschini, 2007）、莫斯基尼（Moschini, 2008）、斯图姆（Sturm, 2006）、斯温嫩和范德莫雷特勒（Swinnen and Vandemoortele, 2008）、温弗里和麦克罗斯基（Winfree and McCluskey, 2005）和维西耶尔（Veyssiere, 2007）。在本章中，我们假设标准增加了生产者的可变生产成本。

3. 标准是否连续

连续变量和哑变量都可以用来表示标准，主要取决于标准所保证的基本产品特性。

规定某种成分份额的标准，通常用连续变量来建立模型。文献中使用连续变量的例子有克朗普和霍兰德（Crampes and Hollander, 1995）、菲舍尔和塞拉（Fischer and Serra, 2000）、利兰（Leland, 1979）、马列特和贝根（Marette and Beghin, 2010）、罗伊和谢尔顿（Roe and Sheldon, 2007）、罗恩（Ronnen, 1991）、斯图姆（Sturm, 2006）、瓦莱蒂（Valletti, 2000）、温弗里和麦克罗斯基（Winfree and McCluskey, 2005）。

标准在确定是否允许使用某种成分或技术时，通常使用哑变量来表示。在分析生产者或政府在不同生产技术之间的选择以及这种选择所适用的标签，如转基因技术和地理标志（GI）产品标签，使用哑变量来为标准建模是很常见的（Lapan and Moschini, 2007; Moschini, 2008）。

4. 私有标准和公有标准

在这节中，我们为公有标准（由政府制定）建立了模型，主要聚焦于贸易和公有标准之间的关系，以及标准如何被用来保护国内利益免受国际竞争的伤害。如安德森等（Anderson et al., 2004）、菲舍尔和塞拉（Fischer and Serra, 2000）、斯图姆（Sturm, 2006）、赛克斯（Sykes, 1995）及第尔曼尼和巴雷特（Thilmany and Barrett, 1997）。我们假定政府实施公有标准，并忽略私有标准。

4.1.2 模型设定

标准同时具有效率和公平效应，而且这些效应可能受到消费者偏好、实施成本等各种因素的影响。在我们的基本框架中，标准通过减少信息不对称产生效用增益。同时，标准也受实施成本的影响。基于以上假设，我们认为标准造成了消费者和生产者之间的租金再分配。而且，标准可能会因为生产者类型和实施成本大小的不同对生产者产生不同的影响。

本节将以如下结构展开分析。首先，介绍基本的封闭经济模型。其次，在三种不同的情况下，分析公共标准的变化对消费者剩余、生产者剩余和社会整体福利的影响。这三种情况分别是：不存在与标准相关的实施成本；存在实施成本；以及不同类型生产者之间的实施成本存在差异。

考虑一种"信任品"的市场，即消费者无法通过搜索或经验来确定其特征（Darby and Karni，1973）。保证产品的某些信任特征的标准在减少信息不对称问题以及对消费者的效用产生积极影响。因此，在其他条件相同时，标准可以通过提高支付意愿诱使消费者购买更多的产品。

我们假设一个具有代表性的消费者效用函数为 $u(x,s)$，其中 x 是商品的消费量，s 是标准的水平，越高的 s 意味着越严格的标准。[①] 消费者效用是单调递增的且为凹函数（$u_x>0$，$u_{xx}<0$），且标准也是递增的凹函数（$u_s>0$，$u_{ss}<0$）。[②] 我们假设 $u_{xs}>0$，即标准的增加将导致消

[①] 在接下来的章节中，变量 q 表示消费，变量 x 表示生产。当分析涉及封闭经济时，如果市场均衡即 q=x 时，我们用 x 表示消费和生产，以简化符号。

[②] 在本章的其余部分，下标表示部分衍生到 x 或 s，上标表示消费者 C，生产者 P，或社会福利 W。

费边际效用的提高。

记 n^c 为消费者效用函数的最大值：

$$n^c = \max_x [u(x, s) - px] \tag{4.1}$$

其中，n 是消费者价格。该最大化问题的一阶条件为：

$$\frac{\partial n^c}{\partial x} = u_x(x, s) - p = 0 \tag{4.2}$$

式（4.2）通过隐函数定义了反需求函数。根据我们对效用函数的假设，反需求函数的走势是向下倾斜的，即：

$$u_{xx}(x, s) < 0 \tag{4.3}$$

此外，更高的标准会使反需求函数向上移动：

$$u_{xs}(x, s) > 0 \tag{4.4}$$

在生产方面，我们假设由于标准的提出，生产者受到了一些生产约束，从而增加了生产成本。考虑一个有代表性的生产者，其成本函数为 $c(x, s)$ 取决于产量和标准。① 假设成本函数在产量 x 和标准 s 中都是递增且凸的（$c_x > 0$，$c_{xx} > 0$；$c_s > 0$，$c_{ss} > 0$）。我们进一步假设 $c_{xs} > 0$，即标准增加了生产的边际成本。市场为完全竞争市场，即生产者是价格接受者，通过设定产量 x 来使利润最大化：

$$\pi^p = \max_x [px - c(x, s)] \tag{4.5}$$

该最大化问题的一阶条件为：

$$\frac{\partial \pi^p}{\partial x} = p - c_x(x, s) \tag{4.6}$$

式（4.6）通过隐式定义了反供给函数。反供给函数的走势是向上倾斜的，即：

$$c_{xx}(x, s) > 0 \tag{4.7}$$

此外，更高的标准将使得反供给函数向上移动：

$$c_{xs}(x, s) > 0 \tag{4.8}$$

---

① 在下文情境 1 中，当不存在与标准相关的实施成本时，成本函数为 $c(x)$。

在市场均衡时，供需平衡：

$$p^* = u_x(x^*, s) = c_x(x^*, s) \qquad (4.9)$$

其中，x^* 和 p^* 分别表示市场均衡时的产量和价格。同时，对反需求和反供给函数中的标准求导可得：

$$\frac{dp^*}{ds} = u_{xs} + \frac{dx^*}{ds}u_{xx} = c_{xs} + \frac{dx^*}{ds}c_{xx} \qquad (4.10)$$

$u_{xs} > 0$，$u_{xx} < 0$，$c_{xs} > 0$，$c_{xx} > 0$，那么 $\frac{dx^*}{ds}$ 和 $\frac{dp^*}{ds}$ 的大小取决于具体情境下生产者和消费者的情况。

消费者和生产者剩余分别为：

$$n^c = u(x^*, s) - p^* x^* \qquad (4.11)$$

以及

$$n^p = p^* x^* - c(x^*, s) \qquad (4.12)$$

总福利被定义为消费者剩余和生产者剩余之和：

$$W(s) = u(x^*, s) - c(x^*, s) \qquad (4.13)$$

1. 情境1：不存在与标准相关的实施成本

我们假设生产者不直接受到标准的影响，反供给函数为：

$$P = c_x(x) \qquad (4.14)$$

当市场均衡时，得：

$$u_x(x^*, s) = c_x(x^*) \qquad (4.15)$$

对式（4.15）中的标准 s 进行求导，得：

$$u_{xs}(x^*, s) + \frac{dx^*}{ds}u_{xx}(x^*, s) = \frac{dx^*}{ds}c_{xx}(x^*) \qquad (4.16)$$

方程式也可以表示为：

$$\frac{dx^*}{ds} = \frac{u_{xs}}{c_{xx} - u_{xx}} \qquad (4.17)$$

当反需求和反供给函数符合假设（$c_{xx} > 0$，$u_{xx} < 0$），并且更高的标

第4章 非关税措施的理论评估框架与贸易保护主义的判别

准使得消费者的需求增加时（$u_{xs} > 0$），式（4.17）证明了 $\left(\dfrac{dx^*}{ds}\right) > 0$。此时，消费者愿意为信任特征付费，市场均衡产出在更严格的标准下将增加。

由上可知：

$$\dfrac{dp^*}{ds} = \underbrace{c_{xs}}_{>0} + \underbrace{\dfrac{dx^*}{ds}}_{>0}\underbrace{c_{xx}}_{>0} = \underbrace{u_{xs}}_{>0} + \underbrace{\dfrac{dx^*}{ds}}_{>0}\underbrace{u_{xx}}_{<0} \qquad (4.18)$$

$\dfrac{dp^*}{ds}$ 可以表示市场均衡时单位生产者收入的边际增量，也可表示为单位消费者支出的边际增量，即更严格的标准将使生产者收入和消费者支出增加。

（1）对消费者的影响。

更高的标准对消费者盈余的影响如下：

$$\dfrac{\partial P^c}{\partial s} = \underbrace{u_s}_{>0} - \underbrace{x^*\dfrac{dp^*}{ds}}_{>0} = \underbrace{u_s}_{>0} - x^*\underbrace{\left(u_{xs} + \dfrac{dx^*}{ds}u_{xx}\right)}_{>0} \qquad (4.19)$$

第一项，u_s 是更严格标准的（正）效用增益，即减少信息不对称给消费者带来的附加价值。第二项，$x^* \dfrac{dp^*}{ds} = x^*\left(u_{xs} + \dfrac{dx^*}{ds}u_{xx}\right)$ 是消费支出的边际增加值，也是正的。这一项包括对更高标准产品的较高支付意愿（$u_{xs} > 0$）和由于标准的边际消费量 $\dfrac{dx^*}{ds}$ 变化而导致的支付意愿的变化。后者的支付意愿变化的大小是由反需求函数 u_{xx} 的斜率决定。但它们对消费支出的综合影响是积极的，直观地说，支出的增加是由均衡产出的增加以及均衡价格的增加造成的。如式（4.19）所示，标准对消费者剩余的边际影响是不明确的。如果效用增益大于消费支出的边际变化，则消费者剩余随着标准增加而增加，反之亦然。

图 4-1 说明了改变需求的标准导致需求曲线上移 dsu_{xs} 的情况下对消费者剩余的影响。浅灰色区域表示消费者效用增加 $u_s ds$，而垂直阴影区域显示：如果 x^* 保持不变，支出增加 $x^* dsu_{xs}$。在这种情况下，消

费者剩余保持不变。然而，均衡量的增加 dx^* 会导致消费支出的增量 $x^* \left(\frac{dp^*}{ds} \right)$ 减少，深灰色区域显示了这种效果，这一区域的高度等于 $(-dx^* u_{xx})$，因此对消费者剩余的总影响为 $u_s - x^* \left[u_{xs} + \left(\frac{dx^*}{ds} \right) u_{xx} \right]$，如式（4.19）所示。

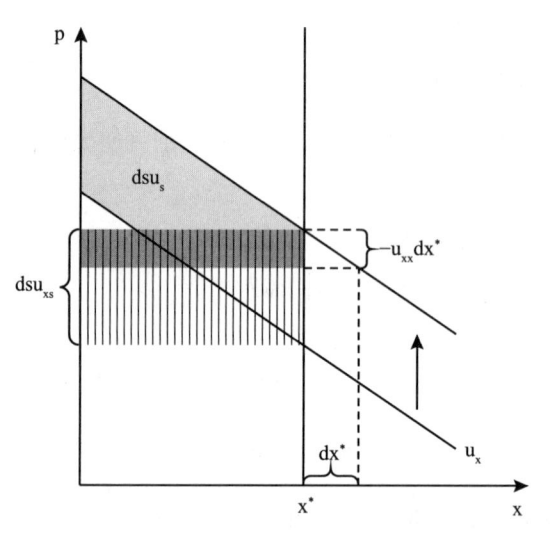

图 4-1 标准对消费者剩余的影响

在其他条件不变的情况下，效用增益 u_s 的大小取决于更高的标准是否会引起需求曲线平移，如图 4-1 所示，或在此基础上进行顺时针或逆时针旋转。图 4-2 展示了需求曲线在平移后按顺时针旋转将如何影响消费者剩余。在均衡数量 x^* 不变的情形中，效用将增加 $u_s ds$，即两条需求曲线与供给曲线以及纵坐标轴围成的部分。① 因此，当标准引起需求曲线顺时针旋转时，消费者剩余的净收益将更大，因为边际支付意愿的变化（决定了消费者价格，从而决定了消费支出的边际增长）

---

① 类似的图表可以用来说明需求的逆时针旋转和/或均衡数量的减少对消费者剩余的影响，或者用来说明标准变化对生产者剩余的影响。

小于平均支付意愿的增长（构成效用效应）。

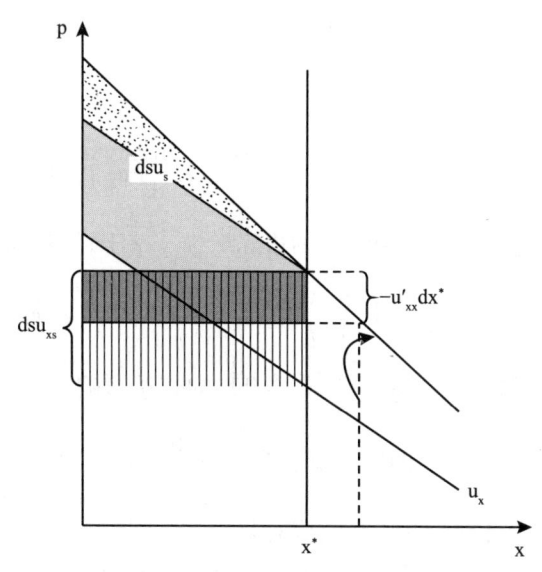

图 4-2　需求曲线按顺时针旋转

为了解消费支出边际增量的决定因素，我们可以将这一项表示为

$$x^* \frac{dp^*}{ds} = x^* \left(u_{xs} + \frac{dx}{ds} u_{xx} \right) = x^* \left(u_{xs} + \frac{u_{xs} u_{xx}}{c_{xx} - u_{xx}} \right) = x^* \left[\frac{-\varepsilon_p^D u_{xs}}{\varepsilon_p^S - \varepsilon_p^D} \right]$$

(4.20)

$\varepsilon_p^S = \frac{c_x(x^*)}{x^* c_{xx}(x^*)}$ 是供给的价格弹性，$\varepsilon_p^D = \frac{u_x(x^*, s)}{x^* u_{xx}(x^*, s)}$ 是需求的价格弹性。当处于市场均衡时，$p^* = c_x(x^*) = u_x(x^*, s)$。因此，消费支出增加的幅度取决于供求价格弹性。供给弹性越小（ε_p^S 小），消费支出增长越大。同样，如果需求弹性越大（$|\varepsilon_p^D|$ 大），那么消费支出增长越大。

综上所述，由于等式（4.19）右侧的两项具有相反的效应，因此 $\frac{\partial P^c}{\partial s}$ 的符号是待定的。公共标准的增加既可能增加也可能减少消费者剩余，这取决于标准增加时需求曲线如何旋转，以及供给和需求的价格弹性。

(2) 对生产者的影响。

不考虑与标准相关的实施成本时,更严格的标准对生产者利润的边际效应为:

$$\frac{\partial \prod^P}{\partial s} = x^* \frac{dp^*}{ds} = x^* \left(c_{xs} + \frac{dx^*}{ds} c_{xx} \right) > 0 \qquad (4.21)$$

其中,右式表示生产者收入的边际增量。基于封闭经济的假设,它与消费支出的边际增量 $x^* \left(\frac{dp^*}{ds} \right)$ 相等。式(4.21)表明,生产者利润的边际增量包括边际成本提高($c_{xs} > 0$)的直接影响,也包括因产出变化而带来的边际成本曲线移动的间接影响 $\left(\frac{dx^*}{ds} \right) c_{xx}$。

此时,生产者剩余的边际效应总是正的。因为生产者的收入等于消费支出的增加,由式(4.20)可知,当供给弹性越小(ε_p^S 小),而需求弹性越大($|\varepsilon_p^D|$ 大)时,生产者利润更高。

更重要的是,式(4.19)和式(4.21)表明,标准的提高会使消费者和生产者之间产生租金再分配 $x^* \left(\frac{dp}{ds} \right)$,租金从消费者转移到生产者——这种租金再分配总是正的。

(3) 对社会总福利的影响。

最后,公共标准的变化对总福利的影响为:

$$\frac{\partial W}{\partial s} = u_s > 0 \qquad (4.22)$$

它等于效用增益 u_s,并且无疑是正的。

综上所述,分析表明:更严格的公共标准通过效用增益提高了福利,同时也造成了从消费者到生产者的租金再分配。因此,生产者总是在没有与标准相关的实施成本的情况下获得收益;而消费者可能获益也可能损失——这取决于效用增益的相对大小和消费支出的边际增量。

2. 情境2：有实施成本

在第二种情况，我们假设存在与标准相关的实施成本。因此我们考虑反供给函数 $p = c_x(x, s)$（其中 $c_{xx}(x, s) > 0$）。对式（4.9）中的市场均衡求全导数，得：

$$u_{xs}(x^*, s) + \frac{dx^*}{ds}u_{xx}(x^*, s) = c_{xs}(x^*, s) + \frac{dx^*}{ds}c_{xx}(x^*, s)$$

(4.23)

整理后得：

$$\frac{dx^*}{ds} = \frac{u_{xs} - c_{xs}}{c_{xx} - u_{xx}}$$

(4.24)

与式（4.17）不同的是，式（4.24）正负未知。如果需求的增加 u_{xs} 大于边际成本的增加 c_{xs}，则标准对均衡产出的边际影响为正，反之亦然。

由下可知：

$$\frac{dp^*}{ds} = \underbrace{c_{xs}}_{>0} + \underbrace{c_{xx}\frac{dx^*}{ds}}_{>0} = \underbrace{u_{xs}}_{>0} + \underbrace{\frac{dx^*}{ds}}_{>0}\underbrace{u_{xx}}_{<0}$$

(4.25)

$\frac{dp^*}{ds}$ 可以表示为市场均衡时单位生产者收入的边际增量，也可表示为单位消费者支出的边际增量。即更严格的标准将使生产者收入和消费者支出增加。

（1）对消费者的影响。

标准的增加对消费者剩余的边际影响仍然由式（4.19）给出。因此，利用式（4.20）的弹性表示法，标准对消费者剩余的边际影响可以写成：

$$\frac{\partial \prod^C}{\partial s} = \underbrace{u_s}_{>0} - x^* \underbrace{\left[\left(\frac{\varepsilon_p^S c_{xs} - \varepsilon_p^D u_{xs}}{\varepsilon_p^S - \varepsilon_p^D}\right)\right]}_{>0}$$

(4.26)

和前面一样，ε_p^S 和 ε_p^D 是供需价格弹性。同样的，提高标准可能会增加或减少消费者剩余；并且，式（4.26）右式第一项为更严格标准的（正）效用增益，第二项为消费支出的边际增加，同样为正。从式（4.20）与式（4.26）中相应项的比较中容易推断出，如果从相同的初始均衡 x^* 开始，这一项将大于情境1（无实施成本的情况）。这种较高的消费支出边际增量 $x^* \dfrac{\mathrm{d}p^*}{\mathrm{d}s}$ 的产生是因为边际成本因标准而增加 c_{xs}，从而导致更大的价格增量 $\dfrac{\mathrm{d}p^*}{\mathrm{d}s}$。因此，当公共标准涉及实施成本时，消费者从公共标准的增加中获益更少（或损失更多）。

（2）对生产者的影响。

标准的增加对生产者利润的边际影响为：

$$\frac{\partial \prod^P}{\partial s} = \underbrace{x^*\left(c_{xs} + \frac{\mathrm{d}x^*}{\mathrm{d}s}c_{xx}\right)}_{>0} - \underbrace{c_s}_{>0} \quad (4.27)$$

右边的第一项仍然是生产者收入的（正）边际增加，等于消费支出的边际增加。第二项 c_s 是标准的实施成本，对生产者剩余有负面影响。由式（4.27）可知，标准变化对生产者利润的影响可能是正的，也可能是负的，这取决于生产者收入边际增量和实施成本的相对大小。

除了有着相同的最初均衡 x^*，式（4.27）与式（4.21）相比，无法得出其符号。一方面，式（4.27）中的实施成本 c_s 对生产者剩余有负面影响；另一方面，其生产者收益的边际增量大于式（4.21）。后一种影响意味着，在有实施成本的情况下，将有更多地从消费者到生产者的租金再分配。换句话说，标准的额外成本不是由生产者单独承担的，而是通过更大的租金再分配部分转嫁到消费者身上。

类似于我们在前一节对消费者剩余的讨论，对生产者剩余的净影响取决于当标准增加时供给曲线如何旋转。其他条件不变时，如果影响是逆时针旋转，边际成本增量将大于平均成本增量。因为均衡价格是由边际成本决定的，这将导致生产者剩余的净增加。

（3）对社会总福利的影响。

此时，标准的变化对总福利的影响是巨大的：

$$\frac{\partial W}{\partial s} = u_s - c_s \tag{4.28}$$

由式（4.28）可知，对总福利的影响取决于标准的相对效用增益和实施成本。假设 W 为凹函数，则标准 s^* 的社会最优水平由下式给出：

$$u_s(x^*, s^*) = c_s(x^*, s^*) \tag{4.29}$$

也就是说，社会最优标准平衡了消费者的边际效用增益和生产者的边际实施成本。同时，式（4.26）和式（4.27）也表明，社会最优标准涉及从消费者到生产者的租金再分配，且这样的再分配比没有实施成本时要更多。但根据式（4.29），这种租金再分配并不影响总福利。

3. 情境3：不同的生产者有不一样的实施成本

实施成本的差异将如何影响结果？假设现在有 N 个生产者，记为 $j \in \{1, \cdots, N\}$，他们可能有不同的成本（与数量和标准有关），因此便有不同的生产函数。① 市场均衡由以下 N+1 个方程确定：

$$p^* = u_x(x^*, s) = c_{xj}(x_j^*, s) \quad \forall j \in \{1, \cdots, N\} \tag{4.30}$$

$$x^* = \sum_{j=1}^{N} x_j^* \tag{4.31}$$

将上述方程对标准 s 求导得到：

$$\frac{dp^*}{ds} = u_{xs}(x^*, s) + \frac{dx^*}{ds} u_{xx}(x^*, s) \tag{4.32}$$

$$\frac{dp^*}{ds} = c_{xs,j}(x_j^*, s) + \frac{dx_j^*}{ds} c_{xx,j}(x^*, s) \tag{4.33}$$

$$\frac{dx^*}{ds} = \sum_{j=1}^{N} \frac{dx_j^*}{ds} \tag{4.34}$$

由式（4.32）可知，标准对均衡价格的边际效应包括标准对消费

---

① 正如萨洛普和谢夫曼（Salop and Scheffman, 1983）所证明的那样，如果一个生产者的生产成本明显低于其竞争对手，可以通过设定一个低于竞争对手的价格来获得对相关竞争边缘的垄断权力，甚至将竞争者逐出市场。我们从这些更极端的例子中提取结论。

者边际支付意愿（u_{xs}）的直接效应和通过改变总产量$\left(\dfrac{dx^*}{ds}\right)$而产生的间接效应。由于在生产者和消费者中，标准对均衡价格的边际效应是相等的，为此可以推出个体生产者中标准对均衡产量的边际效应$\left(\dfrac{dx_j^*}{ds}\right)$，如式（4.33）所示。而总变化量是单个生产者产出变化量$\left(\dfrac{dx_j^*}{ds}\right)$之和，如式（4.34）所示。

（1）对消费者的影响。

对消费者剩余的边际影响与之前一致，即：

$$\dfrac{\partial \prod^C}{\partial s} = u_s - x^* \dfrac{dp^*}{ds} = u_s - x^*\left(u_{xs} + \dfrac{dx^*}{ds}u_{xx}\right) \qquad (4.35)$$

它可以是正的，也可以是负的。这取决于效率收益 u_s 的相对大小，以及消费支出的边际增加 $x^*\dfrac{dp^*}{ds}$，而此时 $x^*\dfrac{dp^*}{ds}$ 等于对生产者的租金再分配。

（2）对生产者的影响。

对生产者个体的边际影响为：

$$\dfrac{\partial \prod_j^P}{ds} = \underbrace{\dfrac{dp^*}{ds}x_j^*}_{>0} - \underbrace{c_{s,j}}_{>0} \qquad (4.36)$$

生产者受到的影响是不确定的，并取决于个体生产者收入的边际增长$\left(\dfrac{dp^*}{ds}\right)x_j^*$和生产者具体实施成本 $c_{s,j}$ 的相对大小。如式（4.32）所示，价格效应$\dfrac{dp^*}{ds}$由总产量的变化决定；且由于有大量生产者，$\dfrac{dp^*}{ds}$将因此与单个生产者的产量变化无关。

总的来说，对生产者的边际影响为：

第 4 章　非关税措施的理论评估框架与贸易保护主义的判别

$$\frac{\partial \prod_{j}^{P}}{ds} = \underbrace{\frac{dp^*}{ds}\sum_{j=1}^{N}x_j^*}_{>0} - \underbrace{\sum_{j=1}^{N}c_{s,j}}_{>0} \quad (4.37)$$

对于总福利的边际影响可由式（4.35）和式（4.37）联立得到：

$$\frac{\partial W}{ds} = \underbrace{u_s}_{>0} - \underbrace{\sum_{j=1}^{N}c_{s,j}}_{>0} \quad (4.38)$$

它可以是正的也可以是负的。第一项是标准的效用增益，第二项是总实施成本。然而，这种福利结果背后隐藏的是从消费者到生产者的租金再分配 $\left(\frac{dp^*}{ds}\right)x_j^*$。

如果所有生产者的实施成本相同，那么式（4.27）、式（4.28）与式（4.37）、式（4.38）一样。然而，对于不同的生产者，为满足标准可能存在不同的实施成本。例如，如果标准规定了某种特定投入要素的使用，使得一个生产者可以无偿使用资源而其他生产者必须承担实施成本，那么标准的增加将对不同生产者的利润有着不同的影响（例如，地理标志法规中的投入要素——"土地"）。实施成本可能仍与情形 2 相同，但在生产者之间存在差异。

为了认清不同实施成本的影响，假设有两个生产者 A 和 B，各自的成本函数为 $c_A(x_A)$ 和 $c_B(x_B, s)$。其中生产者 A 不存在与标准相关的实施成本，而生产者 B 存在。由式（6.1.33）可知：

$$\frac{dp^*}{ds} = \frac{dx_A^*}{ds}c_{xx,A}(x_A^*) = c_{xs,A}(x_B^*, s) + \frac{dx_B^*}{ds}c_{xx,B}(x_B^*, s) > 0 \quad (4.39)$$

假设两个生产者的初始均衡产量相同（$x_A^* = x_B^*$），并且他们各自的供给曲线在均衡时斜率相同（$c_{xx,A}(x_A^*) = c_{xx,B}(x_B^*, s)$），则必有 $\frac{dx_A^*}{ds} > \frac{dx_B^*}{ds}$。也可以得出 $\frac{dx_A^*}{ds} > 0$，而 $\frac{dx_B^*}{ds}$ 的符号是待定的。因此，更严格的标准对生产者 A 的产量的影响是正的，而对生产者 B 的产量增加较少，甚至使之减少。由式（4.36）可知：

$$\frac{\partial \prod_{A}^{P}}{ds} = \frac{dp^*}{ds}x_A^* > 0 \tag{4.40}$$

和：

$$\frac{\partial \prod_{A}^{P}}{ds} > \frac{\partial \prod_{B}^{P}}{ds} = \underbrace{\frac{p^*}{ds}x_B^*}_{>0} - \underbrace{c_{s,B}}_{>0} \tag{4.41}$$

因此，更严格的标准对生产者 A 的利润影响总是积极的（情境 1，无实施成本），它大于对生产者 B 的利润影响（可能是积极的或者消极的（情境 2，有实施成本））。如果生产者 B 的实施成本很大，更严格的标准也许将导致生产者 B 的利润减少，而此时生产者 A 的利润仍是增加的。因此，标准导致了从消费者到生产者的租金再分配（如情境 1 和情境 2），但也可能导致不同生产者之间的租金再分配。

最后，请注意，我们在这里的分析隐含地假设所有生产者继续经营，而不考虑标准的水平。事实上，随着标准的改变，一些生产商可能会发现生产不再有利可图。

4.2 标准及其发展的政治经济学

如前文所述，标准的引入通常会影响社会不同群体的福利和租金再分配，这可能导致相关利益集团游说政府制定公共标准。正如我们在本节所展示的，上述现象可能导致"过度标准化"或者"标准化不足"——这取决于相关政策压力。人们发现各国公共标准通常是不同的，但这些标准的差异似乎不是随机的。公共标准与经济发展水平可能存在正相关关系，这可能是因为富裕的国家更倾向于高标准（Wilson and Abiola, 2003）。在本节中，我们将说明经济发展对政府标准选择的影响是更加复杂的,并取决于几个因素——消费者偏好、合规成本、实施问题和可能影响(消费者)看法的信息机构。

本节所使用的政治经济学方法,是基于格罗斯曼和赫尔普曼(Grossman and Helpman,1994)的"销售保护"(protection for sale)框架,并且适用于标准设定。[1] 我们建立了一个生产者和消费者同时对政府进行游说的政治经济学模型。在本节中,我们在封闭经济中分析政治均衡的基本特征,并且推导标准在何种情况下应被归为保护主义工具。

首先,建立一个经济模型。在这个模型中,标准使产品生产成本上升,同时使消费者的某些喜好得到满足。如上节所述,生产者或消费者可能在标准的改变中获益或受损。由这种潜在的福利效应,我们推导了政治激励和政治均衡,然后分析了均衡是如何受一些政治和经济特征的影响。此外,我们展示了可能产生的标准化过度或不足的结果。

在本节的最后,我们主要关注经济发展对政治均衡的影响。我们将说明在富裕国家可能有一个"支持标准联盟",而贫穷国家则反之。这给我们所观察到的公共标准与经济发展之间的相关性提供了解释。我们还讨论了信息提供机构(如商业大众媒体)是如何改变人们对标准作用的看法,从而影响到政治均衡,以及这将如何导致不同发展水平国家的标准的差异。

4.2.1 经济与社会最优条件

在上一节我们考虑了信任品市场,在其他条件不变的情况下,保证一定质量或者安全特性的标准可以增加消费者的效用。对于消费者的假

---

[1] 这里使用的方法与公共法规的政治经济学的文献有关。政治经济学法规发源已久,由当斯(Downs,1957)、奥尔森(Olson,1965)、斯蒂格勒(Stigler,1971)和贝克尔(Becker,1983)做出了开创性的贡献。最近对于这些方面的研究包括阿西莫格鲁和鲁滨逊(Acemoglu and Robinson,2006)、迪万和谢普瑟(Dewan and Shepsle,2008)、佩尔森和塔贝利尼(Persson and Tabellini,2000)、劳瑟尔等(Rausser et al.,2011),以及温加斯特和威特曼(Weingast and Wittman,2006)。

设与上一节相同。在生产方面,我们假设生产是特定部门生产要素投入的函数,该要素的供给弹性是固定不变,该行业的所有利润都是由特定投入要素产生的。我们假设一个有代表性的生产者成本是:

$$c(x, s) = k(x, s) + \tau(s)x \qquad (4.42)$$

其中,$k(x, s)$ 为可变的生产成本,$\tau(s)x$ 为固定的交易成本。标准可能会增加生产成本——需要使用更昂贵的生产技术($k_s > 0$);同时,标准也可能增加交易费用——控制和执行成本与标准有关($\tau_s > 0$)(此处假设控制和执行成本由生产者承担)。这意味着成本随着标准提升而增加($s \geq 0$)。我们将 c_s 作为标准的实施成本。我们假设生产者是价格接受者,反供给函数由下式给出:

$$p = c_x(x, s) = k_x(x, s) + \tau(s) \qquad (4.43)$$

像上一节所述,消费者和生产者都有可能在标准的改变中获益或受损。

在式(4.19)中,我们推导出标准对消费者剩余的边际效应。如果效用增益 u_s 比消费支出的边际增量 $\left(\dfrac{dp}{ds}\right)q$ 大,消费者剩余将随标准而增加。同样,标准对生产者利润 $\prod^P(s)$ 由式(4.27)给出。如果生产者收入的边际增量 $\left(\dfrac{dp}{ds}\right)x$ 超出实施成本 c_s,则生产者利润将随着标准提高而增加。

我们重新将社会福利 $W(s)$ 定义为这个部门中生产者利润和消费者剩余的加总。即:

$$W(s) \equiv \prod^C(s) + \prod^P(s) \qquad (4.44)$$

社会最优标准 $s^* \geq 0$ 使这一总和最大化。[①] 对应的一阶条件为

$$\frac{\partial W}{\partial s} = u_s - \frac{dp}{ds}q + \frac{dp}{ds}x - c_s = 0 \qquad (4.45)$$

[①] 在4.2节和4.3节中,我们假设相关的成本函数在标准下为凸函数($c_{xs} > 0$,$c_{ss} > 0$),使得社会福利函数与政府目标函数在标准下为凹函数,从而使一阶条件决定了最大值。

第4章 非关税措施的理论评估框架与贸易保护主义的判别

在本节研究的封闭经济环境下,国内消费等于国内生产($q = x$),上式即可简化为:

$$\frac{\partial W}{\partial s} = u_s - c_s = 0 \tag{4.46}$$

如式(4.29)所示,社会最优的一阶条件是消费者的边际效用收益等于生产者的边际实施成本。重要的是,尽管我们知道标准会导致消费者和生产者的租金再分配,但这些并没有出现在式(4.46)中,因此他们不会影响社会最优。最后,根据消费者的收益和生产者的成本,标准在社会最优时可能是严格正的,也可能达到社会最优时标准不存在($s^* = 0$)。

4.2.2 政治结构以及政治最优

我们考虑政府在各利益集团给定的献金基础上追求目标函数最大化,目标函数由游说团体和社会福利的加权组成(Grossman and Helpman,1994)。与格罗斯曼和赫尔普曼(Grossman and Helpman,1944)一样,我们限制政客可用的政策集,只允许他们制定公共标准。我们假设生产者和消费者都有政治组织,并且同时进行游说。这个假设与格罗斯曼和赫尔普曼(1994)不同。我们认为,假设消费者没有被组织起来,即在游说中不发挥作用是不现实的。有实质性证据表明,生产者和消费者会就公共标准问题游说政府。[①]

特定资本所有者的"真实"献金表由函数 $C^P(s) = \max\{0; \prod^P(s) - b^P\}$ 给出,其中常数 b^P 代表生产者不愿意在游说政府中投资时的利润份额。[②] 我们也可以把这个常数理解为生产者利润或盈余的最

---

① 在现实中,消费者游说不仅通过消费者组织,也通过代表消费者利益的政党进行。参见古拉蒂和罗伊(Gulati and Roy,2007)关于生产者和消费者对环境标准的游说。

② 相关文献(如 Bernheim and Whinston,1986)指出,真实的现金表反映了利益集团的真实偏好。在我们的政治经济模型中,这意味着游说团体根据他们的预期利润以及这些利润如何受到标准的影响来设置游说成本。

低门槛——若低于此，其认为游说所获得的回报将低于成本。同样的消费者的真实献金表为 $C^C(s) = \max\{0; \prod^C(s) - b^C\}$，其中 $\prod^C(s)$ 为前面定义的消费者剩余，而 b^C 的定义类似于 b^P。

政府的目标函数 $\prod^G(s)$ 是生产者捐献、消费者捐献以及社会福利的加权之和（α^P 和 α^C 代表相关的游说强度）：

$$\prod{}^G(s) = \alpha^P C^P(s) + \alpha^C C^C(s) + W(s) \qquad (4.47)$$

政府选择合适的公共标准来使式（4.47）的目标函数最大化。由于生产者利润和消费者剩余随着标准的变化而变化，其游说成本也将随之改变。这取决于献金表的作用以及真实性——如果政府施行的标准为生产者（消费者）创造了更多的利润（盈余），那么其就会从生产者（消费者）处获得更多的捐献；反之，如果标准减少了利润（盈余），政府获得的捐献就会减少。因此，为使生产者（消费者）的捐献最大化，就要选择恰当的标准来使他们的利润（盈余）最大化。所以政府选择了使目标函数 $\prod^G$ 最大化的标准（$s^\#$）。政治最优标准 $s^\# \geq 0$ 由下面的一阶条件决定：①

$$\frac{\partial \prod{}^G}{\partial s} = (1 + \alpha^P)\left[x^\# \frac{dp}{ds} - c_s\right] + (1 + \alpha^C)\left[u_s - x^\# \frac{dp}{ds}\right] = 0 \qquad (4.48)$$

其中，$x^\#$ 为政治最优状态下的消费和生产，$p^\#$ 为均衡价格。

式（4.48）中的第一项表示公共标准对生产者利润中的边际影响，其权重为游说力度（$1 + \alpha^P$）；第二项为标准对消费者剩余的边际影响。并且，如上节所述，它们可正可负。

如果生产者与消费者有着一致的游说强度（$\alpha^P = \alpha^C$），式（4.48）就可简化为定义社会最优的式（4.46）。此时生产者和消费者之间的租

---

① 在本节中，我们在封闭经济条件下讨论，所以用 x 来表示消费和生产（q = x）。

金再分配 $x^{\#}\left(\dfrac{\mathrm{d}p}{\mathrm{d}s}\right)$ 相互抵消。然而，当游说强度不同时，政治均衡将不同于社会最优：这种情况下，租金再分配 $x^{\#}\left(\dfrac{\mathrm{d}p}{\mathrm{d}s}\right)$ 就会对政府设定的标准产生影响。为了分析政治均衡，我们先讨论式（4.48）中的变量将如何影响它，之后我们将进一步比较政治均衡与社会最优的异同。

4.2.3 政治最优的决定因素：静态比较

最优条件（4.48）将 $s^{\#}$ 隐式定义为几个变量的函数，如生产者与消费者的游说强度（α^{P}，α^{C}），效用增益 u_s，实施成本 c_s 以及边际价格效应 $\dfrac{\mathrm{d}p}{\mathrm{d}s}$。外生变量对最优标准的影响可以用静态比较法推导出来。此处仅介绍和讨论其对最优标准的影响。

第一，由式（4.48）知，政治权重（α^{P}，α^{C}）的变化将改变政治最优 $s^{\#}$，而政治权重和游说团体政治影响力的外生差异有关。当一个游说团体的政治权重外生增加时，就意味着它的捐献对政府决策的影响更大了。然而，政治权重对 $s^{\#}$ 的影响取决于 $s^{\#}$ 对于利益集团的边际效益。如当生产者在标准超过 $s^{\#}$ 时获益时 $\left(\text{即在标准 } s^{\#} \text{ 下}, \left(\dfrac{\partial \prod^{P}}{\partial s}\right)>0\right)$，$\alpha^{P}$ 的增加将会导致更高的标准 $s^{\#}$ $\left(\text{即} \left(\dfrac{\mathrm{d}s^{\#}}{\mathrm{d}\alpha^{P}}\right)>0\right)$。在这种情况下，当 α^{P} 增加时，政府将把最优标准置于更高的水平，反之亦然。而对于 α^{C} 也有类似结论。

第二，效用增益 u_s 受到外生变量的影响时（比如说消费者对标准有更高的偏好），将影响政治最优标准 $s^{\#}$。一个更高的效用增益将会使消费者剩余增加并且对公共标准的支持增加，从而导致更高公共标准的形成。

第三，标准的实施成本将影响政治最优标准。当其他变量不变时，

较高的实施成本 c_s 会减少生产者的利润，从而导致生产者对公共标准的捐献减少而使标准下调。

第四，公共标准的边际价格效应 $\frac{dp}{ds}$ 通过式（4.48）中的租金再分配项 $x^\#\frac{dp}{ds}$ 对政治均衡起主要的决定作用。价格的增长对于政治最优标准的影响取决于其他的因素：一方面，较高的价格会损害消费者的利益和他们对标准的捐献；另一方面，它会增加生产者利润和他们对标准的捐献。

在封闭经济中，价格效应取决于上一节论证的供求的具体情况。具体而言，就像式（4.22），价格效应可以写为：

$$\frac{dp}{ds} = u_{xs} + \frac{dx^*}{ds}u_{xx} \tag{4.49}$$

因此，价格变化取决于由更高的标准所带来的边际支付意愿的直接增加 u_{xs} 和需求曲线由于均衡数量变化的移动的间接影响 $\left(\frac{dx^*}{ds}\right)u_{xx}$。如式（4.24）所示，均衡数量的变化是由 $\left(\frac{dx^*}{ds}\right) = \frac{u_{xs} - c_{xs}}{c_{xx} - u_{xx}}$ 给出，符号不定。因此，价格效应可由下式得到：

$$\frac{dp}{ds} = \frac{c_{xx}u_{xs} - u_{xx}c_{xs}}{c_{xx} - u_{xx}} > 0 \tag{4.50}$$

正如上一节所讨论的，价格效应总是正的，相关的租金再分配也是如此。但是，消费者的效用增益和生产者的实施成本的效应的大小并不能先验地确定。因此，标准可能会根据不同游说团体的相关利益和政治权重，按给定的价格效应朝任何一个方向移动。

第五，不同性质的实施成本可能会造成不同的结果。根据式（4.27），标准对生产者利润的影响可以写为：

$$\frac{\partial \prod^P}{\partial s} = x^*\left(c_{xs} + c_{xx}\frac{dx^*}{ds}\right) - c_s \tag{4.51}$$

正如上一节所讨论的，如果成本函数逆时针旋转，这种影响将会更大——在这种情况下,边际成本 c_s(决定均衡价格)的增长速度快于平均成本。利用式(4.42),我们可以将这种影响改写为

$$\frac{\partial \prod^P}{\partial s} = \left(k_{xs} + \tau_s + k_{xx}\frac{dx^*}{ds}\right)x^* - k_s - \tau_s x^* = \left(k_{xs} + k_{xx}\frac{dx^*}{ds}\right)x^* - k_s \quad (4.52)$$

因此,交易成本的边际变化 τ_s 并不直接影响生产者的利润,而是通过 $\frac{dx^*}{ds}$ 来间接影响利润。这类成本增加的平均生产成本与边际成本相同,于是它们以更高的价格转嫁给消费者。交易成本影响利润的唯一渠道是通过 $\frac{dx^*}{ds}$,即通过更高价格来减少需求。相比之下,生产成本的边际变化 $k_s(x, s)$ 会直接影响生产者利润。如果生产成本逆时针旋转,即如果生产存在规模不经济,它们将使边际成本增加超过平均成本,从而提高生产者的利润。因此,如果标准导致了规模不经济,它们将提高生产者的利润,降低消费者的福利,进而通过改变它们的相对游说捐献来影响政治均衡。在其他条件相同的情况下,生产成本对生产者游说作用的潜在影响要大于交易成本。

第六,本节讨论的一个重点是,无论是消费者还是生产者都可能游说支持或反对标准,并且政治均衡可能受到各种因素的影响。

4.2.4 标准过高或过低

为了评估政治过程中公共标准是否处于次优水平,我们可以将社会最优的一阶条件(式(4.48))与决定政治均衡的一阶条件(式(4.48))进行比较。只有在政治均衡中 $\alpha^P = \alpha^C$,和(或)$\frac{\partial \prod^P}{\partial s}$ 和 $\frac{\partial \prod^C}{\partial s}$ 在 s^* 中均为零,即生产者和消费者的偏好标准一致时,政治最优

标准 $s^{\#}$ 才等于社会最优标准 s^*。

如果不满足上述条件，即在政府的目标函数中 $\alpha^P \neq \alpha^C$，则政治最优不会与社会最优相吻合。然而，分歧可能会朝任何一个方向发展。"标准化过度"（$s^{\#} > s^*$）和"标准化不足"（$s^{\#} < s^*$）都可能是游说过程的结果。

如果生产者比消费者更有影响力 $\alpha^P > \alpha^C$，那么当生产者利润在更高标准 s^* 下增加时 $\left(\left.\frac{\partial \prod^P}{\partial s}\right|_{s=s^*} > 0\right)$，就会出现标准化过度（$s^{\#} > s^*$），反之就会出现标准化不足。在这种情况下，标准化过度在社会最优中将为生产者创造更高的利润。当标准的价格效应 $\frac{dp}{ds}$ 较大且实施成本 c_s 较低时，这种情况更容易发生。此外，如果 $\left.\frac{\partial \prod^P}{\partial s}\right|_{s=s^*} < 0$，其导致的标准化不足将会减少标准对生产者利润的负面影响，且生产者受益于标准化不足。

类似地，如果消费者比生产者更有影响力（$\alpha^P < \alpha^C$），则当 $\left.\frac{\partial \prod^C}{\partial s}\right|_{s=s^*} > 0$ 时，出现标准化过度。在这种情况下，标准化过度在社会最优中创造了更多的消费者剩余；反之出现标准化不足。

因此，当处于政治均衡时，从社会福利的角度来看，公共标准 $s^{\#}$ 可能过高或过低。有影响力的游说团体可能会推动更严格或更不严格的标准——这取决于价格效应相对于实施成本（对生产者而言）或效用增益（对消费者而言）的相对大小。

4.2.5 发展以及支持和反对联盟

现在，我们可以用这些结果来解释标准和经济发展之间的相关性。人们常常认为，这种关系只是反映了消费者的偏好。虽然我们的模型证实偏好（以效用增益 u_s 的形式）发挥了作用，但它也表明了一系列更复杂的因素，它们影响了发展水平和公共标准的政治经济关系。我们的分析阐述了世界各国标准存在差异的几个原因，特别是在发展中国家（"穷国"）和发达国家（"富国"）之间。

将 I 定义为国家的人均收入，即该国的经济发展水平，将 z 定义为该国制度质量的指标。研究发现，制度的质量（包括合同实施制度和公共法规）与经济发展呈正相关关系 $\left(\frac{dz}{dI}\right) > 0$（North，1990）。如果我们从标准变化可能导致的规模经济或规模不经济中进行分析，发展对公共标准的政治最优水平 $s^\#$ 的影响可以写为：

$$\frac{ds^\#}{dI} = \frac{ds^\#}{du_s}\frac{\partial u_s}{\partial I} + \left(\frac{ds^\#}{d\tau_s}\frac{\partial \tau_s}{\partial z} + \frac{ds^\#}{dk_s}\frac{\partial k_s}{\partial z}\right)\frac{dz}{dI} \qquad (4.53)$$

第一项是正的——因为更高的收入水平 I 往往与更高的消费者对质量和安全的偏好联系在一起（在式（4.48）中体现为更高的效用增益 u_s），即 $\frac{\partial u_s}{\partial I} > 0$；且当效用增益 u_s 越高，公共标准对消费者剩余的影响则越高，富裕国家的消费者捐献高于发展中国家，导致了富裕国家有更高的政治最优标准水平 $\left(\frac{ds^\#}{du_s}\right) > 0$。

这与消费者对转基因标准（GM）偏好的国际调查证据是一致的。富裕国家的消费者通常比贫穷国家的消费者更反对转基因。富裕国家的消费者从生物技术导致的农业生产率提高中获益较少，而发展中国家的消费者从较便宜的食品中获益较多（McCluskey et al.，2003）。这一论点也与事实相一致，即发达国家的消费者通常更倾向于生物技术的其他应用，如医疗应用（Costa - Font et al.，2008；Hossain et al.，2003；Savadori et al.，2004），它们更有利于富裕的消费者。

式（4.53）中的第二和第三项反映了制度的质量是如何影响发展和公共标准的政治经济之间的关系。标准对生产成本和交易成本的影响取决于一个国家制度 z 的质量。

第二项为正 $\left(\dfrac{dz}{dI}>0\right)$。更高的制度质量意味着标准的交易成本较低，即在我们模型中有 $\dfrac{\partial \tau_s}{\partial z}<0$。标准的交易成本上升，政治最优标准将下降 $\left(\dfrac{ds^{\#}}{d\tau_s}<0\right)$；因此，这是发展带来更高标准的另一个渠道。

第三项也是正的。虽然贫穷国家的工资较低、城市对土地使用的压力较小，在原材料生产方面可能具有成本优势，但富裕国家较好的制度降低了标准带来的生产成本的边际增长 $\left(\dfrac{\partial k_s}{\partial z}<0\right)$。生产成本的低增长可能是因为较高的教育水平和生产者的技能、较好的公共基础设施、较易获取的生产投资等。这些因素导致较高的公共标准，即 $\dfrac{ds^{\#}}{dk_s}<0$。

综合起来，前面讨论的因素很可能导致政治均衡随着经济和制度的发展从低标准向高标准转变。如果我们将"联盟"定义为具有相同偏好的两个群体，即 s=0（反标准）或 s>0（支持标准），此时富裕国家的消费者和生产者可能会形成支持标准的联盟。消费者可能会从标准处获得大量的效用，而生产者在交易和生产成本上仅有适度的增加。由此产生的消费者和生产者之间的租金再分配可能足以补偿生产者与标准相关的较高成本，同时又能够使消费者受益。相比之下，反标准联盟可能出现在贫穷的国家——如果消费者更关心的是价格低廉而非较高的质量，而生产者的实施成本可能很大。因此，当 s=0 条件下有 $u_s>x\left(\dfrac{dp}{ds}\right)>c_s$ 时，存在反标准联盟，支持标准联盟则相反。

4.2.6　消费者对标准的认知及信息来源

到目前为止，我们假设消费者对标准存在理性期望和客观认知。但是，研究表明公众的认知可能与专家的看法在许多问题上有着很大的区别（Flynn et al.，1993；Savadori et al.，2004）。倘若如此，在公共标准的政治经济学中，偏好将会是一个重要的影响因素。

一些研究表明，消费者认知受其对政府监管机构的信任程度、对科学发现的态度以及媒体报道的影响（Curtis et al.，2004；Kalaitzandonakes et al.，2004；Loureiro，2008）。例如，柯蒂斯等（Curtis et al.，2008）发现不同国家之间的个体认知差异的原因之一是：富国和穷国的媒体组织和结构不同。包括转基因食品（Hoban and Kendall，1993；Frewer et al.，1998）在内，消费者很多认知信息主要来源于大众媒体，而商业媒体更有可能在报道中强调与生物技术相关的潜在风险（McCluskey and Swinnen，2004）。在发展中国家，媒体信息成本的增加导致媒体报道的减少。此外，在贫穷国家中，政府对媒体的影响更大。这可能导致媒体对生物技术等新技术倾向于正面报道，且有助于这些欠发达国家的消费者对转基因食品和生物技术产生积极看法。

在大多数发达国家，尤其是欧盟和日本，公众对转基因食品的态度十分消极。然而，美国的消费者对转基因食品的态度很大程度上是模棱两可的。欠发达国家（LDCs）的消费者对转基因食品的反对意见较少，且大体持积极态度（Curtis et al.，2008）。由此看出，发达国家的商业媒体更有可能强调低标准所带来的风险及负面影响，媒体的结构和其提供的信息很可能导致富裕国家比贫穷国家更加偏好高标准。

另一个相关因素是农村/城市人口结构。麦克罗斯基等（McCluskey et al.，2003）以及中国的黄季焜和罗斯高（Jikun Huang and Scott Rozelle）的研究发现，农业从事者比城市消费者更偏好转基因作物——前者可能更清楚非转基因作物生长所需的杀虫剂的数量，因此也更了解转基因食品（如抗虫作物）的优点。发展中国家的农村居民占比较高，这可能有助于解释偏好的差异。

因此，这两种感知因素都可能强化消费者偏好和制度质量对标准的影响，从而加强标准和经济发展之间的正相关关系。

4.2.7 总结

在本节中,我们建立了一个关于公共标准的政治经济学的模型,首先推导出了政治最优公共标准 $s^\#$,然后分析了标准的不同影响因素,即不同利益集团(生产者/消费者)的政治权重(α^p, α^c)、效用增益 u_s、实施成本 c_s 以及边际价格效应 $\frac{dp}{ds}$。具体来说,生产者与消费者的游说强度影响的方向和程度取决于标准对不同利益集团的边际效益;与标准相关的较低的效用增益和较高的实施成本会降低公共标准的水平;而与标准相关的边际价格效应上涨对政治最优标准的影响是不确定的。

我们还研究了标准和经济发展水平之间的正相关关系——较高的收入水平将导致更严格的标准。这是因为高收入国家的消费者对质量的要求更高,与标准相关的生产成本和实施成本更低。这些因素综合在一起,可能会导致富裕国家的消费者和生产者结成支持标准的联盟,而贫穷国家则结成反标准的联盟。并且富国和穷国之间在媒体信息结构的不同可能会加剧标准的差异。

在本节我们仅聚焦于封闭经济下的标准,但实际上标准也能影响国际贸易,曾经一度被认为是贸易保护工具。下一节,我们将讨论在开放经济下标准对贸易的影响以及开放经济下标准的政治经济学。

4.3 保护主义标准的判别

4.3.1 判别原则

基于上述的事实,我们来讨论什么样的措施是贸易保护主义,以及

第4章 非关税措施的理论评估框架与贸易保护主义的判别

贸易保护主义缘何而来。首先声明与贸易标准相关的一些关键要素和术语。文献中的"保护主义",多指"生产者保护主义"。然而,正如我们在前文中所指出的,标准可能对生产者或消费者产生不同的影响,即标准可能会保护亦可能伤害生产者和消费者的利益。因此,与其他研究相反,我们认为没有任何先验理由将标准视为生产者保护主义,几乎所有标准都影响贸易,"贸易扭曲"和"生产者保护"之间的关系并不简单。因此,不能只从标准对贸易带来的影响程度来简单判断该标准是否为贸易保护主义政策。

影响贸易的标准迅速增加,引发了人们对公共标准作为保护主义手段的担忧。随着关税的使用越来越受到世贸组织和其他贸易协定的限制,新形式的非关税壁垒出现了(OECD, 2001; Sturm, 2001)。在这种解释中,公共标准被认为是非关税壁垒和"变相保护"的一种新形式(Vogel, 2011)。[①] 如,菲舍尔和塞拉(Fischer and Serra, 2000)认为,标准不利于进口,而有利于国内生产商。政府提高转基因食品标准是为了减少进口(Anderson et al., 2004)。富尔顿和吉安娜卡斯(Fulton and Giannakas, 2004)指出,在生产方面,生产者从转基因和非转基因作物中获得的回报不同。此时生产者的异质性对于传统产品和转基因产品的供应至关重要。当知识产权成本较高时,生产者更倾向于无标签制度,即不在商品上贴转基因标签。大月等(Otsuki et al., 2001)声称,欧盟实施新的黄曲霉毒素标准将对非洲向欧洲出口谷物、干果和坚果产生负面影响。新的欧盟标准降低了健康风险,使得每年每10亿人中的死亡数减少1.4个,但将使这些非洲农产品的出口额减少64%,即6.7亿美元。[②] 克鲁格(Krueger, 1996)表明在某些情况下,劳动标

[①] 有关标准作为贸易壁垒的影响的文献:贝雷特(Barrett, 1994)、贝雷特和杨(Barrett and Yang, 2001)、施莱希(Schleich, 1999)、苏瓦-艾森曼和维迪尔(Suwa - Eisenmann and Verdier, 2002)、赛克斯(Sykes, 1995),以及第尔曼尼和贝雷特(Thilmany and Barrett, 1997)。

[②] 然而,大月等(Otsuki et al., 2001)的结论在贝根等(Beghin et al., 2013)的研究中引起争议。

准可以提高劳动力市场的效率、改善收入分配，但有时仍会对效率和公平产生负面影响。虽然无法全面概括劳动标准的影响，但许多经济学家认为国际劳动标准是保护主义工具，[1] 反映了政治家保护选民经济利益的愿望。

然而，这种对公共标准的贸易保护的解释似乎与一些基本现象相冲突。许多公共标准（如欧盟转基因法规）是在消费者，而非生产者的需求下引入的。事实上，在许多情况下，生产者反对它们的引入。田（Tian，2003）证明，与传统观点相反，提高进口商品的最低环保要求水平可能会损害国内企业，并可能导致进口商品数量的增加。在马列特和贝根（Marette and Beghin，2010）的框架中，国内标准是由寻求福利最大化的决策者选择的，福利最大化取决于国内生产者的利润和消费者的剩余。当外国生产商比国内生产商更有效地解决消费外部性问题时，标准就是反保护主义的。

本节中我们将政治均衡与社会最优进行比较，以得出公共标准在何时可以被视为"保护主义"政策。[2] 正如本章第二节所说的，我们发现政治最优的公共标准与社会最优相比，可能太高（标准化过度）也可能太低（标准化不足）；然而，与通常的假设相反，我们认为标准化过高不一定是保护主义，并且标准化过低也可能是伪装的保护主义。

我们首先建立了一个小型开放经济的模型，并展示了标准对价格、消费者和生产者剩余的影响。我们确定了标准何时减少贸易，即充当"贸易壁垒"，以及何时促进贸易，即充当"贸易催化剂"。最后，在此基础上构建了一个政治经济学模型，并推导出政治均衡。

---

[1] 在早期的文献中，博克斯特尔（Bockstael，1984）认为国内实施的质量标准也是如此，主要起到再分配的作用，但不能提高福利——它们保护某些生产者的利益。

[2] 正如上一节所述，我们的方法与公共法规和国际贸易中保护主义干预的政治经济学的大量文献有关。政治经济学和游说的许多研究集中于贸易政策监管和保护领域（Bhagwati，1982；Grossman and Helpman，1994；Hillman，1982；Hillman and Ursprung，1988；Krueger，1974）。这些文献综述包括加万德和克里希纳（Gawande and Khrishna，2003）、格罗斯曼和赫尔普曼（Grossman and Helpman，2001）、希尔曼和莱利（Hillman and Riley，1989）、罗德里克（Rodrik，1995），并且，适用于国际农业和粮食政策（Anderson et al.，2013；Swinnen，2008）。

4.3.2　在小型开放经济体中的标准

为了深入了解标准对贸易的潜在影响，我们将上一节的模型扩展到小型开放经济的情况。此时，世界价格 p(s) 是给定的。国内消费量 q 由类似于式（4.2）的隐函数定义：

$$p = u_q(q, s) \tag{4.54}$$

国内生产 x 由式（4.6）隐函数定义：

$$p = c_x(x, s) \tag{4.55}$$

我们假设对于某种标准 $s \in [0, +\infty)$，该标准在国际市场上是连续的。然后国内的生产者及消费者"选择"一个标准在当地进行生产和消费。在标准 s 下的外国生产商的成本函数类似于国内生产商的成本函数（式（4.42））：

$$c^F(x^F, s) = k^F(x^F, s) + \tau^F(s)x^F \tag{4.56}$$

其中，x^F 为某个外国生产者的生产量。成本受标准的影响增加（$k_s^F > 0$，$\tau_s^F > 0$）。我们假设世界市场是自由进入的。因此，在标准 s 下世界价格等于平均成本：

$$p(s) = \frac{c^F(x^F, s)}{x^F} \tag{4.57}$$

在这种假设下，外国产量 x^F 通过生产者的进入和退出来调整，而不是通过自身变化来调整，x^F 表示最低有效生产规模（即平均成本最小化的点）。因此，外国生产商的供给函数在 p(s) 上是完全弹性的。由于不同的标准 s 对应于不同的成本水平，因此更严格的标准 s 将导致价格 p(s) 的变动。

为了说明这些假设，考虑一个小国，它可以设定一个标准来调节牛肉中允许使用的生长激素水平。为简单起见，假设标准可以允许或禁止激素。"激素"和"非激素"牛肉都是在世界市场上生产的，但是"非激素"牛肉由于生产成本较高而更加昂贵。如果"激素"和"非激素"

牛肉在小国都被允许，且消费者无法区分这两个品种，那么国内市场价格将取决于激素牛肉的世界价格——这是由外国生产者生产成本较低的激素牛肉的平均成本决定的。然而，如果这个小国实施"非激素"标准，相关的世界价格取决于外国生产商生产非激素牛肉的平均成本。这些成本更高，因此相关的世界价格也更高。

1. 标准对价格的影响

我们现在可以确定世界价格是如何随着标准 s 的变化而变化的。因为外国生产商是价格接受者，给定标准 s 下价格 p(s) 等于边际成本：

$$p(s) = c_x^F(x^F, s) \tag{4.58}$$

价格影响 $\frac{dp}{ds}$ 可以写为：

$$\frac{dp}{ds} = c_{xs}^F + c_{xx}^F \frac{dx^F}{ds} \tag{4.59}$$

在这个表达式中，$\frac{dx^F}{ds}$ 不是指给定生产者的产量变化。相反，其表示最低有效生产规模随着标准变化的变化量。由于这一点是由边际成本曲线和平均成本曲线的交点决定的，$\frac{dx^F}{ds}$ 可以通过应用隐函数定理找到 $\left(c_x^F(x^F, s) = \frac{[c^F(x^F, s)]}{x^F}\right)$。它遵循

$$\frac{dx^F}{ds} = \frac{c_s^F}{c_{xx}^F x^F} - \frac{c_{xs}^F}{c_{xx}^F} \tag{4.60}$$

将其代入式（4.59），我们发现：

$$\frac{dp}{ds} = \frac{c_s^F}{x^F} \tag{4.61}$$

也就是说，世界价格的变化是由标准对总成本的直接影响 c_s^F 除以最低有效生产规模 x^F 给出的。直观地说，在保持产量不变时，这对应于平均成本的增加。

2. 标准对生产者和消费者剩余的影响

在开放经济环境中，标准对消费者剩余的影响为：

$$\frac{\partial \prod^C}{\partial s} = u_s - \frac{dp}{ds}q \qquad (4.62)$$

上一节表明，更严格的标准会使效用（u_s）提高，但同时也引起价格上升，进而使消费者支出增加$\left(\frac{dp}{ds}\right)q$。而标准对生产者剩余的影响为：

$$\frac{\partial \prod^P}{\partial s} = \frac{dp}{ds}x - c_s \qquad (4.63)$$

如上一节所示，更严格的标准导致价格的提高，从而使得生产者收入的增加$\left(\frac{dp}{ds}\right)x$，但与此同时实施成本（$c_s$）也将增加。

3. 标准作为贸易的催化剂或壁垒

为了解标准如何影响国际贸易，我们考虑标准的变化对进口 $m \equiv q - x$ 的影响。标准变化导致消费的变化为：

$$\frac{dq}{ds} = -\frac{1}{u_{qq}}\left(u_{qs} - \frac{dp}{ds}\right) \qquad (4.64)$$

同样，标准的变化导致生产的变化为：

$$\frac{dx}{ds} = \frac{1}{c_{xx}}\left(\frac{dp}{ds} - c_{xs}\right) \qquad (4.65)$$

其对进口的影响通过下式给出：

$$\frac{dm}{ds} = \frac{dq}{ds} - \frac{dx}{ds} = \left(\frac{c_{xs}}{c_{xx}} - \frac{u_{qs}}{u_{qq}}\right) - \frac{dp}{ds}\left(\frac{1}{c_{xx}} - \frac{1}{u_{qq}}\right) \qquad (4.66)$$

式（4.66）的符号是不确定的。若符号为负，那么标准就是"贸易壁垒"，即它将减少贸易$\left(\frac{dm}{ds} < 0\right)$。反之，进口增加，标准成为贸易

的"催化剂"$\left(\frac{dm}{ds}>0\right)$。由第四章第一节可知，$u_{qq}<0$，$c_{xx}>0$。如式（4.66）所示，如果标准的提高导致国内生产者边际成本（c_{xs}）的大幅增加，以及给定世界价格下消费边际效用（u_{qs}）的大幅增加，那么标准就是贸易的催化剂。如果国内供求曲线的斜率很小（c_{xx}和u_{qq}很小），对于给定的价格增长 dp/ds 将更大程度地减少进口——因为在这种情况下，给定的价格增长将导致生产的更大扩张和国内消费的更大减少。

因此，标准对进口的影响可以分为直接影响（标准对国内生产者的边际成本和国内消费者的边际效用的影响）和价格带来的间接影响（更严格的标准导致世界价格的变动，进而使得国内供求曲线作出调整）。这一分析表明，只有当标准对国内生产的影响$\frac{dx}{ds}$恰好等于对消费的影响$\frac{dq}{ds}$时，标准才不会影响贸易，但这种情况很难发生。

4. 政治均衡

如上一节所述，我们假设公共标准的制定过程受到游说团体捐献的影响。修改上一节的模型以考虑国际贸易，政治最优标准 $s^{\#} \geq 0$ 由下面的一阶条件决定：

$$\frac{\partial \prod^G}{\partial s} = (1+\alpha^P)\left[x^{\#}\frac{dp}{ds} - c_s\right] + (1+\alpha^C)\left[u_s - q^{\#}\frac{dp}{ds}\right] = 0$$

(4.67)

其中 $x^{\#}$ 和 $q^{\#}$ 分别表示政治平衡时的国内产量和消费量。在封闭经济中影响政治均衡的因素在小型开放经济中继续发挥作用。并且，对生产者和消费者（α^P，α^C）游说强度、效率收益 u_s、实施成本 c_s 和价格效应 dp/ds 的作用解释仍然适用。下面我们更加详细地研究贸易与政治最优标准之间的关系。

首先，贸易影响标准对生产者和消费者的净福利，从而影响政治目标函数及其相对影响。对于给定的消费量 q，随着国内产量 x 的降低和进口（m≡q-x）的增加，标准对生产者总利润的影响较小，因此生产者的捐献和对公共标准制定的影响较小。在没有国内生产（x=0）的极端情况下，只有消费者影响政府的决策。形式上，政治均衡条件等于消费者的最优条件。反之，对于给定的国内生产水平x，更多的进口和更高的消费量意味着对消费者剩余的影响更大，因此消费者的捐献及他们对政策的影响更大。

其次，标准可能会影响国内外生产商之间的生产比较优势。利用我们对等式（4.61）中价格效应$\frac{dp}{ds} = \frac{c_s^F}{x^F}$的推导，标准对国内生产者利润的边际效应可以写为：

$$\frac{\partial \prod^P}{\partial s} = x\frac{dp}{ds} - c_s = x\left(\frac{c_s^F}{x^F} - \frac{c_s}{x}\right) = x\left[\left(\frac{k_s^F}{x^F} - \frac{k_s}{x}\right) + (\tau_s^F - \tau_s)\right]$$

(4.68)

在保持产量不变时，如果外国生产者的平均成本增加量超过了国内生产商$\left(\frac{c_s^F}{x^F} - \frac{c_s}{x} > 0\right)$，则说明更高的国内标准会提高国内生产商的利润。式（4.68）将这种影响分解为两个独立的成本影响：标准可能对国外和国内生产者的生产成本产生不同的影响，即$\frac{k_s^F}{x^F} \neq \frac{k_s}{x}$。这是安德森等（Anderson et al.，2004）用于解释为什么欧盟生产者反对转基因食品的观点：他们认为美国和巴西等国家的生产者在使用转基因技术的生产成本具有相对优势，因此欧盟生产者支持禁止转基因食品的标准是合理的。当$\tau_s^F \neq \tau_s$，标准也可能通过交易成本的差异影响比较优势。标准对生产成本和交易成本的相对影响，对国外和国内生产商来说可能大不相同。

生产成本高的国家（进口商）本身遵守的标准已相对偏高，为此他们在实施高标准方面相对于生产成本低的国家更有效率。在这种情况下，标准的上升会使成本优势（就产品的最终成本而言）从外国生产商转移到国内生产商。因此,这种交易成本的比较优势将使生产者的捐献进一步增加来支持标准(Baldwin,2000;Salop and Scheffman,1983),而不是反对它(即 $\tau_s^F > \tau_s$),[1] 反之亦然。

最后,如果实施标准的国家是一个从世界进口商品份额占比较大的经济体,其选择的标准可能对其他国家的贸易条件产生影响(Baldwin et al.,2000)。例如,当一个大国的进口因某种标准而减少时,就降低了没有设置标准的产品的世界价格,从而恶化了不为出口产品设置标准的国家的贸易条件(同时改善了进口国的贸易条件)。在实施标准的大国,标准产生的价格效应不像小国那样明显。

请注意,尽管这些因素确实关系到标准与贸易之间的关系,但它们并没有说标准是扭曲贸易或保护主义措施。

4.3.3 何时 SPS&TBT 会具有保护贸易主义

人们通常将高标准视为保护主义措施。为了评估公共标准是否设定在次优水平,我们使用与传统贸易理论中评估关税时使用的相同框架来确定最佳政策,即通过与社会最佳贸易政策进行比较。当政治最优关税 $t^\#$ 不同于社会最优关税 t^* 时,政治均衡被认为是次优的,自由贸易是最优的。因此,关税存在就会限制贸易,对社会福利有害,便是保护主义。

同样,我们可以将式(4.67)定义的政治最优标准 $s^\#$ 与小型开放经济中的社会最优标准 s^* 进行比较。通过国内福利最大化找到社会最

---

[1] 虽然我们在这里没有正式的判断方式,但如果政府可以在不同的标准之间做出选择,从而对消费产生相同的影响,那么政府就会倾向于实施一个对国内部门来说成本较低的标准,或者禁止使用国内部门相对处于劣势的技术。因此,菲舍尔和塞拉(Fischer and Serra,2000)认为,政府倾向于使用不利于进口的最低标准。

优标准 s^*（类似于式 4.45）:①

$$\frac{\partial W}{\partial s} = u_s - c_s - (q - x)\frac{dp}{ds} = 0 \quad (4.69)$$

除了消费者的效用增益和国内生产者的实施成本之外，国内福利还取决于进口支出（或出口收入）因价格效应而发生的变化。

式（4.69）的第一个含义是，在小型开放经济中，社会最优标准 s^* 可能严格大于零（即使这可能会减少贸易）。贸易流量可能会因标准的实施而发生变化，但这种变化是社会最优的，即它增加了国内福利。②

更一般地，将代表标准对进口的影响的式（4.66）与式（4.68）或式（4.69）进行比较，我们发现标准的贸易效应与其对生产者利润或社会福利的影响之间的关系并不简单。因此，我们需要谨慎定义"保护主义"一词。公共标准可能带来标准化过度或标准化不足，而使政治均衡是次优的；同时，如果一项标准导致生产者利润高于社会最优标准，就被称为保护主义——这意味着保护主义标准损害消费者福利；并且，保护主义标准也可能导致贸易量的增加或减少。例如，更高的标准可能会使消费者支出增加超过效用增益（从而损害消费者福利），使国内生产者的收入增加超过实施成本（从而增加生产者利润），同时增加进口。

因此，分析开放经济中的公共标准需要考虑三个不同的维度。第一个维度是与社会最优标准相比，是否存在标准化过度或不足。第二个维度是公共标准是否是保护主义，即公共标准是否以牺牲国内消费者剩余为代价，来使国内生产者利润提高。第三个维度是公共标准是增加还是减少贸易量，也就是说，标准是贸易的催化剂还是壁垒。

对哪些因素导致过度标准化（$s^\# > s^*$）或标准化不足（$s^\# < s^*$）的

---

① 这与国际贸易文献中的标准定义相一致；社会最优政策使国内福利最大化。有趣的是，菲舍尔和塞拉（Fischer and Serra, 2000）将社会最优标准定义为一种将国内福利最大化的措施，就像生产者仅来自于国内一样。然而，因为在我们的模型中，外国生产者的利润不受国内标准变化的影响，我们对社会最优的定义相当于菲舍尔和塞拉（Fischer and Serra, 2000）的定义。

② 这与拉潘和莫斯基尼（Lapan and Moschini, 2004）的理论分析相一致，他们发现禁止在欧洲销售转基因产品的标准可能会提高欧洲的福利。

分析类似于4.2。无论是在上一节的封闭经济案例中，还是在这里研究的开放经济案例中，只有当 $\alpha^P = \alpha^C$ 时，或者说在生产者和消费者偏好相同标准的简单情况下，政治最优才与社会最优相一致。

假设任意 $s > 0$，如果 $\alpha^P > \alpha^C$，公共标准将不同于社会最优标准，从而有利于生产者（见表4-1）。特别是，当生产者的利润由于更高的标准增加时 $\left(\frac{\partial \prod^P}{\partial s} > 0\right)$，标准化过度（$s^\# > s^*$）就产生了。如果生产者的利润由于更高的标准而减少 $\left(\frac{\partial \prod^P}{\partial s} < 0\right)$，标准化不足（$s^\# < s^*$）就产生了，此时国内生产商从标准化不足中减少损失，它就成了伪装的保护主义。

相比之下，如果 $\alpha^P < \alpha^C$，政治最优标准将会给予消费者剩余更高权重。这导致当 $\frac{\partial \prod^C}{\partial s} > 0$ 时标准化过度，$\frac{\partial \prod^C}{\partial s} < 0$ 时标准化不足。因为在社会最优时 $\frac{\partial \prod^P}{\partial s}$ 和 $\frac{\partial \prod^C}{\partial s}$ 异号，在这种情况下，标准化过度和标准化不足都会伤害国内生产商。

表4-1　在不同游说权重下标准的保护主义性质[1]

国内生产者	$\alpha^P > \alpha^C$	$\alpha^P < \alpha^C$	消费者
$\frac{\partial \prod^P}{\partial s} > 0$	保护主义的标准化过度	非保护主义的标准化不足	$\frac{\partial \prod^C}{\partial s} < 0$
$\frac{\partial \prod^P}{\partial s} < 0$	伪装的保护主义的标准化不足	非保护主义的标准化过度	$\frac{\partial \prod^C}{\partial s} > 0$

最后，因为标准有可能成为贸易的壁垒或催化剂（如式（4.66）所示），表4-1中的四种结果都可能导致更高或更低的贸易额。

---

[1] 此时，假设任意 $s > 0$。

第5章 农产品出口遭遇的非关税措施阻碍及应对策略
——以中国为例

中国是农业大国,大量理论与实证研究表明,农产品出口可以扩大农民就业、提高农民收入以及优化农业产业结构。因此,农产品出口放缓将直接影响我国农民的就业和增收,给经济建设和社会发展带来不稳定因素。研究证实,中国农产品贸易可以推动农村劳动力转移,对农业就业和非农就业都会产生积极的影响(杨玉华,2008)。每1万美元的农产品出口能直接或间接创造近28个就业岗位(程国强,2004)。同时,促进农产品出口也是提高农民收入的重要渠道(程国强,2004;李德阳,2005;曾国平和王燕飞,2006;王培志和刘宁,2007),农产品出口每增长1%,农民收入将增长0.12%(王培志和刘宁,2007)。

中国农产品贸易是农业经济发展的延伸,是促进中国农业发展的重要途径。入世以来,随着对外开放程度的不断提升及农业领域与世界关联度的逐步加深,中国农产品贸易得到了快速发展(叶兴庆,2020;朱晶等,2018;倪洪兴,2010)。作为全球重要的农产品生产和消费大国,中国农产品贸易在世界经济中的地位不断提升(张清正,2014)。目前,我国已成为世界最大的农产品进口国,第三大农产品出口国,农产品贸易总额居世界第二位。[①] 然而,在农产品贸易总量快速增长的同

[①] 《农业贸易百问:入世以来我国农产品贸易呈现哪些特点?》,中国农业外经外贸信息网,2019年8月8日,http://www.mczx.agri.cn/myyj_1/mybw/202005/t20200506_7380462.htm。

时，中国农产品出口也面临着巨大的阻碍和风险。

首先，中国农产品贸易出口增速显著下降、逆差逐渐增大（杨军和董婉璐，2019；刘雪梅和董银果，2019）。2001~2019年我国农产品贸易总额由279.2亿美元增长到2300.7亿美元，年均增幅13.2%。[①] 其中，农产品出口金额从153.4亿美元增长到769.1亿美元，年均增长9.9%（2001~2011年均增幅为12.6%，2012~2019年均增幅仅为2.5%）；农产品进口从98.8亿美元提高到1416.2亿美元，年均增长17.0%。从2008年开始，我国农产品贸易由入世时50亿美元左右的顺差转变为逆差，且逆差呈持续扩大态势，2019年逆差达历史最高647亿美元。[②] 随着中国农产品贸易成本的增加以及国际竞争力的下降，中国农产品出口总体增速在2012年后出现显著下降趋势，在2015年甚至为负增长（-2%）。

其次，中国优势农产品出口放缓，国际竞争优势逐渐减弱。从出口产品结构来看，我国具有出口优势的农产品主要以劳动密集型农产品为主，前五大出口农产品依次为水产品、蔬菜、肉类与水产品制成品、果蔬制成品和水果及坚果。自2014年后，作为我国最重要出口农产品，水产品出口额持续下降，从2014年出口峰值的140.7亿美元回落至2017年的125亿美金。水果（含坚果）和果蔬制成品的出口增长也出现了明显放缓的迹象，而蔬菜和肉类与水产品制成品的出口则面临着海外需求大幅波动给我国农业生产与加工企业带来的极大不确定性。

最后，中国农产品出口受到SPS&TBT措施逐渐增加，农产品贸易成本不断上升。世界关税水平逐渐下降，非关税措施逐渐替代关税成为各国频繁实施的一种贸易政策工具（叶文灿等，2020；张相伟和龙小

---

① 本文中的农产品范围是HS01-24，数据来自于WITS数据库，http://wits.worldbank.org/WITS/WITS/Default-A.aspx?Page=Default。由于和中国海关总署统计的农产品范围不同，首次出现逆差的时间与中国农业农村部公布的时间（2004年）有所出入，对文中所阐述观点不存在实质上的影响。

② 本文中的农产品范围是HS01~24，数据来自于UN Comtrade数据库。由于和中国海关总署统计的农产品范围不同，首次出现逆差的时间与中国农业农村部公布的时间（2004年）有所出入，对文中所阐述观点不存在实质上的影响。

宁，2018；Kinzius et al.，2019；UNCTAD，2018）。根据 WTO 的 SPS&TBT 信息管理系统（SPS‐IMS/TBT‐IMS）中的数据显示，无论是影响世界还是中国的农产品 SPS&TBT 通报，在数量上均呈逐年增长态势。一方面，由于国外边境管制日趋严格，中国农产品出口受到的未准入境批次上升。2019 年，美国、日本、欧盟和韩国共扣留/召回中国不合格出口农产品 1542 批次，其中，由于不符合 SPS&TBT 措施要求的原因而被进口国扣留/召回的农产品批次占据首位，所涉及农产品主要为生鲜农产品（肉类、蔬菜和水产品等）。[①] 另一方面，国外 SPS&TBT 措施导致中国农产品企业出口合规成本升高，损失严重。由海关总署对中国出口企业遭遇技术性贸易措施（SPS&TBT 措施）情况的抽样调查结果显示，2017 年 SPS&TBT 措施对中国农产品出口企业的影响比例为 30.9%，直接损失额为 131.7 亿元，相当于当年中国农产品出口总额的 5.3%。受损失较为严重的农产品出口市场主要分布在欧盟、美国和日本等发达国家（地区）。为符合国外措施要求、获得产品市场准入，中国农产品出口企业需额外增加的合规成本高达 62.7 亿元。此外，一些不太合理的 SPS&TBT 措施（特别贸易关注）和贸易争端也在一定程度上了提高了中国农产品出口的贸易成本，制约了中国农业贸易的增长潜力，降低了中国参与农业贸易的广度和深度。

随着贸易全球化进程不断推进，WTO 及其代表的国际贸易法律体制正面临着巨大挑战。一方面，国际领域缺乏统一、明确的国际标准，且透明度不足；另一方面，发展滞后的互认制度赋予各国更大的自由裁量空间，威胁着贸易秩序的公平、公正和公开，导致现有争端解决机制效率低、成本高，许多案件"悬而未决"。面对 WTO 多边贸易体制的步履维艰，中国政府始终认为应当对 WTO 现行体制及其规则体系进行必要的改革，以适应国际贸易发展的新形势。同时，在国际上单边主义

[①] 《2019 年国外（扣留）召回我国出口产品情况分析报告》，中国技术性贸易措施网，2020 年 4 月 22 日，http://www.tbtsps.cn/page/mobiletradez/Wdretainereportcontent.action?id=65。

及保护主义盛行的严峻时刻,中国政府充分表明了支持和维护 WTO 多边体制的坚定立场,并主动承担大国责任,积极提出中国方案(刘敬东,2019)。

5.1 中国农产品出口面临的巨大挑战

5.1.1 农产品出口遭遇的边境管制日趋严格

随着各国政府对健康、安全和环境问题的监管日趋严格,非关税措施数量急剧增多。而未准入境作为边境管制的真实执行结果(茅锐等,2021),不仅能反映进口食品安全监管执行力度的变化,还能在一定程度上体现农业贸易成本的变化。本节将通过对中国农产品出口被拒情况(包括被拒的产品和被拒原因等方面)来了解目的国进口食品安全监管变革对中国实际发生的贸易活动的影响。

1. 美国边境管制趋势分析

进口拒绝的产品类型:2002~2020 年,中国被美国拒绝最多次的农产品依次为水产品(16)、蔬菜类产品(24、25)和焙烤制品、面团混合料或糖衣(03),分别被拒绝了 3912 次、3017 次和 1241 次,见表 5-1。作为被拒次数最多的农产品,水产品 2002 年被拒 68 次,之后被拒次数总体呈现上升趋势,2011 年达到顶峰,为 432 次。这主要是因为美国利用自身的技术优势,不断提高水产品进口的技术标准导致的。蔬菜类产品是被拒次数排名第二,样本期间变动较为平缓,只在 2005 年和 2013 年起伏颇大。

第5章 农产品出口遭遇的非关税措施阻碍及应对策略

表5-1　　2002~2020年中国被美国未准入境的前十大产品

年份	\multicolumn{10}{c}{未准入境产品}
	03	04	16	20	21	24	25	28	33	37
2002	15	14	68	14	22	29	59	4	15	27
2003	21	26	129	29	61	60	85	33	22	46
2004	21	23	140	31	80	155	127	9	19	51
2005	7	22	156	14	47	50	191	12	28	42
2006	16	27	246	15	28	61	94	7	19	45
2007	11	9	380	51	69	40	65	16	15	31
2008	9	31	248	27	41	50	74	11	22	37
2009	153	45	173	26	54	68	68	11	36	39
2010	49	37	264	41	57	67	66	25	41	32
2011	62	47	432	27	63	69	93	11	37	29
2012	104	45	211	38	48	68	117	21	45	28
2013	202	28	189	24	48	58	182	20	19	48
2014	104	31	152	30	37	49	109	20	22	36
2015	97	14	219	63	39	47	121	12	15	5
2016	126	5	227	49	50	53	120	12	15	16
2017	36	18	216	51	71	50	99	24	17	20
2018	18	11	287	40	55	34	91	32	46	36
2019	87	26	127	22	84	41	116	19	21	9
2020	103	5	48	7	67	19	72	7	13	9
合计	1241	464	3912	599	1021	1068	1949	306	467	586

注：关于各编码所对应的农产品，详见附录2。
资料来源：https://www.accessdata.fda.gov/scripts/ImportRefusals/index.cfm。

　　进口拒绝的原因分析：关于FDA拒绝入境的原因，可以简单分为掺假问题、标签问题和其他问题三大类。如表5-2所示，在2002~2020年，由249（全部或部分腐烂，不适合食用）被拒的次数最多，为3370次；其次为3421（含三聚氰胺或三聚氰胺类似物）、2860（标签没有将糖精列为添加成分)、238（含有不安全的食品添加剂）等；接下来为241（杀虫剂化学残留物）、83（生产过程不符合21CFR_part108规定，制造、加工或包装于不卫生情况下，有害于健康）等，这些都属于掺假问题。可以看出，中国遭受美国进口拒绝的农产品中，很大一部分是因为掺假问题。

其中，由原因249（全部或部分腐烂，不适合食用）被拒的产品主要是水产品、蔬菜类产品和水果类产品，被拒次数分别为1271次、890次和330次。这是因为水产品中常常含有大量蛋白质和不饱和脂肪酸，极易腐败变质，如果运输过程中温度控制不良，微生物大量生长繁殖，产品质量就会劣变。蔬菜水果类产品在其生长培育过程中，常常容易受到病虫危害，为了保证作物的产量，在种植过程中需要喷洒农药，因此在这类产品中极易出现农药残留问题。由3421（含三聚氰胺或三聚氰胺类似物）被拒的产品主要是焙烤制品、巧克力制品和谷物制品，被拒次数分别为590次、162次和66次。由于2008年发生的三聚氰胺奶粉事件，美国加强对含三聚氰胺或三聚氰胺类似物的监管，因此2009年被拒绝的含三聚氰胺或三聚氰胺类似物的次数大大增加，此后也逐渐加强了对这方面的监管。

表5-2　　2002~2020年中国被美国未准入境的前十大原因

年份	未准入境原因									
	9	11	83	238	241	249	324	2860	3421	3721
2002	13	28	44	29	9	122	6	2	0	0
2003	40	36	64	35	46	182	8	24	0	0
2004	32	42	114	22	73	186	25	30	0	0
2005	43	29	55	21	124	171	22	12	0	0
2006	31	20	68	8	3	179	11	109	0	0
2007	19	25	44	109	3	198	8	115	0	0
2008	19	26	38	85	2	177	8	56	8	0

续表

年份	未准入境原因									
	9	11	83	238	241	249	324	2860	3421	3721
2009	11	34	69	36	2	208	14	19	250	0
2010	17	41	30	56	5	197	18	45	37	0
2011	33	50	29	122	16	254	11	111	41	0
2012	36	65	25	57	15	182	9	28	50	79
2013	12	32	26	42	6	226	66	27	128	99
2014	23	24	13	28	16	148	43	38	92	52
2015	10	59	13	26	18	134	39	91	89	143
2016	10	101	40	26	119	174	13	44	77	18
2017	6	24	26	50	115	180	19	59	39	1
2018	13	18	21	88	91	184	39	102	50	0
2019	17	14	12	45	85	155	41	28	79	0
2020	4	6	14	22	47	113	27	16	155	0
合计	389	674	745	907	801	3370	427	956	1095	392

注：具体被拒原因编号与解释见附录3。
资料来源：https：//www.accessdata.fda.gov/scripts/ImportRefusals/index.cfm。

进口拒绝的检验方式：如图5-1所示，2002~2020年，中国被美国拒绝入境的所有农产品中，仅有28%（3929次）进行过FDA分析检验。其中，水产品和蔬菜类产品被检验的次数最多，分别为1592次和452次。实际上，FDA是一个执法机构，要求出口商的产品符合相关标准和安全要求，并在美国联邦网站注册，如果产品出现问题，那么出口商就要承担相应的责任。FDA本身不做任何检测，而是通过具有资质的第三方进行。由于获取检验的复杂性和高成本，大部分被拒农产品并没有进行FDA检测。也有学者认为，这种不进行检验的"主观判断"方式存在较大的自由裁量空间，便于隐蔽地实施贸易保护主义。

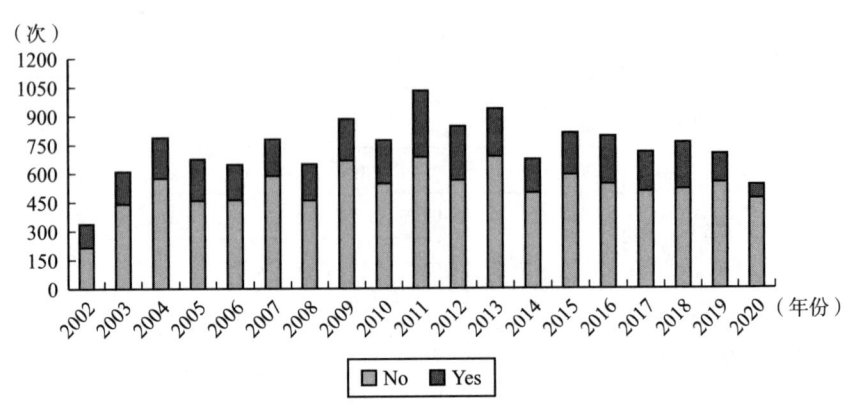

图 5-1　2002～2020 年中国出口美国农产品是否进行 FDA 检验

资料来源：https://www.accessdata.fda.gov/scripts/ImportRefusals/index.cfm。

2. 欧盟边境管制趋势分析

进口拒绝的产品类型：2008～2020 年间，欧盟食品和饲料快速预警系统（Rapid Alert System for Food and Feed，RASFF）共记录了 3041 条中国被拒记录。[①] 中国被欧盟拒绝入境的产品可以分为食品、食品接触材料和饲料三大类，被拒次数依次为 2105 次、886 次和 50 次，分别占比 69%、29% 和 2%。这三大类项目又可以细分出 29 个产品类别（详见附录 4），表 5-3 列举出通报数量排名前十的产品。2008～2020 年，中国出口产品被拒入境批次最多的依次是坚果、坚果产品和种子，食品接触材料，谷物和烘焙产品，拒绝次数分别为 915 次、886 次和 227 次，在通报总数中占比近 70%。

---

① RASFF 共有 31 个成员方，包括欧盟 27 国、冰岛、列支敦士登、瑞士、挪威。本节使用的 RASFF 数据获取于 2021 年 1 月 30 日。RASFF 通报可以在发出后不断进行更新，例如编码为 2018.3317 的通报，在 2018 年 12 月 1 日下载的数据中只有 poor or insufficient control 一个风险因素，但该通报于 2018 年 12 月 4 日进行了更新，出现了第二个风险因素 adulteration/fraud。因此，在 2021 年 1 月 30 日之后重复本研究的方法从 RASFF 数据库提取通报，得到的结果可能与本研究略不相同。

表5-3　　2008~2020年中国被欧盟拒绝入境的前十大产品

年份	坚果、坚果产品和种子	食品接触材料	谷物和烘焙品	可可、咖啡和茶	水果和蔬菜	鱼和鱼类产品	营养食品、食品补充剂、强化食品	其他食品	草药和香料	糕饼
2008	170	49	11	2	19	15	4	3	0	3
2009	65	50	12	7	14	12	2	1	2	2
2010	90	67	19	6	11	16	10	4	3	3
2011	65	103	40	3	20	14	13	2	6	10
2012	65	115	48	35	21	18	22	10	1	1
2013	67	120	28	25	37	5	17	11	4	0
2014	43	91	14	28	15	5	8	5	2	2
2015	110	67	6	22	13	7	7	4	2	3
2016	60	54	5	8	8	8	3	3	2	2
2017	89	39	10	8	3	10	5	6	2	3
2018	40	49	10	14	3	16	4	2	5	2
2019	38	55	17	18	12	6	1	5	5	7
2020	13	27	7	13	4	9	1	4	9	1
合计	915	886	227	189	174	137	99	60	43	39

注：全部产品分类详见附录4。
资料来源：https：//webgate. ec. europa. eu/rasff - window/portal/？event = SearchForm&clean Search = 1。

坚果类产品被拒数量极高的一个原因是欧盟对花生黄曲霉毒素的严格检验。花生黄曲霉毒素超标问题一直是欧盟关注的重点。1998年7月16日，欧盟委员会通过了1525/98号指令，公布了欧盟国家食品中黄曲霉毒素的最新限量和与之配套的抽样方案。新限量规定人类直接食用或直接用做食品原料的花生、坚果及干果中，黄曲霉毒素B1限量为2微克/千克，总限量（B1 + B2 + G1 + G2）小于4微克/千克；而在需经分类或其他物理方法处理的花生原料中，黄曲霉毒素B1限量为8微克/千克，总限量小于15微克/千克。该指令自1999年1月1日起实施。2010年1月1日正式实施的《因黄曲霉毒素污染风险而加强对某些第三国进口食品进行特殊控制的决议》对不同进口国的抽样检测黄曲霉毒素的比例进行修改,特别是对来自中国的花生及制品的抽样比例由以前的10%提高到20%,加大了对我国输欧花生黄曲霉毒素超标的检出力度。同时,我国坚果类产品的高出口额也从一个侧面解释了坚果、坚果产品和种子被拒次数多的现象。

而在食品接触材料方面,欧盟现行的基础法律为2004年制定的1935/2004/EC,并在塑料、陶瓷、纸和纸板、涂料、油墨等多方面制定了若干指令。在2011年前,RASFF收到过几项关于在聚酰胺和三聚氰胺塑料厨房用具中发现基础芳香胺和甲醛的通报和预警,这些产品原产自或来源于内地和香港地区。为此欧洲委员会出台了284/2011/EC法规,① 详细规定了产自内地及香港的聚酰胺及三聚氰胺塑胶厨具的进口条件及检查程序。根据规定,原产自或来自内地及香港的聚酰胺及三聚氰胺塑胶厨具出口到欧盟时,进口商必须向成员方主管当局提交质量符合性声明,确认产品中初级芳香胺(PAA)和甲醛含量释放量符合欧洲委员会第2002/72/EC号指令的要求,同时必须提交相应的实验室检测报告,以确保与食品接触的聚酰胺和三聚氰胺塑料厨房用具符合安全要求。因此,监管力度加强之后,中国食品接触材料类产品被拒次数显著升高,从2010年的67次上升到2011年的103次,并在2012年和2013年保持较高的频次。

进口拒绝的风险因素:2008~2020年,在中国被欧盟拒绝入境的风险因素中,排名前5位的分别是霉菌毒素、金属、有害物质迁移、掺假/欺诈和农药残留,拒绝次数分别为822次、516次、382次、239次和235次,在拒绝入境总量中占比近70%,见表5-4。正如上文所述,由于欧盟对花生等坚果类产品的严格监管,霉菌毒素一直是最重要的风

---

① 《委员会法规(EU)第284/2011号规定从中华人民共和国和中国香港特别行政区进口或委托进口的聚酰胺和三聚氰胺塑料厨具的进口的特定条件和详细程序》,欧盟官方网站,2011年3月22日,https://eur-lex.europa.eu/legal-content/EN/TXT/?uri=CELEX%3A32011R0284&qid=1612423210146。

险因素之一。但总体来说,除霉菌毒素在 2008 年到 2009 年通报次数有明显下降外,各风险因素每年导致的拒绝入境数量都较为接近。

表 5-4 2008~2020 年中国被欧盟拒绝入境的前十大风险因素

年份	霉菌毒素	金属	有害物质迁移	掺假/欺诈	农药残留	成分	转基因食品或饲料	监管不当	微生物污染物	食品添加剂和调味剂
2008	163	35	22	9	0	4	5	10	12	8
2009	58	41	11	12	0	6	5	10	8	2
2010	76	53	15	23	1	14	14	16	10	3
2011	59	58	52	19	9	54	12	5	9	19
2012	59	63	45	23	47	38	34	11	4	3
2013	54	87	30	35	45	25	22	4	8	3
2014	38	59	32	18	34	14	4	2	5	6
2015	91	42	31	26	33	2	5	4	5	5
2016	53	25	36	11	9	2	5	6	5	3
2017	81	23	18	25	2	2	8	20	5	4
2018	41	12	38	12	14	1	8	25	3	6
2019	37	16	41	15	20	3	10	8	7	8
2020	12	2	15	11	14	2	10	3	0	1
合计	822	516	386	239	235	167	142	124	81	71

注:全部风险因素详见附录 5。
资料来源:https://webgate.ec.europa.eu/rasff-window/portal/?event=SearchForm&cleanSearch=1。

进口拒绝后采取的措施:已采取措施(action taken)即通报发布时,通报国已经采取的措施(详见附录 6)。根据表 5-5,2008~2020 年期间,被欧盟拒绝入境后,中国主要通过重新分派的方式来处理,但近年来呈下降趋势。在 2008~2020 年期间,通报为重新分派的频次呈现下降趋势,与此同时官方扣押和销毁的次数也在减少。

表5–5　　2008~2020年中国被欧盟拒绝入境的采取措施

年份	重新分派	进口未被授权	官方扣押	销毁	重新分派或销毁	海关封存	返回发货人	物理/化学处理	通知有关部门	物理处理-漂白
2008	139	0	49	18	29	5	0	4	0	30
2009	77	0	35	28	34	8	0	0	0	0
2010	106	0	42	34	45	12	6	0	0	0
2011	64	8	39	32	97	8	27	2	3	0
2012	111	75	50	64	0	13	19	3	16	0
2013	65	81	58	47	0	46	12	3	4	0
2014	48	49	50	36	0	19	4	6	9	0
2015	77	63	42	23	0	17	2	9	5	0
2016	34	37	27	18	0	16	1	6	0	0
2017	38	71	21	24	0	13	8	9	2	0
2018	34	53	24	26	0	16	3	2	1	0
2019	47	47	24	38	0	10	10	3	2	0
2020	20	13	23	13	0	7	1	3	0	0
合计	860	497	484	401	205	190	93	50	42	30

注：全部已采取措施详见附录6。
资料来源：https://webgate.ec.europa.eu/rasff-window/portal/?event=SearchForm&cleanSearch=1。

5.1.2　农业企业出口损失逐渐增加

SPS&TBT措施是我国作为WTO成员必须遵守的贸易措施，也是企业产品进入国际市场必须遵循的前提条件。只有当产品经检验、检测、检疫、注册、监管后，符合该国的安全、卫生、环保、质量等技术要求，并取得相关认证证书，才能进入一国市场进行销售。

SPS&TBT措施对企业的影响主要体现两方面，即直接损失和成本提升。直接受损若不符合进口国技术性贸易措施的要求，企业产品可能遭受进口国扣留、召回、销毁、退货等处罚,造成直接损失。如由于不符合进口国农残限量标准,产品被扣留退运造成的经济损失。成本提升即为适应技术性贸易措施的要求,企业须进行技术改造、更换标签及包装、新增检验、检疫、认证、处理及各种手续,产生大量新增费用,以及在采购、物流、通关等方面增加的费用,或因无法满足准入要求而丧失订单、放弃市场。如企业为满足国外环保要求,加强原材料采购管控及检测方面的投入。

2018 年,中华人民共和国 WTO/TBT - SPS 国家通报咨询中心在全国范围内组织了 2017 年国外技术性贸易措施对中国出口企业影响情况的调查。调查采用了双层复合不等比例抽样法,从全国随机抽取了 4700 家出口企业进行问卷调查,共收到有效问卷 4419 份,回收率为 94%,[①] 其中农食产品类出口企业 848 家。经过对调查结果的统计分析,2017 年中国有 30.1% 的出口企业遭受到国外技术性贸易措施的影响,比 2016 年下降了 4%。由于本节重点关注是我国农产品企业出口受阻及损失情况,因此仅选取调查报告中农食产品类企业的内容进行分析。为了确定企业规模,本节将农食产品类企业按出口额由大到小进行排列。若前 N 家企业出口额在农食产品类企业出口总额中的占比超过 80%,则称这 N 家企业为大型企业,其他为中小型企业,以下分析涉及产品类别和大小规模均依据该分类标准。

1. 出口贸易损失

贸易损失形式:进口方往往以中国企业出口产品不能满足其特定的技术要求为由取消订单,或对货物进行扣留、销毁、退回、改变用途、降级等处理,使中国企业遭受经济损失。根据表 5 - 6,2017 年,遭受损失的小型出口企业数量略多于大型企业,造成贸易损失的主要表现形

[①] 本次调查依据 HS 编码,根据所经营产品,将中国出口企业分为七大类。其中,第一类为农食产品类企业,包括 HS 编码 01 ~ HS24 的产品,主要涉及农产品、动植物产品(包括油脂)、食品、饮料、酒、烟草等。

式为丧失订单,在全部损失形式中占比为45.3%,其次是退回货物,占比16.8%。

表5-6　2017年贸易损失形式分析

企业规模	丧失订单	扣留货物	销毁货物	退回货物	口岸处理	改变用途	降级处理	其他	合计
大型企业	67	11	8	25	7	4	18	13	153
小型企业	79	11	14	29	8	3	12	13	169
合计	146	22	22	54	15	7	30	26	322

资料来源:中国技术性贸易措施年度报告(2018)。

企业直接损失:根据农食产品类出口企业所遭受的直接损失总额的估算值,2017年,我国农食产品类出口企业直接损失比2016年减少了105.6亿元,其中大型企业和小型企业直接损失额均减少了52.8亿元。从企业规模上来看,小型企业应对技术性贸易壁垒的能力更差,直接损失是大型企业的两倍有余,如表5-7所示。

表5-7　农食产品类出口企业因国外技术性贸易措施所遭受的直接损失额　　单位:万元

企业规模	2017年	比2016年变动额
大型企业	395830.7	-528367.2
小型企业	920978.7	-527996.6
直接损失总额	1316809.5	-1056363.7

资料来源:中国技术性贸易措施年度报告(2018)。

直接损失率:直接损失率是出口企业因国外技术性贸易措施所发生的直接损失额与出口企业出口总额之间的比率。2016年,中国农食产品类出口企业出口额为 496.1 亿元，直接损失额为 131.7 亿元，直接损失率为 2.7%，高于 1.6% 的中国各类出口企业所遭损失的平均水平。

2. 企业应对成本

检测等成本：中国不同规模的农食产品类出口企业为满足国外技术要求而发生的产品测试、检验、认证、注册费往往不同。2017 年，小型企业为出口农产品而支付的产品检测检验成本占比更高，为 1.9%，是大型企业 3.8% 的两倍。

新增成本：2017 年我国农食产品类出口企业新增成本总额为 62.7 亿元，较 2016 年增加了 27 亿元。其中，大型出口企业的新增成本比小型出口企业高出 7.2 亿元，见表 5-8。

表 5-8　　　　农食产品类出口企业新增成本估算值　　　　单位：万元

企业规模	2017 年	比 2016 年变动额
大型企业新增成本	349436.8	227392.46
小型企业新增成本	277617.9	42349.62
新增成本总和	627054.68	269742.08

资料来源：中国技术性贸易措施年度报告（2018）。

2017 年中国农食产品类出口企业共产生新增成本 62.7 亿元，在七大类别出口企业中[①]排名第五。新增成本主要发生在对东盟、欧盟和日本的出口中，其中对东盟出口农食产品时新增成本最多，为 24.9 亿元；对欧盟和日本出口时，企业新增成本分别为 13 亿元和 11.7 亿元。从企业规模角度看，小型出口企业发生的新增成本为 27.8 亿元，较 2016 年增加了 15.6 亿元；大型出口企业发生的新增成本为 34.9 亿元，较 2016

---

① 七大类别出口企业分别为：农食产品、机电仪器、化矿金属、纺织鞋帽、橡塑皮革、玩具家具、木材纸张非金属，前四名分别为：机电仪器、化矿金属、玩具家具、纺织鞋帽。

年增加了 11.4 亿元,见表 5-9。

表 5-9 2017 年不同规模的农食产品类企业出口产品到不同国家或地区新增成本 单位:万元

国家（地区）	企业规模 大型企业	企业规模 小型企业
美国	46907.3	40198.9
欧盟	75713.7	54053.8
日本	10507.7	106023
东盟国家	202283.5	46481.9
韩国	5738.3	4656.3
欧亚经济联盟（除俄罗斯）	212.3	848.5
加拿大	2565.4	586.8
澳大利亚/新西兰	3163.3	4478.9
印度	930.6	5487.1
非洲国家	498.9	9342.2
拉美国家	0	2956.4
西亚国家	140.8	987.4
其他	774.9	1516.6
合计	349436.8	277617.9

资料来源:中国技术性贸易措施年度报告（2018）。

企业新增成本率:新增成本率是指出口企业为了适应国外技术性贸易要求而发生的新增成本与企业出口额的比率。2017 年,中国农食产品类出口企业出口总额为 4961 亿元,新增成本 62.7 亿元,新增成本率为 1.3%。

3. 受影响企业范围

农食产品类企业受影响的比例最高。2017 年 262 家中国农食产品类企业受到国外技术性贸易措施影响,在调查企业中占比 30.9%,比

2016年下降7.4%，但仍然远远小于塑料皮革（12.3%）、木材纸张非金属（11.9%）和玩具家具类企业（10.8%）的降幅。从企业规模角度来看，由表5-10可知，大型企业和小型企业受影响的比例比较接近，但与2016年相比，大型企业受影响的企业数量减少得更多。

表5-10　2018年不同规模农食产品类企业受国外技术性贸易措施影响的数目

	受到影响			未受影响	合计
	企业个数	所占比例	与2016年比较的比例变化	企业个数	
大型企业	99	27.9%	-13.6%	256	355
小型企业	147	29.8%	-6.0%	346	493

资料来源：中国技术性贸易措施年度报告（2018）。

按企业年出口额，将农产品出口企业分为低于50万元、50万元（含）~500万元、500万元（含）~20000万元、超过20000万元四类。由表5-11可知，出口额越大，遭受国外技术性贸易措施影响的比例就越高。

表5-11　2018年不同规模农食产品类企业（按出口额划分）受国外技术性贸易措施影响情况

	受到影响		未受影响	合计
	企业个数	所占比例	企业个数	
低于50万元	8	14.0%	49	57
50万（含）~500万元	49	22.5%	169	218
500万（含）~20000万元	158	34.5%	300	458
超过20000万元	47	40.9%	68	115

资料来源：中国技术性贸易措施年度报告（2018）。

4. 企业遭遇的措施类型及出口障碍

技术性贸易措施包括技术法规、标准、合格评定程序、动植物卫生与食品安全措施等，通常表现为产品安全、环保、技术标准、认证认可、包装及包装材料、动植物检疫、农药残留限量等要求。根据表 5-12，农食产品类企业遭遇较多的技术性贸易措施依次是食品中农兽药残留限量、重金属等有害物质限量要求、食品微生物指标要求、食品标签要求、种养殖基地/加工厂/仓库注册要求、植物病虫害杂草方面的要求等。

表 5-12　2018 年遭遇的技术性贸易措施的农食产品类企业数量

措施种类	企业规模 大型企业	企业规模 小型企业
种养殖基地、加工厂、仓库注册要求	171	191
动物疫病方面的要求	99	61
植物病虫害杂草方面的要求	141	201
食品中农兽药残留限量要求	271	332
食品微生物指标要求	285	265
食品添加剂要求	163	148
食品中重金属等有害物质的限量要求	290	273
食品接触材料的要求	147	154
食品标签的要求	185	224
木质包装的要求	155	112
食品化妆品中过敏原的要求	92	75
其他	29	27
合计	2028	2063

资料来源：中国技术性贸易措施年度报告（2018）。

中国企业在 2017 年出口中主要遇到了障碍以下 8 种障碍：技术性贸易措施、反倾销、反补贴、配额、许可证、关税、汇率和其他。由表 5-

13可知,技术性贸易措施仅次于汇率障碍,是中国农食产品类出口企业遇到的第二大贸易障碍,且小型企业所受到的各类障碍均超过大型企业。

表5-13 2017年中国农食产品类出口企业出口时遇到的主要障碍

企业规模	障碍							
	技术性贸易措施	反倾销	反补贴	配额	许可证	关税	汇率	其他
大型企业	205	43	29	38	97	180	246	24
小型企业	282	49	34	66	134	209	320	27
总计	487	92	63	104	231	389	566	51

资料来源:中国技术性贸易措施年度报告(2018)。

在国外技术性贸易障碍中,制约原因又分为技术水平达不到要求、未达要求导致成本过高、不了解国外规定、国外措施具有歧视性、认证注册周期长费用高、检验检测项目繁多、不合理的出口证书要求、动植物及其产品检疫要求和其他等。由表5-14可知,中国农食产品类企业中,"未达要求导致成本过高"是出口时受国外技术性贸易措施制约的最重要原因。

表5-14 企业受国外技术性贸易措施制约的原因

制约原因	企业规模		
	大型企业	小型企业	总计
技术水平达不到要求	113	156	269
未达要求导致成本过高	165	215	380
不了解国外规定	123	168	291
国外措施具有歧视性	67	76	143
认证注册周期长费用高	102	116	218
检验检测项目繁多	111	148	259

续表

制约原因	企业规模		
	大型企业	小型企业	总计
不合理的出口证书要求	40	50	90
动植物及其产品检疫要求	69	99	168
其他	4	8	12

资料来源：中国技术性贸易措施年度报告（2018）。

5.1.3 农产品出口受特别贸易关注的制约

1. SPS – STC 制约

2001~2020 年，中国向 SPS 委员会提出了 25 项与农产品相关的特别贸易关注（STC）。在本小节中，我们将从时间、成员方、产品、关键词、解决状态等维度对中国提出的 STC 进行分析，以反映其现状及发展趋势。

以 2010 年为界，中国的 STC 措施趋于稳定。图 5-2 列出了每年中国新提出的与农产品贸易相关的 STC 的数量。在 2010 年之前，中国每年新提出的与农产品相关的 STC 的数量较多且变化幅度较大，而自 2011 年开始，中国每年新提出的与农产品相关的 STC 的数量较少且变化幅度则相对较小。

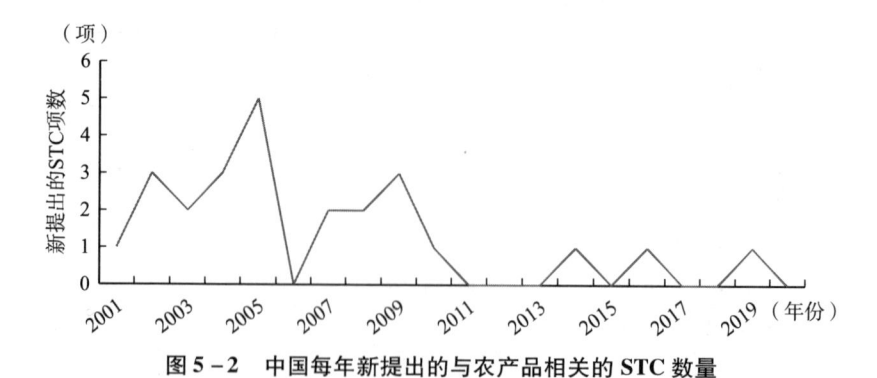

图 5-2 中国每年新提出的与农产品相关的 STC 数量

资料来源：http://spsims.wto.org/en/SpecificTradeConcerns/Search。

第 5 章　农产品出口遭遇的非关税措施阻碍及应对策略

特别关注的通报国家：表 5-15 展示了中国提出的 STC 中所涉及的国家（地区）。包括美国、日本、欧盟、澳大利亚、菲律宾、加拿大和巴西。美国和日本是被中国提出特别贸易关注次数最多的国家。

表 5-15　中国提出的 STC 所涉及的国家（地区）

国家（地区）	数量	占比（%）
美国	8	32
日本	8	32
欧盟	5	20
澳大利亚	1	4
菲律宾	1	4
巴西	1	4
加拿大	1	4
总计	25	100

资料来源：http：//spsims.wto.org/en/SpecificTradeConcerns/Search。

同时，结合表 5-16 中国农产品贸易数据，可以发现美国和日本是我国农产品出口的主要国家。因此我们可以认为：某个国家提出的 STC 中所涉及的国家或地区，与该国的主要出口国或地区之间存在一定的关联性。

表 5-16　2019 年中国农产品出口贸易额前 10 的国家或地区　　单位：万美元

国家或地区	出口农产品贸易额
日本	1035205.30
中国香港	955424.00
美国	642886.70
越南	544688.30
韩国	494840.00
泰国	371466.50

续表

国家或地区	出口农产品贸易额
马来西亚	301461.20
印度尼西亚	261439.60
中国台湾	217859.90
菲律宾	208328.40

资料来源：http：//www.mofcom.gov.cn/。

特别关注的通报主题：对这25项与农产品贸易相关的SPS–STC所涉及的关键词进行分析，可以发现，这25项STC中一共涉及包括食品安全、动物健康、风险评估等19个关键词。图5–3列出了这些关键词及其所占的比例，由图中数据可知，食品安全和动物健康被提出的次数较多，表明中国与被针对国（地区）SPS措施中有关食品安全、动物健康的政策方面争议较大。

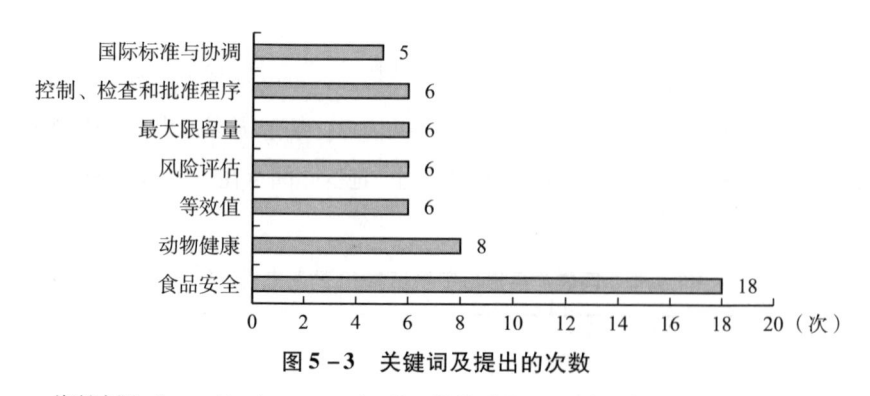

关键词	次数
国际标准与协调	5
控制、检查和批准程序	6
最大限留量	6
风险评估	6
等效值	6
动物健康	8
食品安全	18

图5–3 关键词及提出的次数

资料来源：http：//spsims.wto.org/en/SpecificTradeConcerns/Search。

特别关注的产品类型：对这25项中国提出的与农产品贸易相关的SPS–STC所涉产品的类别进行分析，发现所涉及的产品最多的是HS03代表的鱼、甲壳动物、软体动物及其他水生无脊椎动物，HS08代表的食用水果及坚果、柑桔属水果或甜瓜的果皮，以及HS21代表的杂项食

第5章 农产品出口遭遇的非关税措施阻碍及应对策略

品,如图 5-4 所示。这说明中国与被针对国家在与这些产品相关的 SPS 措施方面的争议较大。畜禽产品进口限制、水海产品进口管理及农兽药残留限量要求应该成为今后中国农产品贸易关注的重点。

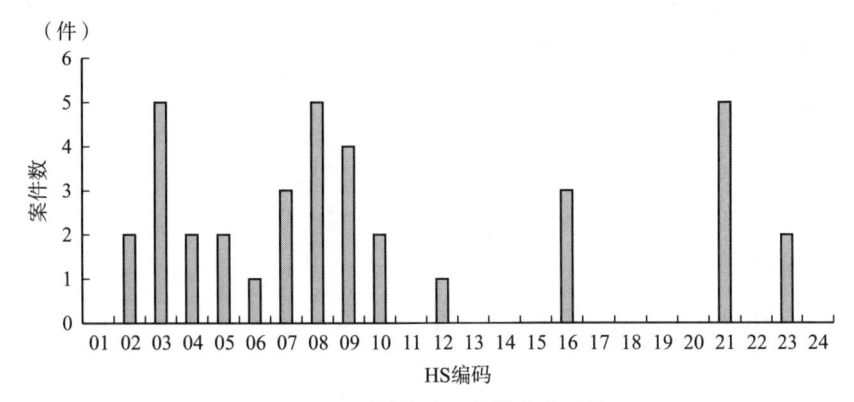

图 5-4 所涉产品以及提出的项数

资料来源: http://spsims.wto.org/en/SpecificTradeConcerns/Search。

特别关注的解决状态: 由图 5-5 观察这 25 项与中国提出的与农产品贸易相关的 SPS-STC 的解决状态,可以发现,这些 STC 的完全解决率为 32%,解决率(即完全解决率与部分解决率之和)为 80%,可见这些争议的解决率较高,体现了中国在促进国际贸易间的和谐交流方面所做出的努力。

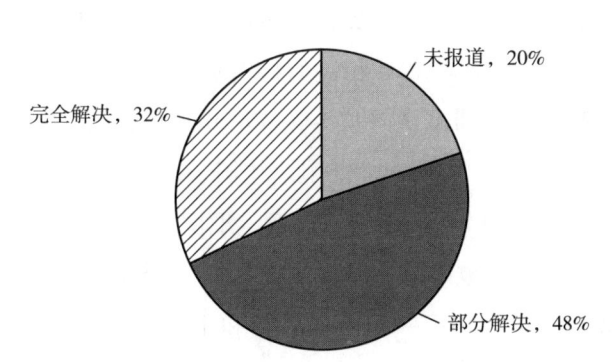

图 5-5 中国提出的与农产品贸易相关的 SPS-STC 的解决状态

资料来源: http://spsims.wto.org/en/SpecificTradeConcerns/Search。

而观察不同类型 STC 的解决状态，由图 5-6 所给出的数据可以看出：与植物健康有关的 STC 完全解决率最高为 75%；其次是动物健康为 42.86%；再次为食品安全，为 16.67%；最后则是与其他问题有关的 STC 完全解决率为 0。综合以上数据并结合 STC 所涉关键词的分析可以得出：食品安全这一主题既是各国间讨论的热点，同时也是解决难度较大的一个话题。

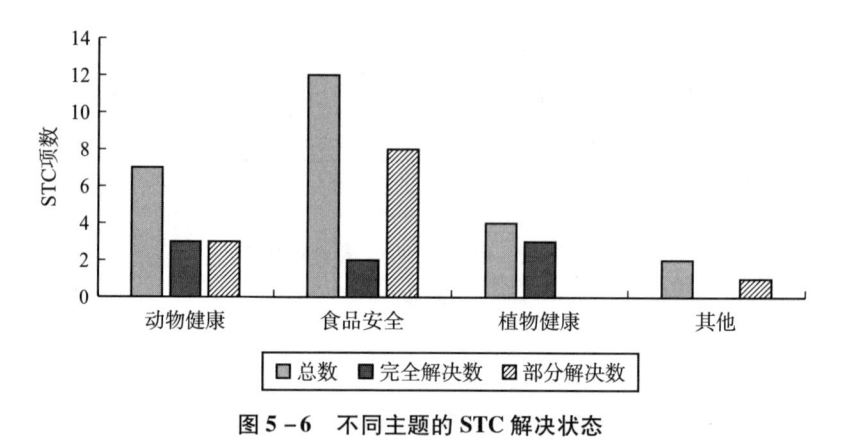

图 5-6 不同主题的 STC 解决状态

资料来源：http://spsims.wto.org/en/SpecificTradeConcerns/Search。

2. TBT-STC 制约

自 2001 年中国加入 WTO 以来，截至 2020 年末，中国只向 TBT 委员会提交过一项与农产品贸易相关的特别贸易关注，即 IMS ID 为 505 的"埃及－制造商注册系统（法令第 43/2016 号和第 992/2015 号）"，该项 STC 由澳大利亚、加拿大、智利、中国、挪威、南非、瑞士、土耳其、乌克兰、美国、欧盟、泰国、巴西、俄罗斯共同提出，截至 2020 年末，该项 STC 已经被讨论了 14 次，涉及产品类型主要为食品类农产品：包括奶类（HS 0401-0406）、果脯和干果（HS 08）、油脂（HS 15）、巧克力及含可可的食品（HS 1806）、糖果（HS 1704）、谷物、面包制品和糕点（HS 19）、果汁（HS 2009）和天然水、矿泉水及汽水

(HS 2201-2202)等。

5.1.4 SPS&TBT 贸易争端

1995~2020年,与中国相关的农产品 SPS&TBT 贸易争端有三例,分别为"中国诉美国禽肉案"(DS392)、"加拿大诉中国油菜籽案"(DS589)以及"中国香港诉美国原产地标识案"(DS597)。2009年,中国诉美国,要求就美国采取的某些影响从中国进口家禽产品的措施与美国进行磋商(DS392),在2010年争端已通过报告,无须采取进一步措施;2019年,加拿大诉中国,要求就涉嫌影响加拿大的双低油菜籽向中国出口的措施与中国进行磋商(DS589),案件处理的最新进展为2019年争端仍在磋商中,未成立专家小组;2020年,中国香港诉美国,要求就适用于在中国香港生产的商品的原产地标记要求的某些措施与美国进行磋商(DS597),案件处理的最新进展为磋商中。下文将主要分析"中国诉美国禽肉案"(DS392)。

1. 争端发生背景和起诉原因

2004年1月27日中国爆发了 H5N1 型禽流感,该事件发生后全球共有包括美国在内的40多个国家禁止进口中国的家禽类及禽肉类制品。2004年2月6日,美国特拉华州爆发 H7 型禽流感,中国宣布禁止进口美国的家禽及禽肉类制品。2004年美国和中国达成开放家禽类产品市场的协议,同年11月8日,我国发布通告,宣布自2004年11月9日起,除美国康涅狄格州和罗德岛州,美国其余各州均可向中国出口禽产品。该协定达成后,至2009年3月,美国向中国出口了400多万吨家禽类产品,占中国该阶段家禽类进口量的75%,但美国却一直没有遵守该协定,始终对中国全部家禽类产品实施进口禁令。

美国在《2008年农业法案》第733条和《2009年农业拨款法案》第727条中,都使用完全相同的措辞禁止美国农业部利用国会拨付的资金来制定从中国进口家禽类产品的规则。这种通过限制政府经费用途的方式阻碍美国相关政府部门开展自中国进口禽肉的解禁工作，对中国而言实际上是一项禁令。《2009年农业拨款法案》第727条成为中美禽肉限制争端的导火索，2009年4月17日，中国就美国采取的影响从中国进口家禽产品的某些措施与美国进行磋商，成为中国与美国贸易争端中首次直接涉及《SPS协定》的争端案件（栾信杰和陈怡晨，2013）。

2. 调查结果摘要

本案是否属于SPS措施的争端：涉及《SPS协定》的措施，都为针对人和动物健康的卫生措施或针对植物的植物检疫措施，尤其包括最终产品的设定标准、工序和生产方式，检查认证程序，风险评估等要求。而《2009年农业拨款法案》第727条只说明禁止美国农业部利用国会拨付的资金来制定从中国进口家禽类产品的规则，法令本身没有出现以上字眼，所以该措施是否被定为SPS措施是中美争执和专家组裁决的关键。

专家组认为第727条满足了《SPS协定》第1条中的两项条件，[①]应该将该措施视为SPS措施。首先，专家组认为第727条对国际贸易造成了不必要的限制，直接或间接地影响到家禽产品的国际贸易，因此满足第1.1条。[②] 其次，详细看第1.2条，第727条适用于《SPS协定》附件A（1）（b）中描述的相关措施，[③] 美国颁布该措施是为了保护人类和动物的生命和健康，以避免从中国进口受污染家禽产品所带来的风险，因此第727条满足第1.2条。

本案是否在专家组的管辖权内：DSU（《关于争端解决的规则与程

[①] 《SPS协定》第1条：本协定适用于所有可能直接或间接影响国际贸易的卫生与植物卫生措施。此类措施应依照本协定的规定制定和适用。

[②] 《SPS协定》第1.1条：本协定适用于所有可能直接或间接影响国家贸易的动植物检疫措施。这类措施应按照本协议的规定制定和实施。

[③] 附件A（1）（b）：保护成员领土内的人类或动物的生命或健康免受食品、饮料或饲料中的添加剂、污染物、毒素或致病有机体所产生的风险。

第 5 章 农产品出口遭遇的非关税措施阻碍及应对策略

序的谅解》）第 19.1 条规定"专家组应建议有关成员将其适用的措施调整至与有关协定相一致"。但在专家组发布裁定报告时第 727 条已过有效时间。中国要求专家组使用第 19.1 条规定的自由裁量权，以向美国提供建议要求在之后的立法中不能再出现第 727 条类似的规定，但被专家组拒绝，最终仅裁定已失效的《2009 年农业拨款法》违反《SPS 协定》和 GATT（《关税及贸易总协定》）。

关于《SPS 协定》特定条款的争端：专家组认定该案为 SPS 措施后，审查了中国根据《SPS 协定》对美国的诉讼条款，并得出美国第 727 条违反以下条款的结论。

(1)《SPS 协定》第 2.2 条、第 5.1 和 5.2 条。

第 2.2 条规定"各成员方应保证任何卫生与植物卫生措施仅在为保护人类、动物或植物的生命或健康所必需的限度内实施，并根据科学原理，如无充分的科学证据则不再维持"。专家在裁定时援引了对日本农产品检疫案中对 2.2 条的解释"SPS 措施和科学证据之间必须存在客观或合理的关系"，同时援引了在澳大利亚鲑鱼案中的解释"如果 SPS 措施没有基于协定第 5.1① 和 5.2② 条要求的风险评估，通常这种措施可以推定是没有基于科学原则或是没有充分科学证据的"。专家组认为美国提交的证据中，没有在消费中国禽肉及制品下对可能存在的风险进行评估，这是缺乏科学依据的，因此专家组裁定美国第 727 条的实施违反了第 2.2、5.1 和 5.2 条。

(2)《SPS 协定》第 5.5 条和第 2.3 条。③

第 5.5 条规定"为实现在防止对人类生命或健康、动物和植物的生

---

① SPS 第 5.1 条：各成员应保证其卫生与植物卫生措施的制定以对人类、动物或植物的生命或健康所进行的、适合有关情况的风险评估为基础，同时考虑有关国际组织制定的风险评估技术。
② SPS 第 5.2 条：在进行风险评估时，各成员应考虑可获得的科学证据；有关工序和生产方法；有关检查、抽样和检验方法；特定病害或虫害的流行；病虫害非疫区的存在；有关生态和环境条件；以及检疫或其他处理方法。
③《SPS 协定》第 2.3 条：各成员应保证其卫生与植物卫生措施不在情形相同或相似的成员之间，包括在成员自己领土和其他成员的领土之间构成任意或不合理的歧视。

命或健康的风险方面运用适当的卫生与植物卫生保护水平的概念的一致性,每一成员应避免其认为适当的保护水平在不同的情况下存在任意或不合理的差异,如此类差异造成对国际贸易的歧视或变相限制。"专家组认为来自中国的家禽产品和来自其他 WTO 成员方的禽类产品的区分是任意的或不合理的,并且这种任意或不合理的区分会导致中国受歧视,因此专家组认为因为第 727 条与《SPS 协定》第 5.5 条不一致,必然也意味着第 727 条也与《SPS 协定》第 2.3 条[①]不一致。

(3)《SPS 协议》第 8 条。

第 8 条规定"各成员方在实施控制、检查和批准程序时,包括关于批准食品、饮料或饲料中使用添加剂或确定污染物允许量的国家制度,应遵守附件 C 的规定,并在其他方面保证其程序与本协定规定不相抵触"。因为第 727 条已导致美国农业部食品安全检验局(FSIS)批准程序的不当延误,因此美国未能遵守 SPS 协议附件 C(1)(a)的规定,[②]也就违反了 SPS 第 8 条。[③]

3. 解决情况

本次争端的最终解决是以中国完胜结案的,但在争端解决时《2009 年农业拨款法》已失效,因此专家组只能裁定已失效《2009 年农业拨款法》违反《SPS 协定》和 GATT,拒绝了中国要求的美国在之后的立法中不能再出现第 727 条类似的规定。

4. 总结

首先,本案是中美之间首次涉及《SPS 协议》的贸易争端,且这次

[①] SPS 第 2.3 条:各成员应保证其卫生与植物卫生措施不在情形相同或相似的成员之间,包括在成员自己领土和其他成员的领土之间构成任意或不合理的歧视。

[②] 附件 C(1)(a):在执行和完成这类程序时,没有不适当的延误,给予进口产品的待遇不低于类似的国内同类产品。

[③]《DS392:美国—影响从中国进口家禽的某些措施(DS392:United States—Certain Measures Affecting Imports of Poultry from China)》,世界贸易组织,2010 年 11 月 8 日,https://www.wto.org/english/tratop_e/dispu_e/cases_e/ds392_e.htm。

争端的最终解决是以中国完胜结案的。该案件中美国违反的条约主要为"国际贸易的歧视",是美国对中国产品使用歧视性技术贸易壁垒的典型案例。其次,本案是 WTO 专家小组裁定的唯一一起案件,① 是我国首次利用 WTO 争端解决机制来处理食品安全争端的案件,也是由发展中国家起诉发达国家并且获得胜诉的极少数案件,具有较大的意义和代表性。

5.1.5 中国的应对策略

随着贸易自由化的推进,农产品关税水平下降,非关税措施日趋严格。从以上中国农产品出口遭遇非关税措施的统计数据分析可知,非关税措施已经给我国农产品出口带来了较大负面影响。因此,如何更好地应对非关税措施是我国农产品未来发展需要面临的巨大挑战。

建立与国际接轨的技术法规和标准体系。② 目前,我国采用的产品技术指标体系比较杂乱,既包含国家指标,也包含行业或地区指标,甚至包含企业自设的指标,但无论哪种指标都普遍低于国际标准(李硕,2015)。③ 我国国际标准的转化率(即国际标准被国家标准、行业标准等国内标准采纳的比例)仅为 80%,仍有超过 500 项标准宽于国际,超过 250 项与国际存在差异。④ 由此,我国应组织更多的标准化专家参与标准的制定工作,认真研究国际和发达国家农产品标准化工作的动态,并效仿发达国家的做法,建立健全我国的农产品技术标准体系和相关法律法规,努力缩小国内标准和国际标准间的差距。

---

① SPS 委员会"投诉"应发展中国家要求建立专家小组的只有 4 起:菲律宾(2 起)、阿根廷(1 起)、中国(1 起)。
② 《浅谈国际贸易壁垒发展趋势及我国应对之策》,中国 TBT 研究中心,2016 年 11 月 14 日,http://tbt.testrust.com/react/detail/18155.html。
③ 李硕:《国际技术性贸易壁垒的新态势及对我国的影响》,载于《经济纵横》2015 年第 12 期。
④ 《中国标准比国际标准低吗?》,人民网,2016 年 10 月 10 日,http://theory.people.com.cn/n1/2016/1010/c40531-28763937.html。

建立高效的贸易壁垒预警机制。与发达国家完善的非关税措施管理机制相比，中国尚未建立有效的非关税措施预警和快速反应机制。一方面，在具体落实过程中，信息收集的时效性和传播的有效性不强；另一方面，缺乏经验丰富的专家对非关税措施信息的解读和深度分析，这些往往导致中国农产品非关税措施应对常处于被动和应付的状态。因此，政府部门应该尽快建立非关税壁垒的预警机制，以负责收集和跟踪国外的贸易壁垒措施。要特别围绕我国受阻的重点农产品，收集包括伙伴国家农产品质量安全管理体系机构和职能、相关农产品质量安全标准和操作规程的要求及动态发展、包装标识等规定、认证管理要求等信息，研究其对我国主要出口产品的影响，并主动采取针对性措施以创造良好的出口环境。

利用多边磋商和调解机制化解贸易争端。从现有诸多非关税措施实施的实际情况分析，有些措施的实施初衷并非保障农产品质量和消费者安全，更多的是受到措施实施方内部产业的游说或政治集团的利益影响等。利用双多边磋商和协调平台与机制，有利于帮助解决我国农产品出口中面临的歧视和壁垒问题。一方面，加强对WTO国际规则的研究，深度分析规则内涵以及农食产品的国际仲裁案例，判断贸易伙伴实施非关税措施的真实动机，规避与WTO规则相违背的歧视性贸易政策及其他限制措施；另一方面，注意规则知识的普及以及研究成果的分享，使得农业企业、行业中介组织等相关机构了解规则、充分运用规则，提升保护本国农业和促进农产品贸易发展的能力。

企业也需要加强应对贸易壁垒的能力。作为参与农业贸易的主体，企业应对国际非关税壁垒最根本的方法就是提高农产品的质量。企业可以从加强创意农产品品牌建设入手，建立健全创意农产品质量安全体系，生产标准化的创意农产品，缩小与国际农产品生产种植技术和质量的差距，塑造自身品牌与文化，培育一批创意农产品品牌。同时，企业还应培养一批农业技术研发人才和熟悉国际贸易规则与程序的人员，创建专业的、熟悉国际经济贸易法律的律师团队，为提高产品质量、规避贸易壁垒、解决国际争端、维护合法权益提供支持。

5.2 当前国际监管框架存在的问题

随着贸易全球化进程不断推进和国际分工不断发展，参与到国际贸易中的国家越来越多，WTO 及其代表的国际贸易法律体制的缺陷逐渐显现。一方面，国际监管框架长期带有明显的"西方治理"特征。[①] 从历史缘起和本质属性来看，WTO 既是实现成员方公共利益的政策工具，也是以美国为首的发达资本主义国家在贸易领域建立的全球公共产品，其主要规则制定和争端机制解决的主导权长期掌握在主要发达经济体的手中。[②] 当今，美国等西方国家依靠强大的经济实力和制度性权力，不仅在全球治理舞台上占据核心地位，把持权力的分配，而且通过议程设置、规则制定及人员管理等方式掌控国际组织的运行，维护自身在世界事务中的主导权，甚至利用这种优势主导新体系和新规则的制定，干扰全球治理体系的改革方向。例如，近年来由发达国家和发展中国家共同组成的、相对平衡的 20 国集团（G20）[③] 在全球经济治理进程中发展遇阻，以美英为代表的西方国家企图重振西方 7 国集团（G7），不断强调维持以欧美为主导的国际秩序，并试图扩大 G7 的影响力版图，[④] 甚至考虑扩编其为"民主十国联盟"以应对中国、俄罗斯和其他国家。[⑤] 另

[①] 高飞：《十三届全国人大常委会专题讲座第二十二讲 国际组织与全球治理》，中国人大网，2021 年 3 月 1 日，http://www.npc.gov.cn/npc/c30834/202103/0d2a4aaaf5e7405b8bcce8135af07c90.shtml。

[②] 章玉贵：《WTO 改革：在非零和博弈中寻求平衡》，第一财经，2021 年 3 月 2 日，https://www.yicai.com/news/100964880.html。

[③] G20 是一个国际经济合作论坛，于 1999 年 12 月 16 日在德国柏林成立，由七国集团（加拿大、美国、英国、法国、德国、意大利和日本）、金砖五国（巴西、俄罗斯、印度、中国和南非）、七个重要经济体（墨西哥、阿根廷、土耳其、沙特阿拉伯、韩国、印度尼西亚和澳大利亚），以及欧盟共同组成。

[④] 张代蕾、金晶：《G7 外长会拉帮结派暴露战略焦虑》，新华网，2021 年 5 月 6 日，http://www.xinhuanet.com/world/2021-05/06/c_1127413458.htm。

[⑤] 《约翰逊试图建立"民主十国联盟"应对中国和其他国家？外交部回应》，环球网，2021 年 1 月 19 日，https://world.huanqiu.com/article/41aEKadTXV0。

一方面，全球治理体系未能反映世界发展新格局，代表性和包容性不足。① 长期以来，发展中国家由于经济发展水平落后和国际合作经验欠缺，在国际组织中的参与度普遍处于较低水平。进入21世纪，以中国为代表的新兴国家和一大批发展中国家集体崛起，对全球经济增长的贡献日益加大，国际力量对比正在发生深刻变化。随着各成员方的经济实力和地位发生显著变化，过去的份额无法反映当前各国真实的经济实力，改革也没有从根本上改变国际经济话语权失衡的局面，② 以美国为首的发达国家仍然占据绝对主导地位。

《SPS协定》和《TBT协定》支持各成员实施保护人类和动植物生命或健康所采取的必需措施，③ 其监管框架也面临着严峻的挑战。制度层面上，《TBT协定》与《SPS协定》都要求成员方遵守非歧视的基本义务：《TBT协定》明确规定制定和实施技术法规的根本原则是"不得对国际贸易造成不必要的障碍"；《SPS协定》则要求"在风险分析的基础上制定必要的保护人类、动植物的措施，以便使其对贸易的影响降到最低，促进动植物及其产品国际贸易的发展"。④ 然而在实践中，SPS和TBT措施已经成为一些国家限制商品尤其是农食产品进口的重要手段。一方面，国际领域缺乏统一、明确、强制性的国际标准，且国际贸易的各个阶段都存在透明度不足的问题，由此产生的信息不对称导致各出口企业难以及时调整商业计划。另一方面，缺乏公平性的"协调一致"原则增加了发展中国家的压力，发展滞后的互认制度也在检验检疫问题上赋予各国更大的自由裁量空间，威胁了贸易秩序的公平公正公开，易于引发国际贸易争端。同时，现有争端解决机制效率低、成本

---

① 《关于全球治理体系，习近平总书记怎么看》，求是网，2020年12月28日，http://www.qstheory.cn/zhuanqu/2020-12/28/c_1126921292.htm。
② 《积极推动全球经济治理体系改革》，人民网，2021年4月9日，http://theory.people.com.cn/n1/2021/0409/c40531-32073576.html。
③ 《论述全球技术性贸易壁垒发展的七大趋势》，中国TBT研究中心，2016年6月7日，http://tbt.testrust.com/view/detail/17825.html。
④ 《WTO/TBT协定与WTO/SPS协定的联系与区别是什么?》，湛江市WTO/TBT-SPS通报预警服务平台，http://www.gdzjtbt.com/knowledge/tbt/2019-01-07/572091.html。

高，许多案件"悬而未决"。更糟糕的是，美国连连向 WTO 争端解决机构发难，上诉机构的工作已经陷入停顿，无法继续受理上诉案件。这一系列问题导致当前 SPS 和 TBT 监管框架深陷于国际标准使用缺乏监督、协商一致的决策程序缺陷凸显、透明度原则落实不到位、互认制度发展受限和争端解决实效性较弱等问题之中。

1. 国际标准使用缺乏监督

监督国际标准的使用情况是 SPS 和 TBT 委员会的常设议程项目，国际社会也已对国际标准的权威性认定达成了浅层次共识（韩铭，2020）。在 SPS 领域，《SPS 协定》承认将食品法典委员会（CAC）、国际兽疫局（OIE）以及《国际植物保护公约》（IPPC）所制定的相关标准、指南及建议作为相关国际标准。WTO 虽然不强制要求所有成员完全按照国际标准的规定进行贸易，但各国制定的规则和措施应以国际标准为指导，不能违反国际标准的大方向。如果 SPS 通报不符合相关国际标准的规定，则需要确定并说明其与标准的偏离程度。但在具体实践中，委员会并未明确"判断各国贸易行为与国际标准偏差程度"的具体方案，监督执行工作仍有待落实。在 TBT 领域，这一问题更为严重。《TBT 协定》并未明确定义国际标准，也未公布其承认的国际标准化机构名单，更未设置专门机构监督标准化机构对六项原则的遵守情况（韩铭，2020），只要求成员方使用"相关国际标准"作为其国内法规的基础。这直接影响了协定的实施，对 WTO 成员的约束作用也有所下降：无论各成员声称自己的 TBT 措施以国际标准为基础，或攻击其他成员的 TBT 措施未以国际标准为基础，均缺乏足够的法律依据，因为法律并未指明什么是国际标准。尽管为弥补该缺陷，在 WTO 处理有关《TBT 协定》中使用"相关国际标准"问题的争端中，由专家组和上诉机构负责审查六项原则的遵守情况，但专门机构的空白还是对《TBT 协定》的执行造成了一定阻碍。

2. 协商一致的决策程序存在缺陷（张秋莹，2018）[①]

"协商一致"是指不必通过票决而取得一致的决策模式，包括"协商"和"一致"两个步骤。在具体的决策过程中，"协商一致"原则的运用被形象地理解为"同心圆"结构，即先将一些困难的议题交由少数国家磋议，取得小规模的一致后再推向更多的国家以取得更大比例的赞同，最后取得所有成员的"协商一致"。"一揽子承诺"原则是"协商一致"原则的自然延伸，是指所有成员接受全部协定并同时履行，以保持成员间的统一。两个原则相辅相成，共同作用于 WTO 决策过程。虽然两个原则的决策过程建立在对等互惠和自由贸易的基础上，但仍然存在许多问题。一方面，在目前的 WTO 决策规则下，协商一致的决策规则试图调和所有成员的利益。为达成共识，WTO 往往需要在成员间进行复杂的协调工作，在增加负担的同时也使得决策机制变得更加困难。[②] 另一方面，这种形式上的公平忽略了世界经济发展的差异性，具有明显的资本主义色彩，并不能实现真正的公平。这是因为发展中国家的国际资源占有和经贸发展水平均显著低于发达国家，无法达成 WTO 所有条款的要求，打包接受所有协定增加了发展中国家的负担。事实上，在实际的决策过程中，为达到一致，常常出现大国主导、小国被迫接受，或者大国威逼利诱、小国妥协等情形。同时，在这一原则下，如果成员针对某一议题无法达成共识，那么这一议题就可能被削弱甚至停滞。例如 2003 年坎昆会议上，发达国家与发展中国家就是否深入谈判"新加坡议题"[③] 上产生分歧，发达国家大多希望将其纳入多哈回合谈判，但发展中国家强烈反对，并要求发达国家在农业领域作出让步，最终与会各国并没有达成实质性结果。这种情况下可能导致 WTO 谈判效

[①] 张秋莹：《WTO"协商一致"决策原则评析》，山东大学 2018 年。
[②] 《WTO 当前面临的挑战及其解决之道》，中华人民共和国商务部，2017 年 8 月 22 日，http://chinawto.mofcom.gov.cn/article/ap/tansuosikao/201708/20170802631132.shtml。
[③] "新加坡议题"是 1996 年 12 月在新加坡举行的世贸组织第一次部长会议提出的，主要涉及投资、竞争政策、贸易便利化以及政府采购透明度的谈判模式。

率低下，增加成员各方博弈的资本。

3. 互认制度发展受限

在国际监管实践中，《SPS 协定》和《TBT 协定》允许各成员在一定限度内偏离国际标准，建立了可供成员方就 SPS 和 TBT 措施达成互认的合作框架，但当前互认制度的推进仍然较为缓慢。互认制度自 2000 年以后才逐渐发展起来，迄今为止，实际达成并执行的互认协定数量较少，在 SPS 领域通报过的互认协议只有 3 个，在 TBT 领域通报过的互认协议则只有 6 个（韩铭，2020）。同时，由于互认制度仍是一个新兴领域，各成员方仍在探索中，并未厘清互认制度的起源发展、案例研究、协议种类、关注重点等问题，这无疑会导致各成员方在执行等同协定时面临一些分歧。

互认制度发展缓慢的原因之一在于该制度的有效运作具有严格的限定条件。第一，由于技术性贸易壁垒本身是实现公共利益目标的工具，因此两国只有在双方公共利益目标类似时才可能进行互认谈判。这一条件要求拟进行互认谈判的国家充分研究对方的立法理念和实践，并据此判断双方是否具有共同合作的基础。第二，互认必须以技术标准与法规为支持。互认不可能脱离技术标准独立存在，双方需要就标准或测试程序达到某种程度的协调，这就要求国际标准化机构在其中发挥积极作用，也要求各国立法机构与标准化机构之间保持充分沟通。第三，拟进行互认谈判的国家应具有完善的测试、检验与认证体系，并实行有效控制与管理，以保证测试结果与检验报告具有足够的可信度（张海东和朱钟棣，2005）。另外，互认实践也存在一定的现实约束。从目前已达成的协议来看，互认主要集中在区域经济一体化组织的内部，对区域外的国家有一定排斥。

4. 透明度原则落实不到位

透明度是包括《SPS 协定》和《TBT 协定》在内的许多 WTO 协定

的基本要素，对于维持 WTO 机制的正常运转具有不可替代的重要作用。通报制度是透明度原则的核心，只有成员方积极全面地履行通报义务，才能保证贸易政策的透明（郑伟和管健，2019）。然而当前，这一领域仍然存在落实不到位、信息辅助系统和相应辅助措施匮乏、内部协调不到位等问题，造成各利益攸关方无法及时获得通报信息，也无法就相关举措提出建议，甚至一些国家借机通过贸易壁垒的方式达到政策目的。正如美欧日联合声明中提到的那样，"解决一些政府违反 WTO 透明度义务的问题，是提高 WTO 监测职能有效性和效率工作中的优先事项"（许宏强和张琦，2019）。

首先，通报制度不完善。近年来，随着通报数量的大幅增加，对 TBT 和 SPS 措施通报进行追踪和监督工作量日渐繁重，各成员方资源、能力和人员精力等限制导致通报制度的实际落实情况并不理想。事实上，违反通报义务的现象普遍存在于各项协定中。例如，2019 年有超过一半的成员未能按照《补贴与反补贴措施协议》第 25.1 条的要求及时提交补贴通报；[①] 截至 2020 年 2 月，2019 年《进口许可程序协定》的通报完成率仅略高于 17%；《关于数量限制措施通报程序的决定》履行方面，只有不到 16% 的成员按要求提交 2018~2020 年数量限制通报（OECD/WTO，2019）。造成这一现象的原因主要有两点：一是重视程度不够，部分成员对通报信息的价值认识不足，进而忽视履行通报义务；二是有意不报，成员可能担心通报某项信息会导致外界批评、卷入争端或泄露谈判筹码，因此有意不通报或延迟通报相关信息（金建恺，2020）。从国家来看，发达国家和发展中国家均存在未履行通报义务的情况。即使是在透明度义务履行方面受到 WTO 各成员方高度评价的中国，也存在部分部门对相关通报程序不甚了解、地方技术法规性文件尚未通报等问题（郭力生，2004）。虽然 SPS 和 TBT 委员会已经为加强透

[①] 《补贴和反补贴措施协议下的通知（Notification Provisions under the Agreement on Subsidies and Countervailing Measures）》，WTO 官网，https：//www.wto.org/english/tratop_e/scm_e/notif_e.htm。

明度条款和通报制度的执行做出一些努力,如 2015 年 10 月 12 日~13 日在日内瓦组织关于《SPS 协定》透明度条款特别讲习培训班,[①] 但情况并未得到明显改善,仍需付出更多努力来落实透明度原则。

其次,信息辅助系统和相应辅助措施匮乏。为减少 WTO 成员及利益相关者因缺少渠道了解影响贸易的通报,减少不必要的贸易摩擦,WTO 开始建设线上信息系统,如 ePing 警报系统。ePing 是由 UN、WTO 和 ITC 共同开发的互动式信息系统,内容锁定 SPS 和 TBT 措施,可以按照产品、目标市场等进行个性化定制通报提醒,并向全世界所有公众免费开放。[②] 然而,包括 ePing 警报系统在内的信息系统终究只是一种工具,充分利用其优势需要各利益相关方行动与机制的配合。目前,许多国家存在的问题是:缺乏活跃的 TBT 和 SPS 查询点;公共和私人利益相关者对系统所提供的信息理解和响应能力差,相关宣传等辅助措施不全;缺乏国家协调机制。这些问题在发展中国家和落后国家尤为严重,例如非洲的许多国家至今仍未设立任何 TBT 或 SPS 查询点;[③] 印度等亚洲国家和地区的查询点数量稀少,截至 2021 年 1 月只设有 2 个 TBT 咨询点,而经济发达的意大利设有 4 个 TBT 查询点。[④]

最后,内部协调不到位。国内委员会和其他行政机制在透明度方面的内部协调,仍是 SPS 和 TBT 监管的一个重点领域。该领域目前仍然面临两方面的问题。一方面,许多成员方常常因国内缺乏相关行政资源和人才储备难以实现部门间的内部协调。履行透明度义务往往需要相关部门投入大量行政资源,与政策制定、措施执行、数据收集等多个不同部门、不同层级的政府机构进行协调沟通。然而在行政资源不足的情况

[①] 《透明度讲习班(Workshop on transparency)》,WTO 官网,https://www.wto.org/english/tratop_e/sps_e/wkshop_oct15_e/wkshop_oct15_e.htm。
[②] 中华人民共和国海关总署办公厅:《免费!最新国外通报信息!》,百度,2018 年 11 月 16 日,https://baijiahao.baidu.com/s?id=1617282642653492637&wfr=spider&for=pc。
[③] 李莹、姜春媛:《商务部回应中国援助非洲透明度等问题》,人民网,2013 年 8 月 29 日,http://politics.people.com.cn/n/2013/0829/c70731-22740862.html。
[④] 《技术贸易壁垒信息管理系统(Technical Barriers to Trade Information Management System)》,WTO 官网,2021 年 1 月 29 日获取,http://tbtims.wto.org/en/NationalEnquiryPoints/Search。

下，部门间难以实现充分协调，且出现人员轮换时，对透明度义务的理解和重视程度也会随之发生变化，进而导致其通报水平在不同时期出现波动（金建恺，2020）。另一方面，不同组织间的透明度规则往往自成一体。尽管目前一些国际贸易组织均已对其主导的国际经贸谈判做出了与通报程序相关的透明度要求，但这些要求大多彼此独立，或者说，其与 SPS 或 TBT 协定中所规定的透明度要求联系有限（韩铭，2020）。特别是一些发展中国家，引用和接受 WTO 透明度原则时常会冲击国内现有的法律制度。即使出台专门的解决方案，也会面临规定笼统模糊和实操经验不足等问题。在与国际透明度原则对接上的疏漏亟待进一步完善。

5. 争端解决的实效性较弱

WTO 的争端解决机制被誉为"皇冠上的明珠"，然而当前倍受世人推崇的争端解决机制，不仅未能有效地化解矛盾，反而遭遇了强有力的反弹，这很大程度上与当前机制解决效率低有关。首先，特别贸易关注（STC）的解决效率较低。某一特定的 STC 在 TBT 或 SPS 委员会上被提及的次数和距离上次被提起的时间可以在一定程度上衡量解决 STC 问题的有效性。仅在短期内的一两次会议上被提到的 STC，表明该项关注的争议性较低，相应地，在五次或更多会议上被提到的长期 STC 则表示进展有限，具有强争议性，相关讨论的实效性不佳。根据这一标准，以 TBT 为例，2018~2020 年间重复提及次数超过 5 次（含 5 次）的 STC 数目为 58 件，占此期间提出 STC 总数的 34.3%。在这些案件中，60.34% 被提及的次数超过 10 次，平均解决时长高达 5.14 年。[①] 导致 STC 解决效率不高的原因主要有三个。一是各成员方并未及时向 WTO 通报 STC 问题的最新发展动态，使得各利益攸关方信息交流不畅；二是新出现的 STC 未获得足够重视，2014 年以来 SPS 和 TBT 委员会将工作

---

① 《技术贸易壁垒信息管理系统（Technical Barriers to Trade Information Management System）》，WTO 官网，2021 年 1 月 29 日获取，http://tbtims.wto.org/en/NationalEnquiryPoints/Search。

重点更多地放在先前提出的问题上，对于新问题未能给出令人满意的实质性答复；三是明确提出需求的 STC 件数较少，尤其是一些发展中国家与欠发达国家由于法律制度落后、国力较弱、缺少渠道等原因，缺少发声的机会，导致 WTO 相关委员会对成员方的需求了解较少，无法进行有针对性的援助。这无疑会使 SPS 和 TBT 委员会解决 STC 问题的能力受到质疑，也会进一步加剧国家间的贸易冲突，增加 WTO 诉讼裁决机构的负担。

其次，WTO 争端解决程序漫长拖沓。WTO 争端解决机制旨在保持成员之间的谈判平衡，保障成员方遵守承诺。然而 WTO 决策和执行机制的效率问题，一直困扰着 WTO 的运行和其功能的发挥。美国曾多次表达对 WTO 争端解决机构超出责任范围裁决贸易争端和裁决时间过长的不满。以堪称 WTO 争端解决机制的经典案例"欧盟—美加激素牛肉案"为例，其持续时间长达二十余年。同时，当前争端解决机制的"瘫痪"局面也备受各方关注。由于美国认为上诉法庭大法官经常越过权限作出解释裁决，强烈要求改革，并持续阻挠上诉机构大法官的遴选，上诉机构正常工作状态难以维持。虽然 WTO 的专家组可以继续受理和裁决 WTO 成员之间的争端，但是如果上诉机构无法正常运转，争端案件的任何一方仍然可以通过提出上诉的方式阻挠专家组裁决的通过，决策效率有限（郑伟和管健，2019）。

最后，强制性争端解决机制未必适用于所有问题。[①] WTO 成立之时，国际社会倾向于采取法治方式规范国家间的关系。作为一个规范国际贸易关系的国际组织，WTO 也制定了一系列具有法律约束力的国际条约，并且通过强制性的争端解决机制解决贸易争端，确保成员方遵守规则。然而 WTO 成员之间的争端并不完全是纯粹的法律争端，还可能涉及复杂的历史问题和政治文化因素，单纯使用法律方法未必能取得好

[①]《WTO 当前面临的挑战及其解决之道》，中华人民共和国商务部，2017 年 8 月 22 日，http：//chinawto. mofcom. gov. cn/article/ap/tansuosikao/201708/20170802631132. shtml。

的效果。例如美国和欧盟就荷尔蒙牛肉的问题在 WTO 提起了争端解决机制，虽然欧盟败诉，但仍然拒不执行裁决，美国和欧盟间有关生物技术产品（转基因作物的争端）也是类似情形。可见现实实践中，争端解决机制的约束力有限。

5.3 强化国际治理与提供中国方案

作为负责任大国，中国从未缺席需要中国声音的关键时刻，中国方案已经彰显出巨大力量。所谓中国方案，是指中国在走近世界舞台中央的背景下，为破解人类共同难题、优化全球治理、推动国际关系民主化而提出的中国主张或采取的中国行动。[①] 2017 年，习近平总书记在日内瓦世界经济论坛上明确指出，中国方案是"构建人类命运共同体，实现共赢共享"。改革开放以来，中国开启了参与全球治理的进程，在全球治理中的角色也正从简单参与者向建设者、贡献者和改革者转变。中国依托国力、影响力以及国际格局和全球关系的变化趋势，日益成为国际组织和全球治理中举足轻重的推动者和建设者，不仅是经费、捐助和人力等"硬资源"方面的主要贡献者，也将日益成为国际多边组织和全球治理在制度创新、理念创新方面"软资源"的重要来源。[②] 例如 2016 年 G20 杭州峰会上，中国推动实现了 G20 框架下的贸易投资合作突破，首次设置了贸易和投资工作组，发布了第一份 G20 贸易部长会议共同声明，批准了《G20 全球贸易增长战略》，达成了全球首个多边投资规则指导性原则《G20 全球投资指导原则》，为搭建全球首个《多边投资规

---

① 陈曙光：《贡献中国方案的思想理论体系》，中共中央纪律检查委员会 中华人民共和国国家监察委员会，2019 年 8 月 21 日，https://www.ccdi.gov.cn/lswh/lilun/201907/t20190723_197623.html。
② 于洋、燕勐：《〈中国对外关系（1978—2018）〉——中国在国际组织和全球治理体系中的作用将更加突出》，人民网，2020 年 5 月 13 日，http://world.people.com.cn/n1/2020/0513/c1002-31707831.html。

则框架》奠定了基础。面对新冠肺炎疫情，中国积极响应联合国发起的全球人道应对计划，向世界卫生组织提供 5000 万美元现汇援助，向 150 多个国家和国际组织提供物资援助，向 200 多个国家和地区出口防疫物资。与此同时，中国以实际行动履行承诺，加入世卫组织"全球合作加速开发、生产、公平获取新冠肺炎防控新工具"倡议，同 10 多个国家开展疫苗研发合作，加入"新冠疫苗实施计划"，并通过该计划向发展中国家先提供 1000 万剂国产疫苗，促进疫苗公平分配。截至 2021 年 2 月下旬，中国已向 53 个发展中国家提供疫苗援助，已向 22 个国家出口疫苗。[①] 可以看出，中国方案为增进人类整体福祉贡献了价值指引，为推动全球治理的现实进程贡献了基本的价值遵循。当前，在新冠疫情冲击下，世界正遭受第二次世界大战结束以来最严重的经济衰退，各大经济板块首次同时遭受重创，全球贸易和投资活动持续低迷。面对错综复杂的世界局势，中国将主动承担大国责任，积极提出中国方案（刘敬东，2019），为全球治理体系改革与完善作出有力的中国贡献。

加强国际标准管理。国际标准对于提高生产效率和便利国际贸易具有重要作用（王世川和黄意，2020）。针对当前国际标准存在的问题，SPS 和 TBT 委员会在制定和执行国际标准的过程中，应该从以下几个方面进行改革：一是将国际标准由"自愿性"逐渐转变为"强制性"，扩大国际标准的覆盖范围，并公布一份为成员方认可的国际标准化机构名单，以监督标准的实施；二是加强与国际标准化机构和各国标准机构的交流、合作、协调、配合，及时修订过时或存在较大争议的国际标准；三是积极筹备相关国际会议，广泛传播国际标准的演变过程和发展现状，降低各国因错误使用国际标准而引起贸易争端（Hoekman，2011）。与此同时，中国作为发展中国家和新兴经济体的主要代表，也会积极参与到这一轮国际贸易规则重构的过程中。一方面，中国支持 SPS 和 TBT

---

① 高飞：《十三届全国人大常委会专题讲座第二十二讲 国际组织与全球治理》，中国人大网，2021 年 3 月 1 日，http://www.npc.gov.cn/npc/c30834/202103/0d2a4aaaf5e7405b8bcce8135af07c90.shtml。

委员会进行必要改革,以增强其权威性和有效性;另一方面,中国作为五大常任理事国之一,在加强国际标准的统一管理领域,承担与大国地位和自身实力相匹配的国际义务,并通过与发达国家的谈判来助力改革的顺利进行。

改革"协商一致"原则和"一揽子协定"的谈判模式。一方面,改革 WTO 以对国际贸易采取更宽容、更鼓励的态度,改变将所有议题捆绑在一起的做法,增强 WTO 循序渐进、各个击破的可能性(盛建明和钟楹,2015)。[①] 另一方面,鼓励各个成员在多边体系下另寻出路,推动区域贸易协定的繁荣。诸边贸易协定的开放可以将更多国际贸易议题最大程度地纳入多边轨道中,从而最大限度地保证发展中国家(成员方),特别是最不发达国家(成员方)对新规则的认识和参与,有利于国际贸易的平衡发展。与此同时,中国作为全球最大的发展中国家,坚决捍卫自身和其他发展中群体的国家利益,积极为这一群体谋求发展的新思路。中国将发挥大国优势,既在发展中国家之间加强协调,增强参与多边贸易体制的能力,又要努力寻求与发达国家的共同利益,为世界各国尤其是发展中国家营造共同发展机遇。

鼓励达成互认协议。相互承认监管规定与合格评定结果,可以减少伙伴国家间的贸易壁垒,避免由于监管差异带来的贸易成本(OECD/WTO,2019)。在这一领域,中国作为世界贸易大国,也被众多国家赋予更大期望。一方面,中国支持委员会努力改进互认协议的通报程序,或者通过召开专题研讨会议等方式,为成员提供一个信息交流平台,促进现有合作信息的传播,鼓励成员方分享认可合格评定结果和达成互认协议的案例,总结成功经验或汲取失败教训;另一方面,支持细化并扩大互认协定的适用范围,重点涉及拟议措施的控制、检查和批准程序、进出口认证等,最大限度地发挥互认协议的作用,促进贸易的畅通。中

[①] 盛建明、钟楹:《关于 WTO "协商一致"与"一揽子协定"决策原则的实证分析及其改革路径研究》,载于《河北法学》2015 年第 8 期。

第 5 章　农产品出口遭遇的非关税措施阻碍及应对策略

国将在保障自身利益的前提下积极作为，分享中国与新西兰初级产业部关于有机产品认证互认的成功经验，为便利国际贸易和促进监管合作贡献力量。①

加强落实透明度原则。《SPS 协定》和《TBT 协定》关于透明度的规定，特别是与通知相关的义务，在增强国际贸易的稳定性和可预测性、降低利益攸关者的信息成本、保障成员方合法权益方面发挥着重要作用（OECD/WTO，2019）。当前，提升透明度已经在 WTO 成员方间获得广泛共识，具备积极的发展前景。一是成立专门的监管机构，定期对各成员国的贸易通报进行审查，确保通报制度的有效执行；二是完善设备基础和相关辅助措施，鼓励成员国使用 ePing 等数字系统在线回复通报意见和分享通报信息，要求成员方逐一验证 SPS 和 TBT 查询点的功能，为缺乏技术能力的发展中国家提供技术援助；三是引入制裁措施，对于未能按时履行通报义务的成员方，要求其在一定时期内解释延迟通报的原因并给出预计通报的时间，对于拒绝配合工作的成员方给予惩罚，提高违约成本，充分发挥国际法律法规的威慑作用；四是加强机构间协调配合，鼓励机构间的信息共享，实现各国国内部门与监管机构之间的充分对接，以便进一步贯彻透明度原则。

在落实透明度原则方面，2019 年 5 月，中国向 WTO 提交了《中国关于世贸组织改革的建议文件》，为解决发展中成员能力不足问题提供了有益参考。透明度议题与发展议题紧密相关，成员自身的发展水平是通报能力的重要影响因素。针对这一问题，中国《建议文件》提出三方面借鉴：一是发达成员应在通报义务履行上发挥示范作用；二是发展中成员应努力改进通报义务的履行；三是秘书处应尽快更新通报技术手册并加强培训，对于因能力限制无法履行通报义务的成员，应通过技术援助加强其通报能力建设。各方如能参考中方建议在透明度议题上相向

---

① 安涛：《我国首份有机产品国际互认协议出台》，中华人民共和国中央人民政府，2016 年 11 月 14 日，http://www.gov.cn/xinwen/2016-11/14/content_5132329.htm。

而行，则有助于加快磋商进程，尽早取得成果（金建恺，2020）。

提高贸易争端解决实效。争端解决机制是 WTO 的核心和基础，有效地确保了多边贸易体系的正常运作（于鹏，2019）。当前，为避免争端解决机制深陷危机，全面修改争端解决机制并适当制定新规则势在必行。首先，增设专家组和上诉机构人员安排，应对日益增长的案件数量和不断下降的解决效率，缩短案件审理的时间；其次，加强争端解决的透明度，建立旁听制度，使得其他成员和非政府组织参与案件的审理环节并了解争端解决的运作过程，监督专家组成员履职（龚冠华，2019）；最后，采纳协商一致与"关键多数"谈判并存的复合决策机制，避免由于成员数目众多且利益多元化而使多边贸易谈判陷入僵局（王燕，2019），避免个别国家对争端解决程序的破坏，维护多边贸易体制。在这一过程中，中国本着支持多边体制、捍卫自身核心贸易利益、追求各方共赢的方针提出议题方案，寻求与大多数 WTO 成员方在改革议题方面的最大公约数。中国认为，在当前上诉机构瘫痪的背景下，应尽快解决上诉机构成员遴选受阻这些紧迫的问题，确保世贸组织各项功能的正常运转（贺小勇和陈瑶，2019）。对于争端解决机制中受到较多争议的"法官造法"问题，中国提出可以考虑在成员对上诉机构法律解释存疑的情况下，适用"票决一致"原则，即通过全体成员投票的方式审议上诉机构提出的对具体法律条文的解释（屠新泉，2018），创造更为灵活的机制。

附 录

附录1　　IRR 数据变量名称介绍

变量名称	变量名称
MFG_FIRM_FEI_NUM	制造商公司编号
LGL_NAME	制造商公司名称
LINE1_ADRS	制造商公司地址
LINE2_ADRS	制造商公司地址（详细位置）
CITY_NAME	制造商公司所在城市
PROVINCE_STATE	制造商所在省或州
ISO_CNTRY_CODE	国际标准化国家代码[1]
PRODUCT_CODE	产品编号
REFUSAL_DATE	被拒日期
DISTRICT	未准入境所在的州
ENTRY_NUM	CBP Entry Number
RFRNC_DOC_ID	检查货物海关部门编号
LINE_NUM	FDA 部门的编号
LINE_SFX_ID	FDA Line Suffix
FDA_SAMPLE_ANALYSIS	是否有 FDA 分析结果
PRIVATE_LAB_ANALYSIS	是否经过私人实验室分析
REFUSAL_CHARGES	产品被拒原因的编号
PRDCT_CODE_DESC_TEXT	产品名称

[1] 如中国为 CN，http：//114.xixik.com/country-code/。

附录 2　　　　　　　　　　IRR 数据库所涉及食品类别

Product_Code	与产品种类的对应关系	翻译
2	Whole Grain/Milled Grain Prod/Starch	五谷杂粮，谷物制品（面粉），或淀粉
3	Bakery Prod/Dough/Mix/Icing	焙烤制品，面团混合料，或糖衣
4	Macaroni/Noodle Prod	通心粉/面条产品
5	Cereal Prep/Breakfast Food	谷物/早餐食品
7	Snack Food Item	快餐食物
9	Milk/Butter/Dried Milk Prod	牛奶/黄油/奶粉产品
12	Cheese/Cheese Prod	奶酪和奶酪产品
13	Ice Cream Prod	冰淇淋产品
14	Filled Milk/Imit Milk Prod	仿牛奶产品
15	Egg/Egg Prod	蛋类产品
16	Fishery/Seafood Prod	水产品
17	Meat, Meat Products and Poultry	肉类，肉制品和家禽
18	Vegetable Protein Prod	植物蛋白产品
20	Fruit/Fruit Prod	水果类产品
21	Fruit/Fruit Prod	水果类产品
22	Fruit/Fruit Prod	水果类产品
23	Nuts/Edible Seed	坚果和可食用的种子产品
24	Vegetables/Vegetable Products	蔬菜类产品
25	Vegetables/Vegetable Products	蔬菜类产品
26	Vegetable Oils	蔬菜油
27	Dressing/Condiment	酱/调味品
28	Spices, Flavors And Salts	香料和盐
29	Soft Drink/Water	软饮料和水
30	Beverage Bases/Conc/Nectar	饮料
31	Coffee/Tea	咖啡/茶
32	Alcoholic Beverage	酒精饮料
33	Candy W/O Choc/Special/Chew Gum	没有巧克力的糖果/特色糖果/口香糖
34	Choc/Cocoa Prod	巧克力和可可产品

附 录

续表

Product_Code	与产品种类的对应关系	翻译
35	Gelatin/Rennet/Pudding Mix/Pie Filling	明胶/凝乳/布丁混合物/饼馅填料
36	Food Sweeteners（Nutritive）	食品甜味剂（营养）
37	Mult Food Dinner/Grav/Sauce/Special	多食晚餐/肉汁/沙拉酱/特色
38	Soup	汤类
39	Prep Salad Prod	配制色拉产品
40	Baby Food Prod	婴儿食物
41	Dietary Conv Food/Meal Replacements	膳食的传统食物或代餐
42	Edible Insects And Insect	可食用昆虫和昆虫衍生食品
45	Food Additives（Human Use）	食品添加剂
50	Color Additiv Food/Drug/Cosmetic	食品色素添加剂
52	Miscellaneous Food Related Items	与食物有关的其他产品

附录3　　IRR 部分被拒原因编号与其解释

REFUSAL_CHARGES	原因解释	原因分类
9	含沙门氏菌	掺假
11	不安全的颜色添加剂	掺假
83	生产过程不符合21CFR_part108规定，制造、加工或包装于不卫生情况下，有害于健康	掺假
238	含有不安全的食品添加剂	掺假
241	杀虫剂化学残留物	掺假
249	全部或部分腐烂，不适合食用	掺假
324	标签内重要信息不显眼	标签
2680	标签没有将糖精列为添加成分	标签
3421	含三聚氰胺或三聚氰胺类似物	掺假
3721	掺假；含农药化学品	掺假

附录 4　　通报产品类别

产品类别		
英文	中文	产品种类
alcoholic beverages	酒精饮料	食品
bivalve molluscs and products thereof	双壳贝类及其产品	食品
cephalopods and products thereof	头足类动物及其产品	食品
cereals and bakery products	谷物和烘焙产品	食品
cocoa and cocoa preparations, coffee and tea	可可和可可制剂、咖啡和茶	食品
confectionery	糕饼	食品
crustaceans and products thereof	甲壳类动物及其产品	食品
dietetic foods, food supplements, fortified foods	营养食品、食品补充剂、强化食品	食品
eggs and egg products	蛋及蛋制品	食品
fats and oils	油脂	食品
fish and fish products	鱼和鱼类产品	食品
food additives and flavourings	食品添加剂及调味料	食品
fruits and vegetables	水果和蔬菜	食品
Gastropods	腹足类动物	食品
herbs and spices	草药和香料	食品
honey and royal jelly	蜂蜜和蜂王浆	食品
ices and desserts	冰和甜点	食品
meat and meat products (other than poultry)	肉及肉制品(不含家禽)	食品
milk and milk products	奶制品	食品
natural mineral water	天然矿泉水	食品
non-alcoholic beverages	无酒精饮料	食品
other food product/mixed	其他食品/混合	食品
poultry meat and poultry meat products	禽类及其制品	食品
prepared dishes and snacks	即食菜肴和小吃	食品
soups, broths, sauces and condiments	汤、肉汤、酱汁和调味品	食品
water for human consumption (other)	饮用水(其他)	食品
nuts, nut products and seeds	坚果、坚果产品和种子	食品,饲料

附 录

续表

产品类别

英文	中文	产品种类
food contact materials	食品接触材料	食品接触材料
animal by-products –（obsolete）	动物副产品（过时）	饲料
compound feeds	混合型饲料	饲料
feed additives	饲料添加剂	饲料
feed for food-producing animals –（obsolete）	供给食用家畜的饲料（过时）	饲料
feed materials	饲料原料	饲料
feed premixtures	预混合饲料	饲料
pet food	宠物食品	饲料

附录5　风险因素列表

风险因素	
英文	中文
adulteration/fraud	掺假/欺诈
allergens	过敏原
bio contaminants	生物污染物
biotoxins（other）	生物毒素（其他）
composition	成分
environmental pollutants	环境污染物
feed additives	饲料添加剂
food additives and flavorings	食品添加剂和调味剂
foreign bodies	异物
genetically modified food or feed	转基因食品或饲料
industrial contaminants	工业污染物
labelling absent/incomplete/incorrect	标签缺失/不完整/不正确
metals	金属
microbial contaminants（other）	微生物污染物（其他）
migration	有害物质迁移
mycotoxins	霉菌毒素

续表

风险因素	
英文	中文
non-pathogenic micro-organisms	非病原微生物
not determined/other	其他
novel food	新型食品
organoleptic aspects	感官异常
packaging defective/incorrect	包装有缺陷/不正确
parasitic infestation	寄生虫感染
pathogenic micro-organisms	病原微生物
pesticide residues	农药残留
process contaminants	过程污染物
poor or insufficient controls	监管不当
radiation	辐射
residues of veterinary medicinal products	兽药残留
TSEs	传染性海绵状脑病

附录6　已采取措施列表

采取的措施	
英文	中文
destination of the product changed	目的地变更
destruction	销毁
detained by operator	操作员扣押
import not authorised	进口未被授权
informing authorities	通知有关部门
informing consignor	通知发货人
informing recipient（s）	通知收货人
no action taken	没有采取行动
official detention	官方扣押
physical treatment-blanching	物理处理——漂白

续表

采取的措施	
英文	中文
physical treatment-sorting	物理处理——分拣
physical/chemical treatment	物理/化学处理
placed under customs seals	海关封存
re-dispatch	重新分派
re-dispatch or destruction	重新分派或销毁
recall from consumers	从消费者召回
reinforced checking	加强检查
return to consignor	返回发货人
seizure	扣押
use for other purpose than food/feed	用于食品、饲料以外的用途
use in feed	用于饲料
withdrawal from recipient（s）	从收件人召回
withdrawal from the market	市场召回
空字符串	空字符串

参 考 文 献

[1] 曾国平、王燕飞:《我国农产品出口对农民收入影响的实证分析》,载于《农业技术经济》2006年第2期。

[2] 曾寅初、吴金炎、夏薇:《农产品国际贸易争端及其影响因素的实证研究》,载于《世界经济研究》2007年第3期。

[3] 陈咏梅:《析WTO对发展中成员的技术援助和能力建设》,载于《武大国际法评论》2010年第1期。

[4] 程国强:《中国农产品出口:增长、结构与贡献》,载于《管理世界》2004年第11期。

[5] 程国强:《乌拉圭回合后的中国农业发展》,载于《宏观经济管理》1995年第12期。

[6] 仇晓梅:《欧盟食品安全法律制度研究》,山东财经大学,2017年。

[7] 董静然:《〈TBT协定〉中的国际标准规则法律解释研究》,载于《上海对外经贸大学学报》2016年第2期。

[8] 樊永祥、朱丽华、王君、张俭波、田静、毛雪丹、陈瑶君、罗雪云:《改革开放30年来食品卫生标准工作进展》,载于《中国食品卫生杂志》2009年第4期。

[9] 高彦生、宦萍、胡德刚、吴奔红、晓凤、郗鑫、张建军、陈轩、石振、唐杰、黄琳:《美国FDA食品安全现代化法案解读与评析》,载于《检验检疫学刊》2011年第3期。

[10] 葛志荣、黄冠胜、王兴禄、林伟：《世界贸易组织〈技术性贸易壁垒协定〉的理解》，中国农业出版社 2001 年版。

[11] 龚冠华：《简议 WTO 争端解决机制的现代化改革》，载于《东南大学学报（哲学社会科学版）》2019 年第 S2 期。

[12] 顾善松、张蕙杰、赵将、陈天金、翟琳：《新冠肺炎疫情下的全球农产品市场与贸易变化：问题与对策》，载于《世界农业》2021 年第 1 期。

[13] 郭俊芳：《非关税措施对中国禽肉出口的影响研究》，中国农业大学，2015 年。

[14] 郭力生：《建立在 WTO 透明度原则下的 TBT 通报咨询制度》，载于《WTO 经济导刊》2004 年第 11 期。

[15] 郭垦祎：《新贸易保护主义的发展现状及影响》，载于《文学教育（下）》2014 年第 5 期。

[16] 韩铭：《WTO 框架下国际监管合作的改革》，载于《现代营销（经营版）》2020 年第 10 期。

[17] 韩玉军：《国际贸易学》，中国人民大学出版社 2017 年版。

[18] 和音：《广泛凝聚多边主义共识》，载于《人民日报》2021 年 2 月 3 日。

[19] 贺小勇、陈瑶：《"求同存异"：WTO 改革方案评析与中国对策建议》，载于《上海对外经贸大学学报》2019 年第 2 期。

[20] 胡超：《中国－东盟自贸区进口通关时间的贸易效应及比较研究——基于不同时间密集型农产品的实证》，载于《国际贸易问题》2014 年第 8 期。

[21] 华杰鸿、孙娟娟：《建立中国食品安全治理体系》，欧盟卢森堡出版办公室 2018 年版。

[22] 贾开：《跨境数据流动全球治理的"双目标"变革：监管合作与数字贸易》，载于《地方立法研究》2020 年第 4 期。

[23] 江凌：《技术性贸易壁垒对我国农产品出口影响分析及应对

策略研究》，西南大学，2012年。

[24] 江凌：《技术性贸易壁垒国内研究综述》，载于《商业时代》2012年第35期。

[25] 蒋超：《试从中美禽肉案探讨中国应对SPS壁垒的方法》，西南政法大学，2014年。

[26] 金建恺：《WTO透明度规则的改革进展、前景展望与中国建议》，载于《经济纵横》2020年第12期。

[27] 经济日报采访组：《人类命运共同体理念更加深入人心》，中国社会科学网，2019年12月31日，http://skpj.cssn.cn/gggl/gggl_ttxw/201912/t20191231_5068360.html。

[28] 李春顶：《从发达国家设立TBT的动因探析我国的应对策略》，载于《中国农业大学学报（社会科学版）》2005年第3期。

[29] 李德阳：《农产品出口结构与农民增收相关性的实证分析》，载于《中国科技信息》2005年第20期。

[30] 李露：《国际组织中的观察员制度——以WTO为中心的考察》，载于《国际经济法学刊》2006年第4期。

[31] 李宁：《欧盟实施茶叶农残限量新标准——主要涉及4项指标》，载于《宁波日报开发导刊》2014年12月30日。

[32] 李清如：《关税与非关税壁垒对贸易获益的影响——基于要素禀赋与资源错配理论的实证分析》，载于《经济问题探索》2016年第12期。

[33] 李婷、刘武兵：《农产品非关税贸易措施发展新特征浅析》，载于《世界农业》2015年第11期。

[34] 李文敏：《WTO〈TBT协定〉第2条要点解析与协定适用问题研究》，厦门大学，2006年。

[35] 联合国：《2007-08年世界经济概览》，联合国新闻部，2007年，https://www.un.org/chinese/esa/economic/review08/wdr1.shtml。

[36] 联合国：《减轻2019冠状病毒疫情对食品贸易和市场的影响

势在必行》，联合国新闻部，2020 年 3 月 31 日，https：//news.un.org/zh/story/2020/03/1053862。

[37] 梁雪、张广胜：《贸易自由化背景下农产品贸易成本初探》，载于《沈阳农业大学学报（社会科学版）》2012 年第 1 期。

[38] 廖秋子：《TBT 协定"国际标准"的法律解释及其改进路径》，载于《法律适用》2017 年第 13 期。

[39] 刘健西：《贸易自由化进程中的农产品贸易壁垒：演进与发展》，载于《农村经济》2019 年第 8 期。

[40] 刘敬东：《WTO 改革的必要性及其议题设计》，载于《国际经济评论》2019 年第 1 期。

[41] 刘婷：《转基因食品强制标识的效力：基于美国联邦法案的考察》，载于《农业经济问题》2019 年第 2 期。

[42] 刘文博：《对于透明度原则，中国的态度分析》，载于《法制博览》2018 年第 18 期。

[43] 刘旭霞、欧阳邓亚：《日本转基因食品安全法律制度对我国的启示》，载于《法制研究》2009 年第 7 期。

[44] 刘雪梅、董银果：《数量、质量抑或性价比：中国农产品出口增长动力来源与转换研究》，载于《国际贸易问题》2019 年第 11 期。

[45] 刘宇、查道炯：《粮食外交的中国认知（1979—2009）》，载于《国际政治研究》2010 年第 2 期。

[46] 陆燕：《非关税措施的新发展与我国的应对研究》，载于《经济研究参考》2006 年第 43 期。

[47] 栾信杰、陈怡晨：《"美国——影响中国家禽产品进口的某些措施"争端研究》，载于《国际商务研究》2013 年第 2 期。

[48] 栾信杰：《论 WTO〈TBT 协定〉下的"互认协议"及其新发展》，载于《WTO 法与中国论坛》文集——中国法学会世界贸易组织法研究会年会论文集（八），2009 年。

[49] 吕光：《浅析区域贸易协定与多边贸易体制》，载于《佳木斯

教育学院学报》2014 年第 3 期。

[50] 毛雪丹、樊永祥：《〈SPS 协定〉与 SPS 措施通报评议》，载于《中国食品卫生杂志》2005 年第 5 期。

[51] 茅锐、贾梓祎、陈志钢：《疫情防控会增强贸易壁垒吗——以新冠肺炎暴发期美国对华农产品进口拒绝裁定为例》，载于《国际贸易问题》2021 年第 2 期。

[52] 孟冬、林伟：《加拿大诉澳大利亚"鲑鱼进口措施案"SPS 协定运用的经典案例》，载于《WTO 经济导刊》2004 年第 6 期。

[53] 穆忠和：《美国诉日本影响农产品进口措施案简析》，载于《WTO 经济导刊》2003 年第 2 期。

[54] 那力、何志鹏、王彦志：《WTO 与公共健康》，清华大学出版社 2005 年出版。

[55] 倪洪兴、叶安平：《美国农业国际竞争力与贸易政策分析》，载于《中国党政干部论坛》2018 年第 1 期。

[56] 倪洪兴：《开放条件下我国农业产业安全问题》，载于《农业经济问题》2010 年第 8 期。

[57] 倪楠：《食品安全法研究》，中国政法大学出版社 2016 年版。

[58] 裴长洪、倪江飞：《坚持与改革全球多边贸易体制的历史使命——写在中国加入 WTO 20 年之际》，载于《改革》2020 年第 11 期。

[59] 裴长洪：《全球经济治理、公共品与中国扩大开放》，载于《经济研究》2014 年第 3 期。

[60] 彭美英：《〈TBT 协定〉"合法目标"法律问题研究》，西南政法大学，2014 年。

[61] 戚亚梅、郭林宇：《国际农药技术性贸易措施发展趋势研究——基于 SPS 通报的分析》，载于《农产品质量与安全》2015 年第 6 期。

[62] 戚亚梅、郭林宇：《农产品技术性贸易措施规则与应对》，中国质检出版社、中国标准出版社 2018 年版。

参考文献

[63] 漆彤：《〈实施卫生与动植物检疫措施协议〉及相关争端解决案例评析》，载于《法学论》2003年第1期。

[64] 齐欣、岳晋峰：《标准制度互认机制与发展中国家技术性贸易壁垒的突破》，载于《国际贸易》2005年第6期。

[65] 钱和、林琳、于瑞莲：《食品安全法律法规与标准》，化学工业出版社2014年版。

[66] 钱和、庞月红、于瑞莲：《食品安全法律法规与标准》，化学工业出版社2019年版。

[67] 钱彤、熊争艳、刘劼、刘华：《中共首提"人类命运共同体"倡导和平发展共同发展》，人民网，2012年11月11日，http：//cpc.people.com.cn/18/n/2012/1111/c350825-19539441.html。

[68] 钱学锋、龚联梅：《贸易政策不确定性、区域贸易协定与中国制造业出口》，载于《中国工业经济》2017年第10期。

[69] 钱学锋、王备：《异质性企业与贸易政策：一个文献综述》，载于《世界经济》2018年第7期。

[70] 秦园：《论美国FDA食品技术法律法规体系》，对外经济贸易大学，2005年。

[71] 秦贞奎：《检疫官员公布真相：日本这样"抹黑"中国蔬菜》，东方新闻，2002年9月8日，china.eastday.com/epublish/gb/paper148/20020908/class014800011/hwz763926.htm。

[72] 曲星：《人类命运共同体的价值观基础》，载于《求是》2013年第4期。

[73] 盛斌、李德轩：《金融危机后的全球贸易保护主义与WTO规则的完善》，载于《国际经贸探索》2010年第10期。

[74] 史喜菊、马贵平、李冰玲、刘旭辉、李炎鑫：《疯牛病引发的食品安全问题》，载于《中国动物检疫》2005年第9期。

[75] 宋海英、陈志钢：《SPS措施影响国际农产品贸易的研究述评》，载于《农业经济问题》2008年第6期。

[76] 宋华琳：《当代中国技术标准法律制度的确立与演进》，载于《学习与探索》2009 年第 5 期。

[77] 宋华琳：《中国食品安全标准法律制度研究》，载于《公共行政评论》2011 年第 2 期。

[78] 隋军：《SPS 措施通报应用的发展及对中国的启示》，载于《暨南学报（哲学社会科学版）》2013 年第 8 期。

[79] 隋军：《TBT 新近案例关键争议点分析：趋势与启示》，载于《国际经贸探索》2013 年第 10 期。

[80] 隋军：《平衡下的失衡：TBT 协定项下的"必要性"检验标准》，载于《社会科学辑刊》2013 年第 6 期。

[81] 佟家栋、刘程：《"逆全球化"浪潮的源起及其走向：基于历史比较的视角》，载于《中国工业经济》2017 年第 6 期。

[82] 涂永前：《食品安全的国际规制与法律保障》，载于《中国法学》2013 年第 4 期。

[83] 屠新泉：《我国应坚定支持多边贸易体制、积极推进全球贸易治理》，载于《国际贸易问题》2018 年第 2 期。

[84] 王飞：《论美国 1906 年的〈纯净食品和药品法〉》，山东大学，2014 年。

[85] 王花、俞淼：《转基因产品贸易的国际法律规制——以非传统国家安全保障为视角》，载于《新疆师范大学学报（哲学社会科学版）》2019 年第 3 期。

[86] 王培志、刘宁：《农产品贸易对农民收入增长影响的实证分析》，载于《山东农业大学学报（社会科学版）》2007 年第 1 期。

[87] 王冉、姚舜、王铁军、陈芳：《美国进口食品安全管理机制分析》，载于《食品工业科技》2013 年第 34 期。

[88] 王世川、黄意：《WTO〈TBT 协定〉框架下国际标准的"应然"与"实然"分析》，载于《标准科学》2020 年第 3 版。

[89] 王小琼：《试析 WTO 框架下与转基因产品相关的贸易规

则——兼论中国转基因产品立法之完善》，载于《国际经贸探索》2006年第 2 期。

[90] 王岩、陈辉、耿振淞：《日韩封杀中国禽肉，贸易战又起波澜》，载于《北京青年报》2001 年 6 月 11 日。

[91] 王燕：《全球贸易治理的困境与改革：基于 WTO 的考察》，载于《国际经贸探索》2019 年第 4 期。

[92] 王怡、李欣：《全球治理转型中转基因食品贸易纠纷的解决之道——兼论我国的策略选择》，载于《西南民族大学学报（人文社科版）》2018 年第 4 期。

[93] 王竹天、樊永祥、毛雪丹：《国内外食品安全法规标准对比分析》，中国质检出版社、中国标准出版社 2014 年版。

[94] 吴林海、徐立青：《食品国际贸易》，中国轻工业出版社 2009 年版。

[95] 吴强：《美西战争期间的"防腐牛肉丑闻"事件及其影响》，载于《江南大学学报（人文社会科学版）》2016 年第 5 期。

[96] 夏先良：《论国际贸易成本》，载于《财贸经济》2011 年第 9 期。

[97] 徐秀军：《经济全球化时代的国家、市场与治理赤字的政策根源》，载于《世界经济与政治》2019 年第 10 期。

[98] 徐振伟、左锦涛：《冷战中后期美国对苏联的粮食外交与美苏博弈》，载于《当代世界社会主义问题》2019 年第 2 期。

[99] 许宏强、张琦：《美欧日对 WTO 改革的核心诉求与中国的对策》，载于《国际贸易》2019 年第 2 期。

[100] 许统生、李志萌、涂远芬、余昌龙：《中国农产品贸易成本测度》，载于《中国农村经济》2012 年第 3 期。

[101] 薛峰：《中国商品市场综合监管体制研究》，华东政法大学，2018 年。

[102] 杨军、董婉璐：《中国农产品贸易变化新特征及其政策启示》，载于《经济与管理》2019 年第 5 期。

[103] 杨立华：《非洲饥民不吃美国玉米》，载于《环球时报》2002年9月3日。

[104] 杨青龙：《国际贸易中的交易成本：一个文献综述》，载于《当代经济管理》2010年第7期。

[105] 杨树明：《非关税贸易壁垒法律规制研究》，中国检察出版社2007年版。

[106] 杨玉华：《我国农产品贸易对农村就业的影响》，载于《河南科技大学学报（社会科学版）》2008年第3期。

[107] 叶文灿、李欣蔚、高奇正、朱再清：《非关税措施与我国农产品出口的产品种类溢出——基于17国产业视角的实证分析》，载于《中国经济问题》2020年第2期。

[108] 叶兴庆：《加入WTO以来中国农业的发展态势与战略性调整》，载于《改革》2020年第5期。

[109] 于鹏：《WTO争端解决机制危机：原因、进展及前景》，载于《国际贸易》2019年第5期。

[110] 余智：《"新新国际贸易理论"的最新发展》，载于《经济学动态》2013年第1期。

[111] 张海东、朱钟棣：《技术性贸易壁垒理性化路径研究——兼论发展中国家的问题与出路》，载于《世界经济与政治》2005年第3期。

[112] 张汉林、董丽丽：《美日关于限制农产品进口措施的争端案例评析》，载于《国际贸易问题》2002年第4期。

[113] 张汉林：《农产品贸易争端案例》，经济日报出版社2003年版。

[114] 张蕙、关利欣、黄薇、洪俊杰：《打开贸易成本的"黑箱"——一个贸易成本的分析框架》，载于《财贸经济》2013年第8期。

[115] 张军旗：《论WTO争端解决机制中的报复制度》，载于《上

海财经大学学报》2002 年第 1 期。

[116] 张清正:《基于比较和竞争优势的中国农产品竞争力路径选择》,载于《经济问题探索》2014 年第 5 期。

[117] 张相伟、龙小宁:《国对外直接投资具有跨越贸易壁垒的动机吗》,载于《国际贸易问题》2018 年第 1 期。

[118] 张毓卿、周才云:《中国对外贸易成本的测度及其影响因素——基于面板数据模型的实证分析》,载于《经济学家》2015 年第 9 期。

[119] 郑伟、管健:《WTO 改革的形势、焦点与对策》,载于《武大国际法评论》2019 年第 3 期。

[120] 郑永年、张弛:《逆全球化浪潮下的中国国际战略选择》,载于《当代世界》2017 年第 8 期。

[121] 钟筱红:《我国进口食品安全监管立法之不足及其完善》,载于《法学论坛》2015 年第 3 期。

[122] 周超:《国际法框架下我国转基因食品标识制度的完善》,载于《求索》2016 年第 6 期。

[123] 周娟:《TBT 对我国农产品出口贸易的影响与对策研究》,湖南大学,2005 年。

[124] 周启明、顾绍平、王欣:《对进口食品监管的顶层设计原则——美国〈FDA 进口食品安全战略〉译文(上)》,载于《食品安全导刊》2019 年第 13 期。

[125] 朱晶、李天祥、林大燕:《开放进程中的中国农产品贸易:发展历程、问题挑战与政策选择》,载于《农业经济问题》2018 年第 12 期。

[126] 朱灵君:《非关税措施对我国农产品出口的影响》,载于《中外企业家》2017 年第 17 期。

[127] [美] 保罗·R. 克鲁格曼、茅瑞斯·奥伯斯法尔德、马克·J. 梅里兹著:《国际经济学》,丁凯、汤学敏、陈桂军译,中国人民大学

出版社 2016 年版。

[128] FAO & WHO：《2019 年世界食品安全日指南：食品安全与每个人都息息相关》，FAO 出版 2019 年版。http：//www.fao.org/3/ca4449zh/ca4449zh.pdf。

[129] FAO & WHO：《2020 年世界食品安全日指南：食品安全人人有责》，FAO 出版 2020 年版。https：//www.who.int/docs/default-source/food-safety/campaign-guide-zh.pdf？sfvrsn=60a9a113_4。

[130] Acemoglu D and Robinson J A. De Facto Political Power and Institutional Persistence [J]. American Economic Review, 2006, 96 (2).

[131] Ackerman F et al. Implications of Reach for Developing Countries [J]. Environmental Policy & Governance, 2008, 18 (1).

[132] Aksoy M A and Beghin J C. Global Agricultural Trade and Developing Countries [M]. Washington, World Bank Publishing, 2005.

[133] Anderson C I et al. Following Up on Smallholder Farmers and Supermarkets [M]. Göttingen, Georg-August-University of Göttingen, 2013.

[134] Anderson J E and Van W E. Borders, Trade and Welfare [J]. NBER Working Paper, 2001, 8515.

[135] Anderson J E and Van Wincoop E. Trade Costs [J]. Journal of Economic Literature, 2004, 42 (3).

[136] Anderson J E et al. Growth and Trade with Frictions: a Structural Estimation Framework [J]. NBER Working Paper, 2015, 21377.

[137] Anderson K et al. Trade, Standards and the Political Economy of Genetically Modified Food [J]. World Bank Policy Research Working Paper, 2004, 3395.

[138] Andreoni J. Giving with Impure Altruism: Applications to Charity and Ricardian Equivalence [J]. Political Economy, 1989, 97 (6).

[139] Ansell C K et al. What's the Beef: the Contested Governance of European Food Safety [M]. London, MIT Press, 2006.

［140］Apec et al. Non-tariff Barriers in Agriculture and Food Trade in APEC: Business Perspectives on Impacts and Solutions ［J］. California: University of Southern California.

［141］Arvis J F et al. Trade Costs in the Developing World: 1995 - 2010 ［M］. World Bank Publishing, 2013.

［142］Augier P et al. The Impact of Rules of Origin on Trade Flows ［J］. Economic Policy, 2005, 20 (43).

［143］Bagwell K and Staiger R W. Domestic Policies, National Sovereignty, and International Economic Institutions ［J］. The Quarterly Journal of Economics, 2001, 116 (2).

［144］Baier S L, Bergstrand J H. The Growth of World Trade: Tariffs, Transport Costs, and Income Similarity ［J］. Journal of International Economics, 2001, 53 (1).

［145］Baldwin R E et al. Regulatory Protectionism, Developing Nations, and a Two - Tier World Trade System ［J］. Brookings Institution Press, 2000.

［146］Baldwin R E. Non - Tariff Distortions of International Trade ［J］. The Economic Journal, 1972, 82 (325).

［147］Baltzer K. Minimum Quality Standards and International Trade ［J］. Review of International Economics, 2011, 19 (5).

［148］Barrett C B and Yang Y N. Rational Incompatibility with International Product Standards ［J］. Journal of International Economics, 2001, 54 (1).

［149］Barrett S. Strategic Environmental Policy and International Trade ［J］. Journal of Public Economics, 1994, 54 (3).

［150］Barrientos S et al. Economic and Social Upgrading in Global Production Networks: a New Paradigm for a Changing World ［J］. International Labour Review, 2012, 150 (3 - 4).

［151］Battigalli P and Maggi G. International Agreements on Product

Standard: an Incomplete Contracting Theory [J]. NBER Working Paper, 2003, 74 (9533).

[152] Becker G. A Theory of Competition among Pressure Groups for Political Influence [J]. Quarterly Journal of Economics, 1983, 98 (3).

[153] Beghin J C and Schweizer H. Agricultural Trade Costs [J]. Applied Economic Perspectives and Policy, 2020, 43 (2).

[154] Beghin J C et al. The Political Economy of Food Standard Determination: International Evidence from Maximum Residue Limits [J]. Working Paper, 2013, 13011.

[155] Beghin J C et al. Nontariff Measures and Standards in Trade and Global Value Chains [J]. Annual Review of Resource Economics, 2015, 7 (1).

[156] Beghin J et al. Welfare Costs and Benefits of Non-Tariff Measures in Trade: a Conceptual Framework and Application [J]. World Trade Review, 2012, 11 (3).

[157] Bernard A and Jensen J B. Exporters, Jobs, and Wages in US Manufacturing: 1976-1987 [J]. Brookings Papers on Economic Activity, 1995.

[158] Bernard A B and Jensen J B. Exceptional Exporter Performance: Cause, Effect, or Both? [J]. International Economics, 1999, 47 (1).

[159] Bernard A B et al. Firms in international trade [J]. Economic Perspectives, 2007, 21 (3).

[160] Bernard A et al. Multi-Product Firms and Trade Liberalization. International Trade [J]. Tuck School of Business Working Paper, 2006, 2008-2044.

[161] Bernheim B D and Whinston M D. Common Agency [J]. Econometrica: Journal of the Econometric Society, 1986.

[162] Besley T and Ghatak M. Retailing Public Goods: the Economics

of Corporate Social Responsibility [J]. Public Economics, 2007, 91 (9).

[163] Bhagwati J N. Directly Unproductive, Profit - Seeking (DUP) Activities [J]. Journal of Political Economy, 1982, 90 (5).

[164] Blandford D and Fulponi L. Emerging Public Concerns in Agriculture: Domestic Policies and International Trade Commitments [J]. European Review of Agricultural Economics, 1999, 26 (3).

[165] Bockstael N E. The Welfare Implications of Minimum Quality Standards [J]. Agricultural Economics, 1984, 66 (4).

[166] Boom A. Asymmetric International Minimum Quality Standards and Vertical Differentiation [J]. The Journal of Industrial Economics, 1995, 43 (1).

[167] Boza Martínez S and Fernández F. Development Level and WTO Member Participation in Specific Trade Concerns (STCs) and Disputes on SPS/TBT [J]. SECO/WTI Academic Cooperation Project Working Paper Series, 2014.

[168] Bradford S and Lawrence R Z. Paying the Price: The Costs of Fragmented International Markets [J]. Institute for International Economics, 2002.

[169] Bredahl M. Rent Seeking in International Trade: the Great Tomato War [J]. Agricultural Economics, 1987, 69 (1).

[170] Brenton P and Manchin M. Making EU Trade Agreements Work: the Role of Rules of Origin [J]. World Economy, 2003, 26 (5).

[171] Brom F W. Food, Consumer Concerns, and Trust: Food Ethics for a Globalizing Market [J]. Agricultural & Environmental Ethics, 2000, 12 (2).

[172] Brooks D H. Infrastructure and Asia's Trade Costs [M]. The Asian Development Bank Institute, 2008.

[173] Burstein A T et al. Distribution Costs and Real Exchange Rate

Dynamics during Exchange – Rate – Based Stabilizations [J]. Monetary Economics, 2003, 50 (6).

[174] Cadot O and Gourdon J. NTMs, Preferential Trade Agreements, and Prices: New Evidence [J]. CEPR Discussion Paper, 2015, DP10798.

[175] Cadot O et al. Deep regional Integration and Non – Tariff Measures: a Methodology for Data Analysis [J]. UNCTAD, 2015.

[176] Cattaneo C. Migrants' International Transfers and Educational Expenditure: Empirical Evidence from Albania [J]. Economics of Transition, 2012, 20 (1).

[177] Chaney T. Distorted Gravity: the Intensive and Extensive Margins of International Trade [J]. American Economic Review, 2008, 98 (4).

[178] Charnovit S. International Standards and the WTO [J]. The George Washington University Law School Public Law and Legal Theory Working Paper, 2005, 133.

[179] Chen M X and Mattoo A. Regionalism in Standards: Good or Bad for Trade? [J]. Canadian Journal of Economics/Revue Canadienne DÉconomique, 2008, 41 (3).

[180] Chiarvesio M et al. Sourcing from Northern and Southern Countries: the Global Value Chain Approach Applied to Italian Smes [J]. Transition Studies Review, 2013, 20 (3).

[181] Ciuriak D et al. Firms in International Trade: Trade Policy Implications of the New Trade Theory [J]. Global Policy, 2015, 6 (2).

[182] Clapp J. Trade Liberalization and Food Security: Examining the Linkages [J]. Geneva and New York: Quaker United Nations Office, 2014.

[183] Clapp, Jennifer. Trade Liberalization and Food Security Examining the Linkages. Quaker United Nations Office (QUNO) [J]. Geneva, 2104.

[184] Clerides S K et al. Is "Learning – by – Exporting" Important?

Micro – Dynamic Evidence from Colombia, Mexico and Morocco [J]. Quarterly Journal of Economics, 1998, 113 (3).

[185] Colen L et al. Private Standards, Trade and Poverty: Globalgap and Horticultural Employment in Senegal [J]. World Economy, 2012, 35 (8).

[186] Cooper R and Ross T W. Product Warranties and Double Moral Hazard [J]. The RAND Journal of Economics, 1985, 16 (1).

[187] Copeland B R. Strategic Interaction among Nations: Negotiable and Non – Negotiable Trade Barriers [J]. Canadian Journal of Economics, 1990, 23 (1).

[188] Costa – Font M et al. Consumer Acceptance, Valuation of and Attitudes towards Genetically Modified Food: Review and Implications for Food Policy [J]. Food Policy, 2008, 33 (2).

[189] Costinot A. A Comparative Institutional Analysis of Agreements on Product Standards [J]. Journal of International Economics, 2008, 75 (1).

[190] Crampes C and Hollander A. Duopoly and Quality Standards [J]. European Economic Review, 1995, 39 (1).

[191] Crampes C and Hollander A. How Many Karats is Gold: Welfare Effects of Easing a Denomination Standard [J]. Regulatory Economics, 1995, 7 (2).

[192] Curtis K R et al. Consumer Acceptance of Genetically Modified Food Products in the Developing World [J]. Agbioforum, 2004, 7 (1).

[193] Curtis K R et al. Differences in Global Risk Perceptions of Biotechnology and the Political Economy of the Media [J]. International Journal of Global Environmental Issues, 2008, 8 (1).

[194] Curzi D et al. Standards, Trade Margins and Product Quality: Firm – Level Evidence from Peru [J]. Food Policy, 2020, 91.

[195] Czubala W. Help or Hindrance? The Impact of Harmonised Standards on African Exports [J]. African Economies, 2009, 18 (5).

[196] Darby M R and Karni E. Free Competition and the Optimal Amount of Fraud [J]. Law & Economics, 1973, 16 (1).

[197] David H. Democracy and the Global Order: From the Modern State to Cosmopolitan Governance [M]. Polity Press and Stanford University Press, 1995.

[198] Deardorff A V. Local Comparative Advantage: Trade Costs and the Pattern of Trade [J]. University of Michigan Research Seminar in International Economics Working Paper, 2004, 500.

[199] Deardorff A V. Testing Trade Theories and Predicting Trade Flows [J]. Handbook of International Economics, 1984, 1.

[200] Demidova S. Productivity Improvements and Falling Trade Costs: Boon or Bane? [J]. International Economic Review, 2008, 49 (4).

[201] Dewan et al. Recent Economic Perspectives on Political Economy, Part II [J]. British Journal of Political Science, 2008, 38 (3).

[202] Dillemuth J et al. Traveling Technologies: Societal Implications of Nanotechnology through the Global Value Chain [J]. Nano Education, 2011, 3 (1).

[203] Dixit A K and Stiglitz J E. Monopolistic Competition and Optimum Product Diversity [J]. The American Economic Review, 1977, 67 (3).

[204] Dixit A K, Stiglitz J E. Monopolistic Competition and Optimum Product Diversity [J]. The American Economic Review, 1977, 67 (3).

[205] Dolan C and Humphrey J. Governance and Trade in Fresh Vegetables: the Impact of UK Supermarkets on the African Horticulture Industry [J]. Development Studies, 2010, 37 (2).

[206] Dornbusch R et al. Comparative Advantage, Trade, and Pay-

ments in a Ricardian Model with a Continuum of Goods [J]. The American Economic Review, 1977, 6 (5).

[207] Downs A. An Economic Theory of Democracy [M]. New York: Harper and Row, 1957.

[208] Dries L et al. Farmers, Vertical Coordination, and the Restructuring of Dairy Supply Chains in Central and Eastern Europe [J]. World Development, 2009, 37 (11).

[209] Duranton G and Storper M. Rising Trade Costs? Agglomeration and Trade with Endogenous Transaction Costs [J]. Canadian Journal of Economics/Revue canadienne d'économique, 2008, 41 (1).

[210] Eaton J et al. Export Growth in Colombia: Firm – Level Evidence [J]. NBER Working Paper, 2007.

[211] Ederington J. International Coordination of Trade and Domestic Policies [J]. American Economic Review, 2001, 91 (5).

[212] Elbasha E H and Riggs T L. The Effects of Information on Producer and Consumer Incentives to Undertake Food Safety Efforts: a Theoretical Model and Policy Implications [J]. Agribusiness: An International Journal, 2003, 19 (1).

[213] Emons W. Warranties, Moral Hazard, and the Lemons Problem [J]. Economic Theory, 1988, 46 (1).

[214] Engman M. The Economic Impact of Trade Facilitation [M]. Paris: OECD Publishing, 2005.

[215] Evgeniev E and Gereffi G. Textile and Apparel Firms in Turkey and Bulgaria: Exports, Local Upgrading and Dependency [J]. Economic Studies, 2008, 17 (3).

[216] Falvey R et al. Catching Up or Pulling Away: Intra – Industry Trade, Productivity Gaps and Heterogeneous Firms [J]. Open Economies Review, 2010, 22 (1).

［217］ FAO. Challenges and Opportunities in a Global world ［M］. Rome: FAO Publishing, 2019.

［218］ FAO. Contribution of Agricultural Growth to Reduction of Poverty, Hunger and Malnutrition ［M］. Rome: FAO Publishing, 2012.

［219］ FAO et al. The State of Food Insecurity in the World 2015 ［J］. Rome: FAO, 2015.

［220］ FAO et al. The State of Food Insecurity in the World 2012. Economic Growth is Necessary but not Sufficient to Accelerate Reduction of Hunger and Malnutrition. Rome: FAO, 2012.

［221］ FAO et al. The State of Food Security and Nutrition in the World 2018 ［J］. Rome: FAO, 2018.

［222］ FAO. Food and Agriculture Organization of the United Nations. Food Safety Risk Analysis: A Guide for National Food Safety Authorities ［J］. Rome: FAO, 2006.

［223］ FAO. Social Protection and Agriculture: Breaking the Cycle of Rural Poverty ［J］. Rome: FAO, 2015.

［224］ FAO. The State of Agricultural Commodity Markets – Agricultural Trade, Climate Change and Food Security ［R］. Rome: FAO, 2018.

［225］ FAO. The State of Agricultural Commodity Markets 2006 ［J］. Rome: FAO, 2006.

［226］ FAO. The State of Agricultural Commodity Markets 2015 – 16 (SOCO). Trade and Food Security: Achieving a Better Balance between National Priorities and the Collective Good ［J］. Rome: FAO Publishing, 2015.

［227］ FAO. The State of Agricultural Commodity Markets 2020 – Agricultural Markets and Sustainable Development: Global Value Chains, Smallholder Farmers and Digital Innovations ［J］. Rome: FAO, 2020.

［228］ FAO. The State of Agricultural Commodity Markets: Trade and

Food Security: Achieving a Better Balance Between National Priorities and the Collective Good [J]. Rome: FAO, 2015.

[229] FAO. The State of Food and Agriculture 2015 (SOFA): Social Protection and Agriculture: Breaking the Cycle of Rural Poverty [J]. Rome, FAO Publishing, 2015.

[230] FAO. The State of Food and Agriculture 2017. Leveraging Food Systems for Inclusive Rural Transformation [R]. Rome: FAO Publishing, 2017.

[231] FAO. The State of Food Insecurity in the World 2003 Monitoring progress towards the World Food Summit and Millennium Development Goals [J]. Rome: FAO Publishing, 2003.

[232] FAO. The State of Food Insecurity in the World 2009: Economic Crises – Impacts and Lessons Learned [J]. Rome: FAO, 2009.

[233] FAO. The State of Food Insecurity in the World 2015 [J]. Rome: FAO Publishing, 2015.

[234] FAO/IFAD/UNICEF/WFP/WHO. The State of Food Security and Nurtrition in the World 2018. Building climate resilience for food security and nutrition [R]. Rome: FAO, 2018.

[235] FAO/ WTO. Trade and Food Standards [J]. Rome and Geneva: FAO and WTO Publishing, 2018.

[236] FAO/WHO. Food Safety, Everyone's Business [J]. Rome: FAO publishing, 2020.

[237] Farrell J and Saloner G. Standardization and Variety [J]. Economics Letters, 1986, 20 (1).

[238] Fiankor D D D et al. Trade, Price and Quality Upgrading Effects of Agri – Food Standards [J]. European Review of Agricultural Economics, 2020, 47 (5).

[239] Figuié M and Moustier P. Market Appeal in an Emerging Econo-

my: Supermarkets and Poor Consumers in Vietnam [J]. Food Policy, 2009, 34 (2).

[240] Fischer R and Serra P. Standards and Protection [J]. International Economics, 2000, 52 (2).

[241] Fischer R et al. Regulating the Electricity Sector in Latin America [J]. Economic, 2000, 1 (1).

[242] Flynn J et al. Decidedly Different: Expert And Public Views of Risks From A Radioactive Waste Repository [J]. Risk Analysis, 1993, 13 (6).

[243] Frederick S and Gereffi G. Upgrading and Restructuring in the Global Apparel Value Chain: Why China and Asia are Outperforming Mexico and Central America [J]. International Journal of Technological Learning, Innovation and Development, 2011, 4 (1).

[244] Frewer L J et al. The Influence of Initial Attitudes on Responses to Communication about Genetic Engineering in Food Production [J]. Agriculture and Human Values, 1998, 15 (1).

[245] Fulponi L. Global Supply Chains, Standards and the Poor: How the Globalization of Food Systems and Standards Affects Rural Development and Poverty [J]. The Globalization of Private Standards and the Agri-food system, 2007.

[246] Fulton M and Giannakas K. Inserting GM Products Into The Food Chain: The Market And Welfare Effects of Different Labeling And Regulatory Regimes [J]. American Journal of Agricultural Economics, 2004, 86 (1).

[247] Ganslandt M and Markusen R J. Standards and Related Regulations in International Trade: A Modeling Approach [J]. NBER Working Paper, w8346, 2001.

[248] Gardner B U S. Food Quality Standards: Fix For Market Failure Or Costly Anachronism? [J]. American Journal of Agricultural Economics,

2003, 85 (3).

[249] Gawande K and Krishna P. The Political Economy of Trade Policy: Empirical approaches [J]. Handbook of International Trade, 2003.

[250] Gereffi G et al. Skills for Upgrading: Workforce Development and Global Value Chains in Developing Countries [J]. USA: Center on Globalization, Governance & Competitiveness, Duke University, 2011.

[251] Ghodsi M et al. Estimating Importer – Specific Ad Valorem Equivalents of Non – Tariff Measures [J]. Wiiw Working Papers, 2016, 129.

[252] Giannakas K and Yiannaka A. Market and Welfare Effects of Second – Generation, Consumer – Oriented GM Products [J]. American Journal of Agricultural Economics, 2008, 90 (1).

[253] Goldberg P K. Distributional Effects of Globalization in Developing Countries [J]. Journal of Economic Literature, 2007, 45 (1).

[254] Gow H R and Swinnen J F. Up-and Downstream Restructuring, Foreign Firect Investment, and Hold-up Problems in Agricultural Transition [J]. European Review of Agricultural Economics, 1998, 25 (3).

[255] Grant J H et al. Assessing the Impact of SPS Regulations on US. Fresh Fruit and Vegetable Exports [J]. Agricultural and Resource Economics, 2005, 40 (1).

[256] Grethe H. High Animal Welfare Standards in the EU and International Trade – How to Prevent Potential 'Low Animal Welfare Havens'? [J]. Food Policy, 2007, 32 (3).

[257] Grossman G M and Helpman E. Outsourcing in a Global Economy [J]. Scholarly Articles, 2005, 72 (1).

[258] Grossman G M and Helpman E. Protection For Sale [J]. American Economic Review, 1994, 84 (4).

[259] Grossman G M and Helpman E. Special Interest Politics [M].

MIT Press, 2001.

［260］Gulati S and Roy D. How standards drive taxes: The political economy of tailpipe pollution ［J］. The BE Journal of Economic Analysis & Policy, 2007, 7 (1).

［261］Han J W et al. A Comprehensive Review of Cold Chain Logistics for Fresh Agricultural Products: Current status, Challenges, and Future trends ［J］. Trends in Food Science & Technology, 2021, 109.

［262］Harris B C. Global Change in Agrifood Grades and Standards: Agribusiness Strategic Responses in Developing Countries ［J］. The International Food And Agribusiness Management Review, 1999, 2 (3).

［263］Heckelei T and Swinnen J. Introduction to the Special Issue of the World Trade Review on 'standards and non-tariff barriers in trade' ［J］. World Trade Review, 2012, 11 (3).

［264］Helliwell J F. How Much do National Borders Matter? ［M］. Brookings Institution Press, 2000.

［265］Henson S and Humphrey J. Understanding The Complexities Of Private Standards In Global Agri–Food Chains As They Impact Developing Countries ［J］. J Dev Stud, 2010, 46 (9).

［266］Henson S and Jaffee S. Developing Country Responses to the Enhancement of Food Safety Standards ［J］. New Frontiers in Environmental and Social Labeling. Physica–Verlag HD, 2007.

［267］Henson S and Jaffee S. Understanding Developing Country Strategic Responses to the Enhancement of Food Safety Standards ［J］. World Economy, 2008, 31 (4).

［268］Henson S J. National laws, Regulations, and Institutional Capabilities for Standards Development ［J］. World Bank Training Seminar on Standards and Trade, Washington DC, World Bank Publishing, 2004.

［269］Hillman A L and Riley J G. Politically Contestable Rents and

Transfers [J]. Economics & Politics, 1989, 1 (1).

[270] Hillman A L and Ursprung H W. Domestic Politics, Foreign Interests, and International Trade Policy [J]. The American Economic Review, 1988, 78 (4).

[271] Hillman A L. Declining Industries and Political – Support Protectionist Motives [J]. The American Economic Review, 1982, 72 (5).

[272] Hoban T J and Kendall P A. Consumer Attitudes about Food Biotechnology: Project Report [M]. NC Cooperative Extension Service, 1993.

[273] Hobbs J E. Public and Private Standards for Food Safety and Quality: International Trade Implications [J]. Estey Centre Journal of International Law and Trade Policy, 2010, 11 (1).

[274] Hobbs A L et al. Ethics, Domestic Food Policy and Trade Law: Assessing the EU Animal Welfare Proposal to the WTO [J]. Food Policy, 2002, 27 (5).

[275] Hoekman B and Nicita A. Trade Policy, Trade Costs, and Developing Country Trade [J]. World Bank Policy Research Working Paper, 2008.

[276] Hoekman B. Proposals for WTO Reform: A Synthesis and Assessment [J]. Policy Research Working Paper Series 5525, 2011.

[277] Hopenhayn H A. Entry, Exit, and Firm Dynamics in Long Run Equilibrium [J]. The Econometric Society, 1992, 60 (5).

[278] Horn H et al. Trade Agreements as Endogenously Incomplete Contracts [J]. American Economic Review, 2010, 100 (1).

[279] Horn H. National Treatment in the GATT [J]. American Economic Review, 2006, 96 (1).

[280] Hossain F et al. Product Attributes, Consumer Benefits and Public Approval of Genetically Modified Foods [J]. International Journal of Consumer Studies, 2003, 27 (5).

[281] Huang J et al. Plant Biotechnology in China [J]. Science,

2002, 295 (5555).

[282] Hummels D, Klenow P J. The Variety and Quality of a Nation's Trade [J]. National Bureau of Economic Research, 2002 (w8712).

[283] Hummels D et al. Calculating Tariff Equivalents for Time in Trade [J]. United States: USAID publishing, 2007.

[284] Hummels David L et al. Time as a Trade Barrier [J]. American Economic Review, 2013, 103 (7).

[285] Jackson L A and Vitikala H. Regional Trade Agreements and the Multilateral Trading System: Cross – Cutting Issues in Regional Trade Agreements: Sanitary and Phytosanitary Measures [M]. Cambridge: Cambridge University Press, 2016.

[286] Jaffee S M and Henson S. Agro-food Exports from Developing Countries: the Challenges Posed by Standards [J]. Global Agricultural Trade and Developing Countries, 2005.

[287] Jeanneret M H and Verdier T. Standardization and Protection in a Vertical Differentiation Model [J]. European Journal of Political Economy, 1996, 12 (2).

[288] Joanne S. International Trade and Environmental Governance: Relating Rules (and Standards) in the EU and the WTO [J]. European Journal of International Law, 2004, 15 (2).

[289] Joerges C and Petersmann E U. Constitutionalism, Multilevel Trade Governance and Social Regulation [J]. International Economic Law, 2006, 10 (2).

[290] Johnson R and Hanrahan C. The US – EU Beef Hormone Dispute. Washington [J]. DC: Congressional Research Service, 2010.

[291] Josling T E et al. Food Regulation and Trade: Toward a Safe and Open Global System [J]. Peterson Institute Press: All Books, 2004, 33 (1).

[292] Kalaitzandonakes N et al. Proceedings Issue ‖ Media Coverage of Biotech Foods and Influence on Consumer Choice [J]. American Journal of Agricultural Economics, 2004, 86 (5).

[293] Karni D E. Free Competition and the Optimal Amount of Fraud [J]. Law & Economics, 1973, 16 (1).

[294] Katz M L and Shapiro C. Network Externality, Competition and Compatibility [J]. American Economic Review, 1985, 75 (3).

[295] Kinzius L and Sandkamp A and Yalcin E. Trade Protection and the Role of Non-tariff Barriers [J]. Review of World Economics, 2019, 155 (4).

[296] Korinek J and Sourdin P. Clarifying Trade Costs: Maritime Transport and its Effect on Agricultural Trade [J]. Applied Economic Perspectives and Policy, 2010, 32 (3).

[297] Krueger A B. Observations On International Labor Standards and Trade [J]. NBER Working Paper, 1996, 5632.

[298] Krueger A O. The Political Economy of the Rent-Seeking Society [J]. The American Economic Review, 1974, 64 (3).

[299] Krueger J. Personal Beliefs and Cultural Stereotypes about Racial Characteristics [J]. Personality and Social Psychology, 1996, 71 (3).

[300] Krugman P R. Increasing Returns, Monopolistic Competition, and International Trade [J]. International Economics, 1979, 9 (4).

[301] Krugman P R. Is Free Trade PassÉ? [J]. Economic Perspectives, 1987, 1 (2).

[302] Krugman P. Scale Economies, Product Differentiation, and the Pattern of Trade [J]. The American Economic Review, 1980, 70 (5).

[303] Lam H M et al. Food Supply and Food Safety Issues in China [J]. Lancet, 2013, 381 (9882).

[304] Lapan H and Moschini G C. Grading, Minimum Quality Stand-

ards, and the Labeling of Genetically Modified Products [J]. American Journal of Agricultural Economics, 2007, 89 (3).

[305] Lapan H E and Moschini G C. Innovation and Trade with Endogenous Market Failure: The Case of Genetically Modified Products [J]. American Journal of Agricultural Economics, 2004, 86 (3).

[306] Latouche K et al. Food Safety Issues and the BSE Scare: Some Lessons From the French Case [J]. Food Policy, 1998, 23 (5).

[307] Lawrence J G and Roth J R. Selfish Operons: Horizontal Transfer May Drive the Evolution of Gene Clusters [J]. Genetics, 1996, 143 (4).

[308] Lawrence R Z et al. Paying the Price: The Costs of Fragmented International Markets [J]. Institute for International Economics, 2003.

[309] Leclair M S. Fighting the Tide: Alternative Trade Organizations in te Era of Global Free Trade [J]. World Development, 2002, 30 (6).

[310] Leland H E. Quacks, Lemons, and Licensing: a Theory of Minimum Quality Standards [J]. Political Economy, 1979, 87.

[311] Li Y and Beghin J C. A Meta-Analysis of Estimates of the Impact of Technical Barriers to Trade [J]. Policy Modeling, 2011, 34 (3).

[312] Li Y. The Political Economy of Food Standard Determination: International Evidence from Maximum Residue Limits [J]. Nontariff Measures and International Trade, 2017.

[313] Liapis P. Changing Patterns of Trade in Processed Agricultural Products [J]. OECD Food, Agriculture and Fisheries Papers, Paris: OECD, 2011: 47.

[314] Liapis P. Agricultural Specific Trade Facilitation Indicators: An Overview [J]. OECD Food, Agriculture and Fisheries Papers, Paris: OECD, 2015: 74.

[315] Limao N and Venables A J. Infrastructure, Geographical Disad-

vantage, Transport Costs, and Trade [J]. The World Bank Economic Review, 2001, 15 (3).

[316] Livermore M A. Authority and Legitimacy in Global Governance: Deliberation, Institutional Differentiation, and the Codex Alimentarius [J]. New York University Law Review, 2006, 81 (2).

[317] Loureiro M L. GMO Food Labelling in the EU: Tracing the Seeds of Dispute [J]. Eurochoices, 2008, 2 (1).

[318] Lusk J L. Briggeman, B C. Food Values [J]. American Journal of Agricultural Economics, 2009, 91 (1).

[319] Maertens M et al. Modern Food Supply Chains and Development: Evidence From Horticulture Export Sectors in Sub – Saharan Africa [J]. Development Policy Review, 2012, 30 (4).

[320] Maggi G and Rodriguezclare A. The Value of Trade Agreements in the Presence of Political Pressures [J]. Political Economy, 1998, 106 (3).

[321] Maggi G and Rodriguez – Clare A. A Political – Economy Theory of Trade Agreements [J]. American Economic Review, 2007, 97 (4).

[322] Marette S and Beghin J. Are Standards Always Protectionist? [J]. Review of International Economics, 2010, 1 (18).

[323] Marx A et al. Private standards and Global Governane: Legal and Economic Perspectives [J]. Edward Elgar Publishing, 2012.

[324] Mas-colell A, Whinston M D, Green J R. Microeconomic Theory [M]. New York: Oxford university press, 1995.

[325] Matsuyama K. Perfect Equilibria in a Trade Liberalization Game [J]. The American Economic Review, 1990, 80 (3).

[326] Maxwell J W. Minimum Quality Standards as a Barrier to Innovation [J]. Economics Letters, 1998, 58 (3).

[327] McCallum J. National Borders Matter: Canada – US Regional Trade Patterns [J]. The American Economic Review, 1995, 85 (3).

[328] Mccluskey J J and Swinnen J F M. Political Economy of the Media and Consumer Perceptions of Biotechnology [J]. American Journal of Agricultural Economics, 2004, 86 (5).

[329] Mccluskey J J, Grimsrud K M, Hiromi O et al. Consumer Response to Genetically Modified Food Products in Japan [J]. Agricultural & Resource Economics Review, 2003, 32 (2).

[330] Melitz M J and Redding S J. New Trade Models, New Welfare Implications [J]. American Economic Review, 2015, 105 (3).

[331] Melitz M J. The Impact of Trade on Intra – Industry Reallocations and Aggregate Industry Productivity [J]. Econometrica, 2003, 71 (6).

[332] Minten B and Randrianarison L, Swinnen J F M. Global Retail Chains and Poor Farmers: Evidence From Madagascar [J]. World Development, 2009, 37 (11).

[333] Minten B and Reardon T. Food Prices, Quality, and Quality's Pricing in Supermarkets Versus Traditional Markets in Developing Countries [J]. Review of Agricultural Economics, 2008, 30 (3).

[334] Moise E and Le Bris F. Trade Costs: What have we Learned? A Synthesis Report [J]. Oecd Trade Policy Papers, 2013: 142.

[335] Moschini G C. Biotechnology and the Development of Food Markets: Retrospect and Prospects [J]. European Review of Agricultural Economics, 2008, 35 (3).

[336] Moschini L G. Innovation and Trade with Endogenous Market Failure: The Case of Genetically Modified Products [J]. American Journal of Agricultural Economics, 2004, 86 (3).

[337] Motta M. Endogenous Quality Choice: Price vs. Quantity Competition [J]. Journal of Industrial Economics, 1993.

[338] Mundell R A. International Trade and Factor Mobility [J]. The American Economic Review, 1957, 47 (3).

[339] Mussa M and Rosen S. Monopoly and Product Quality [J]. Economic Theory, 1978, 18 (2).

[340] Nelson P. Information and consumer behavior [J]. Political Economy, 1970, 78 (2).

[341] Noblet S and Belgodere A. Coordination Cost and the Distance Puzzle [J]. MPRA Paper, 2011: 27502.

[342] North D C. Institutions, Institutional Change and Economic Performance [M]. Cambridge: Cambridge University Press, 1990.

[343] Oates W E. Fiscal Federalism [M]. Edward Elgar Publishing, 1972.

[344] Obstfeld M and Rogoff K. The Six Major Puzzles in International Macroeconomics: Is There a Common Cause? [J]. Center of Lnternational and Development Economics Research, Working Paper Series, 2000, 15.

[345] OECD. Agricultural Policies in Emerging and Transition Economies 2001: Special focus on Non - Tariff Measures [R]. Paris: OECD Publishing, 2001.

[346] OECD. How are Trade Costs Evolving and Why? In Aid for Trade at a Glance 2015: Reducing Trade Costs for Inclusive [R]. Paris: OECD Publishing, 2015.

[347] OECD. International Regulatory Co-operation: Addressing Global Challenges [R]. Paris: OECD Publishing, 2013.

[348] OECD/FAO. OECD - FAO Agricultural Outlook 2018 - 2027 [R]. Paris: OECD Publishing.

[349] OECD/WTO. Facilitating Trade through Regulatory Cooperation: The Case of the WTO's TBT/SPS Agreements and Committees [R]. Paris/Geneva: OECD/WTO Publishing, 2019.

[350] Olson M. The Logic of Collective Action: Public Goods and the Theory of Groups [M]. Cambridge, MA: Harvard University Press, 1965.

[351] Orefice G. Non-tariff Measures, Specific Trade Concerns and Tariff Reduction [J]. The World Economy, 2017, 40 (9).

[352] Otsuki T et al. Saving Two in a Billion: Quantifying the Trade Effect of European Food Safety Standards on African Exports [J]. Food Policy, 2001, 26 (5).

[353] Otsuki T et al. What price precaution? European Harmonisation of Aflatoxin Regulations and African Groundnut Exports [J]. European Review of Agricultural Economics, 2001, 28 (3).

[354] Pennings J M E et al. A Note on Modeling Consumer Reactions to A Crisis: The Case of the Mad Cow Disease [J]. International Journal of Research in Marketing, 2002, 19 (1).

[355] Persson T and Tabellini G. Political Economics [J]. Quarterly Journal of Economics, 2012, 4.

[356] Peter J P and Ryan M J. An Investigation of Perceived Risk at the Brand Level [J]. Marketing Research, 1976, 13 (2).

[357] Peterson E B et al. Survival of the Fittest: Export Duration and Failure into United States Fresh Fruit and Vegetable Markets [J]. American Journal of Agricultural Economics, 2018, 100 (1).

[358] Quaker United Nations Office (QUNO). Trade Liberalization and Food Security [M]. Geneva and New York: QUNO Publishing, 2014.

[359] Rao E J and Qaim M. Supermarkets, Farm Household Income, and Poverty: Insights from Kenya [J]. World Development, 2011, 39 (5).

[360] Rausser et al. Political Power and Economic Policy: Theory, Analysis, and Empirical Applications [M]. Cambridge University Press, 2011.

[361] Reardon T and Farina E. The Rise of Private Food Quality and Safety Standards: Illustrations from Brazil [J]. The International Food and Agribusiness Management Review, 2001, 4 (4).

[362] Reardon T and Timmer C P. The Economics of the Food System

Revolution [J]. Annual Review of Resource Economics, 2012, 4 (1).

[363] Reardon T et al. Agrifood Industry Transformation and Small Farmers in Developing Countries [J]. World Development, 2009, 37 (11).

[364] Reardon T et al. The Rise of Supermarkets in Africa, Asia, and Latin America [J]. American Journal of Agricultural Economics, 2003, 85 (5).

[365] Reardon T and Berdegué J A. The Rapid Rise of Supermarkets in Latin America: Challenges and Opportunities for Development [J]. Development Policy Review, 2002, 20 (4).

[366] Reardon T et al. Policy Reforms and Sustainable Agricultural Intensification in Africa [J]. Development Policy Review, 1999, 17 (4).

[367] Ritson C and Mai M L. The Economics of Food Safety [J]. Nutrition & Food Science, 1998, 98 (5).

[368] Roberts D. Analyzing Technical Trade Barriers in Agricultural Markets: Challenges and Priorities [J]. Agribusiness, 2010, 15 (3).

[369] Roberts M J and Tybout J R. The decision to export in Colombia: an empirical model of entry with sunk costs [J]. The American Economic Review, 1997, 87 (4).

[370] Roberts P W. Product Innovation, Product - Market Competition and Persistent Profitability in the US Pharmaceutical Industry [J]. Strategic Management Journal, 1999, 20 (7).

[371] Rodrik D. Political Economy of Trade Policy [J]. Handbook of International Economics, 1995, 3.

[372] Roe B and Sheldon I. Credence Good Labeling: The Efficiency and Distributional Implications of Several Policy Approaches [J]. American Journal of Agricultural Economics, 2007, 89 (4).

[373] Ronnen U. Minimum Quality Standards, Fixed Costs, And Competition [J]. The RAND Journal of Economics, 1991, 22 (4).

[374] Salop S C and Scheffman D T. Raising Rivals' Costs [J]. The American Economic Review, 1983, 73 (2).

[375] Samuelson P A. The Transfer Problem and Transport Costs, II: Analysis of Effects of Trade Impediments [J]. The Economic Journal, 1954, 64 (254).

[376] Sandri D et al. Economic and Trade Indicators 1960 to 2004 [J]. Agricultural Distortions Working Paper, 2007: 1856.

[377] Savadori L et al. Expert and Public Perception of Risk from Biotechnology [J]. Risk Analysis: An International Journal, 2004, 24 (5).

[378] Schleich J. Environmental Quality with Endogenous Domestic and Trade Policies [J]. European Journal of Political Economy, 1999, 15 (1).

[379] Schmidt S K. Mutual Recognition as A New Mode of Governance [J]. European Public Policy, 2007, 14 (5).

[380] Sheldon I. North – South Trade and Standards: What can General Equilibrium Analysis Tell Us? [J]. World Trade Review, 2012, 11 (3).

[381] Spence A M. Monopoly, Quality, and Regulation [J]. The Bell Journal of Economics, 1975, 6 (2).

[382] Staiger R W and Tabellini G. Discretionary Trade Policy and Excessive Protection [J]. The American Economic Review, 1987, 77 (5).

[383] Stephenson S M. Standards, Conformity Assessment and Developing Countries [J]. Development Research Group The World, 1997.

[384] Stigler G J. The Theory of Economic Regulation [J]. The Bell Journal of Economics and Management Science, 1971, 2.

[385] Stringer C. Forest Certification and Changing Global Commodity Chains [J]. Economic Geography, 2006, 6 (5).

[386] Sturgeon T J et al. Globalization of the Automotive Industry: Main Features and Trends [J]. International Journal of Technological learning, innovation and development, 2009, 2 (1).

[387] Sturgeon T J. The Governance of Global Value Chains: Implications for Industrial Upgrading [J]. Social Science Research Institute, Duke University, 2006.

[388] Sturm D M. Product Standards, Trade Disputes, and Protectionism [J]. Canadian Journal of Economics, 2006, 39 (2).

[389] Sturm D. Product Standards, Trade Disputes and Protectionism [J]. London School of Economics and Political Science, 2001.

[390] Sutton J. Rich Trades, Scarce Capabilities: Industrial Development Revisited [J]. Social Science Electronic Publishing, 2002, 33 (1).

[391] Suwa-Eisenmann A and Verdier T. Reciprocity and The Political Economy of Harmonization and Mutual Recognition of Regulatory Measures [J]. CEPR Discussion Papers, 2002: 3147.

[392] Swinnen J and Maertens M. Global Supply Chains and Standards: Implications for Government Policy and International Organizations [J]. Cabi Publishing, 2007.

[393] Swinnen J F M and Maertens M. Finance Through Food and Commodity Value Chains in A Globalized Economy [M]. Springer Berlin Heidelberg, 2014.

[394] Swinnen J F M and Vandemoortele T. Sports and Development: An Economic Perspective on the Impact of the 2010 World Cup in South Africa [M]. ICSSPE Bulletin, 2008.

[395] Swinnen J F M and Vandemoortele T. The Political Economy of Nutrition and Health Standards in Food Markets [J]. Review of Agricultural Economics, 2008, 30 (3).

[396] Swinnen J F M and Vandemoortele T. Trade and The Political Economy of Standards [J]. World Trade Review, 2012, 11 (3).

[397] Swinnen J F M and Vandeplas A. Contracting, Competition, and Rent Distribution Theory and Empirical Evidence from Developing and

Transition Countries [J]. Anneleen Vandeplas, 2007.

[398] Swinnen J F M and Vandeplas A. Rich Consumers and Poor Producers: Quality and Rent Distribution in Global Value Chains [J]. Globalization & Development, 2009, 2 (2).

[399] Swinnen J F M et al. Food Safety, the Media, and the Information Market [J]. Agricultural Economics, 2005, 32.

[400] Swinnen J F M. Global Supply Chains, Standards and the Poor: How the Globalization of Food Systems and Standards Affects Rural Development and Poverty [M]. CABI, 2007.

[401] Sykes A O. Product Standards for Internationally Integrated Goods Markets [M]. Brookings Institution Press, 1995.

[402] Thilmany D D and Barrett C B. Regulatory Barriers in an Integrating World Food Market [J]. Review of Agricultural Economics, 1997, 19 (1).

[403] Thorn C and Carlson M. The Agreement on the Application of Sanitary and Phytosanitary Measures and the Agreement on Technical Barriers to Trade [J]. Law and Policy in International Business, 2000, 31 (3).

[404] Tian H L. Eco-labelling Scheme, Environmental Protection, and Protectionism [J]. Canadian Journal of Economics, 2003, 36 (3).

[405] Tian H. Eco – Labelling Scheme, Environmental Protection, and Protectionism [J]. Canadian Journal of Economics/Revue Canadienne DÉConomique, 2003, 36 (3).

[406] Tirole J and Jean T. The theory of industrial organization [M]. MIT press, 1988.

[407] Tongeren F V et al. A Cost – Benefit Framework for the Assessment of Non – Tariff Measures in Agro – Food Trade [J]. OECD Food, Agriculture and Fisheries Working Papers, 2009: 21.

[408] Tousley R D. The Federal Food, Drug, and Cosmetic Act of

1938 [J]. Marketing, 1941, 5 (3).

[409] UNCTAD. International Classification of Non-tariff Measures – 2019 version [M]. New York, United Nations Publishing, 2019.

[410] UNCTAD. Non – Tariff Measures to Trade: Economic and Policy Issues for Developing Countries [M]. New York and Geneva: United Nations Publishing, 2013.

[411] UNCTAD. Non – Tariff Measures: Economic Assessment and Policy Options for Development [M]. New York and Geneva, United Nations Publishing, 2018.

[412] UNESCAP. Tackling Agricultural Trade Costs in Asia and the Pacific [R]. UNESCAP Publishing, 2018.

[413] UNESCAP/UNCTAD. Asia – Pacific Trade and Investment Report 2019: Navigating Non – Tariff Measures (NTMs) Towards Sustainable Development [M]. United Nations Publishing, 2020.

[414] UNITED NATIONS. Asia – Pacific Trade and Investment Report 2019: Navigating Non-tariff Measures towards Sustainable Development [M]. United Nations Publication, 2019.

[415] Unnevehr L J. Food Safety Issues and Fresh Food Product Exports from LDCs [J]. Agricultural Economics, 2000, 23 (3).

[416] USDA. Food and Agricultural Import Regulations and Standards Country Report [M]. US: USDA Publishing, 2020.

[417] Valletti T M. Minimum Quality Standards Under Cournot Competition [J]. Regulatory Economics, 2000, 18 (3).

[418] Verbeke W and Ward R W. A Fresh Meat Almost Ideal Demand System Incorporating Negative TV Press and Advertising Impact [J]. Agricultural Economics, 2001, 25 (2).

[419] Veyssiere L and Giannakas K. Strategic Labeling and Trade of GMOs [J]. Agricultural & Food Industrial Organization, 2007, 4 (1).

［420］ Vogel D. Trading Up: Consumer and Environmental Regulation in A Global Economy ［M］. Harvard University Press, 1995.

［421］ Vogel D and Swinnen J F. Transatlantic Regulatory Cooperation: the Shifting Roles of the EU, the US and California ［M］. UK and USA: Edward Elgar Publishing, 2011.

［422］ Von Lampe M et al. Trade – Related International Regulatory Cooperation: A Theoretical Framework ［J］. OECD Publishing, 2016, 195.

［423］ Warning M and Key N. The Social Performance and Distributional Consequences of Contract Farming: An Equilibrium Analysis of the Arachide de Bouche Program in Senegal ［J］. World Development, 2002, 30 (2).

［424］ Wells J and Slade P. The Effect of the Canada – China Canola Trade Dispute on Canola Prices ［J］. Canadian Journal of Agricultural Economics, 2021, 69 (1).

［425］ Whinston B M D. Menu Auctions, Resource Allocation, and Economic Influence ［J］. The Quarterly Journal of Economics, 1986, 101 (1).

［426］ Wijkström E and McDaniels D. International Standards and the WTO TBT Agreement: Improving Governance for Regulatory Alignment ［J］. SSRN Working Paper, 2013: 2258413.

［427］ Wilson J S and Abiola V O. Standards and Global Trade: A Voice for Africa ［M］. World Bank Publications, 2003.

［428］ Winfree J A and Mccluskey J J. Collective Reputation and Quality ［J］. American Journal of Agricultural Economics, 2005, 87 (1).

［429］ Winickoff D et al. Adjudicating the GM Food Wars: Science, Risk, and Democracy in World Trade Law ［J］. The Yale Journal of International Law, 2005, 30 (1).

［430］ World Bank, World Development Report 2008: Agriculture for Development ［M］. Washington DC: World Bank Publishing, 2008.

［431］ WTO, A Handbook on the WTO Dispute Settlement System,

Second Edition [M]. Geneva: Cambridge University Press, 2017.

[432] WTO, Looking Beyond International Co-operation on Tariffs: NTMs and Services Regulations in the 21st Century [R]. Geneva: WTO Publishing, 2012.

[433] WTO, Technical Barriers to Trade: The WTO Agreement Series [M]. Geneva: WTO Publishing, 2014.

[434] WTO, Trade Costs in the Time of Global Pandemic [M]. Geneva: WTO Publishing, 2020.

[435] WTO, Updating of the Listing of Notification Obligations and the Compliance therewith as Set Out in Annex Ⅲ of the Report of the Working Group on Notification Obligations and Procedures [M]. Geneva: WTO Publishing, 2019.

[436] WTO, WTO Annual Report 2020 [R]. Geneva: WTO Publishing, 2006.

[437] WTO, WTO Dispute Settlement: One – Page Case Summaries 1995 – 2018 [R]. Paris: OECD Publishing, 2019.

[438] Yeung R M W and Morris J. Food Safety Risk—Consumer Perception and Purchase Behavior [J]. British Food Journal, 2001.

[439] Zhou J et al. Examining the Role of Border Protectionism in Border Inspections: Panel Structural Vector Autoregression Evidence from FDA Import Refusals on China's Agricultural Exports [J]. China Agricultural Economic Review, 2021.